高职高专经管类专业精品教材系列

市场调查与预测
（第四版）

主　编　赵　轶

清华大学出版社
北京

内容简介

本书是国家优质校质量工程建设成果,全书贯彻教育部《高等职业教育创新发展行动计划(2015—2018年)》《国家职业教育改革实施方案》和职业教育专业教学资源库建设等精神,借鉴国家示范性高职院校建设成果,以市场调查职业工作活动实践为线索,深入浅出地阐述了市场调查与预测的基本概念、原理与方法,在此基础上,搭建起"理实一体"教学素材框架,为高职高专经管类专业课程的改革与探索作出了示范与引领。

全书共13章,包括市场调查概述、市场调查原理、二手资料与大数据分析、原始数据收集、网络调研、抽样调查、问卷设计、市场调查的组织、市场调查资料的处理、市场预测原理、定性预测、定量预测和市场调查报告。

本书适合应用型本科、高职高专经济、工商管理类相关专业的教学使用,也可作为从事市场分析与研究实际工作的社会人士的培训用书。

本书封面贴有清华大学出版社防伪标签,无标签者不得销售。
版权所有,侵权必究。举报: 010-62782989,beiqinquan@tup.tsinghua.edu.cn。

图书在版编目(CIP)数据

市场调查与预测/赵轶主编. —4版. —北京:清华大学出版社,2020.1(2023.1重印)
高职高专经管类专业精品教材系列
ISBN 978-7-302-54247-6

Ⅰ. ①市… Ⅱ. ①赵… Ⅲ. ①市场调查-高等职业教育-教材 ②市场预测-高等职业教育-教材 Ⅳ. ①F713.5

中国版本图书馆 CIP 数据核字(2019)第 258123 号

责任编辑:吴梦佳
封面设计:常雪影
责任校对:袁 芳
责任印制:丛怀宇

出版发行:清华大学出版社
网　　址:http://www.tup.com.cn, http://www.wqbook.com
地　　址:北京清华大学学研大厦 A 座　　邮　编:100084
社 总 机:010-83470000　　邮　购:010-62786544
投稿与读者服务:010-62776969,c-service@tup.tsinghua.edu.cn
质量反馈:010-62772015,zhiliang@tup.tsinghua.edu.cn
课件下载:http://www.tup.com.cn,010-83470410

印 装 者:三河市君旺印务有限公司
经　　销:全国新华书店
开　　本:185mm×260mm　　印 张:17　　字　数:407 千字
版　　次:2020 年 3 月第 4 版　　印　次:2023 年 1 月第 6 次印刷
定　　价:45.00 元

产品编号:086073-02

第四版前言

本书是国家优质校质量工程建设成果,清华版"高职高专经管类专业精品教材系列"的修订版,自出版以来,受到全国多所院校和广大师生的欢迎与厚爱,先后印刷25次,现已修订到第四版。作为专业课教材,能够获得大家认可,我们深受鼓舞,也充分说明了我国高职院校教师对教学改革的热忱。

高等职业教育不是简单"传授书本上的学习内容"的过程,而是发展设计能力和职业行动能力的过程。职业发展的过程既是能力发展的过程,也是职业认同感发展的过程。职业教育课程的开发起点只能是职业分析而非学科,课程观应该具有职业工作属性,课程内容的设计与编排应该建立起知识与职业任务的有机联系,能够适应"工学结合"的要求,为高职院校学生开辟一条从初学者到熟练从业者的成长之路。

教材是课程的重要构成要素,是连接课程理念和教学行为的重要桥梁,也是综合体现各种课程要素的教学工具。基于此,本次修订主要体现了以下成果。

1. 进一步校准教材内容重心

高等职业教育培养的学生是中小企业一线业务人员或基层管理者,市场调查与预测课程的重心必须下移,即注重基层、注重实务、注重技能。教材必须从职业实际出发,分析高职毕业生对应的职业工作岗位任务,有针对性地进行内容归纳选择。本书新增了"大数据分析"与"网络调研中移动端调研"的内容。

2. 进一步整合教材内容架构

高职市场调查与预测教学活动既不能把市场调研总监的职业工作内容一股脑儿塞给学生,也不能将市场调查与预测知识零散地提供给学生。我们应该既能清晰地界定高职学生对应职业岗位的技能要求,又能为学生提供一个职业工作内容整合的框架,使其能够看到适合自身的"完整意义上的职业工作知识"。这样,学习难度会降低,目的性、积极性会增强。

3. 进一步凝练教材内容表述

借鉴国家高职示范院校建设中的职业分析成果,我们删除了教材中一些教师反映强烈的市场学和统计学理论内容,同时避开了艰深的统计学语言叙述,选编了一些与高职学生日常生活密切相关的内容,职业活动更加具体、感性。在顺应职业教育认知规律的基础上,增强了教材的可读性。

4. 进一步明确学习测试思路

高职教育教学中应鼓励学生的自主性学习。为此,本书除了在每节中设置"课堂讨论""拓展阅读"等固有栏目外,还设计了"课堂小结""学生自我学习总结",并将各栏目的测试指标进一步明晰化。这些栏目的设计大大提升了学生的学习兴趣和自我测试的针对性、易操作性。

本书由国家优质校建设领导组成员闫文谦教授审订,赵轶主编并编写了1~9章,王雪花编写了10~13章,实训基地专业人士韩建东参与了课程开发、教材框架研讨及内容的确定。在编写过程中,我们参阅了国内外一些专家、学者的研究成果及相关文献,多家管理咨询公司为课程开发、横向课题的研发提供了支持,零点调查公司馈赠了一些国内外专业咨询公司的宝贵资料。教育部职业技术教育中心研究所、中国市场营销学会、北京师范大学职业教育研究所、荷兰南方高等职业技术学院的一些课程研究专家对课程开发提出了许多珍贵的建议。在此一并表示衷心的感谢。

高职教育课程建设正如火如荼地进行,作为首批立项建设的国家示范性院校,我们有义务作出更多尝试,清华大学出版社积极搭建平台,中国高职教育教材建设又向前迈出了新的步伐。作为一种探索,尽管我们力求完美,但对市场调查职业活动的认知、理解和分析方面难免存在偏差,敬请读者不吝赐教。

编 者
2019年7月

目 录

第1章 市场调查概述

1.1 市场调查的含义 / 002
- 1.1.1 市场调查的概念 / 002
- 1.1.2 市场调查的分类 / 005

1.2 市场调查行业 / 006
- 1.2.1 市场调查的产生与发展 / 007
- 1.2.2 市场调查的行业现状 / 009

1.3 市场调查机构与人员 / 011
- 1.3.1 市场调查机构 / 012
- 1.3.2 市场调查人员 / 013

本章小结 / 015
重要概念 / 015
课后自测 / 015
案例分析 / 016
实训项目 / 019
学生自我学习总结 / 019

第2章 市场调查原理

2.1 市场调查的内容 / 022
- 2.1.1 市场环境调查 / 023
- 2.1.2 市场需求调查 / 024
- 2.1.3 市场营销活动调查 / 025
- 2.1.4 市场竞争调查 / 026

2.2 市场调查的原则与程序 / 027
- 2.2.1 市场调查的原则 / 027
- 2.2.2 市场调查的程序 / 028

2.3 市场调查的设计 / 030
    2.3.1 市场调查方案的设计 / 031
    2.3.2 市场调查方案的编写 / 035

本章小结 / 036

重要概念 / 037

课后自测 / 037

案例分析 / 038

实训项目 / 040

学生自我学习总结 / 040

第3章 二手资料与大数据分析

3.1 二手资料概述 / 043
    3.1.1 二手资料与二手资料分析 / 043
    3.1.2 二手资料分析的特点 / 044
    3.1.3 二手资料的作用 / 045

3.2 二手资料分析的程序 / 046
    3.2.1 二手资料的来源 / 046
    3.2.2 二手资料分析的步骤 / 049

3.3 大数据与大数据分析 / 053
    3.3.1 大数据 / 053
    3.3.2 大数据分析的含义与步骤 / 055

本章小结 / 057

重要概念 / 057

课后自测 / 057

案例分析 / 058

实训项目 / 060

学生自我学习总结 / 060

第4章 原始数据收集

4.1 观察调查 / 062
    4.1.1 观察调查的含义 / 062
    4.1.2 观察调查的类型 / 063
    4.1.3 观察调查法的特点 / 065

4.2 访问调查 / 067
    4.2.1 入户访谈调查 / 067
    4.2.2 拦截访问调查 / 069
    4.2.3 电话调查 / 071

    4.2.4　邮寄调查 / 072
  4.3　实验调查 / 073
    4.3.1　实验调查的含义 / 073
    4.3.2　实验调查的运用 / 074
 本章小结 / 076
 重要概念 / 076
 课后自测 / 077
 案例分析 / 078
 实训项目 / 079
 学生自我学习总结 / 079

第 5 章　网络调研

  5.1　网络调研概述 / 082
    5.1.1　网络调研的含义 / 082
    5.1.2　网络调研的方式 / 083
    5.1.3　网络调研的程序 / 084
  5.2　网络调研的应用 / 085
    5.2.1　网络收集二手资料 / 085
    5.2.2　网络定性调研 / 086
    5.2.3　网络调研运用的局限 / 087
  5.3　网络调研的发展 / 088
    5.3.1　商业在线专家小组 / 088
    5.3.2　移动网络调研 / 090
 本章小结 / 091
 重要概念 / 092
 课后自测 / 092
 案例分析 / 093
 实训项目 / 094
 学生自我学习总结 / 095

第 6 章　抽样调查

  6.1　抽样调查概述 / 097
    6.1.1　抽样调查的含义 / 097
    6.1.2　抽样调查的基本术语 / 098
    6.1.3　抽样误差的确定 / 099
  6.2　抽样调查的实施 / 101
    6.2.1　抽样调查的准备 / 101

6.2.2 抽样调查的程序 / 102
6.3 **抽样调查方式** / 105
6.3.1 随机抽样 / 105
6.3.2 非随机抽样 / 110

本章小结 / 113
重要概念 / 113
课后自测 / 113
案例分析 / 114
实训项目 / 116
学生自我学习总结 / 116

第7章 问卷设计

7.1 **问卷设计概述** / 119
7.1.1 问卷的含义 / 119
7.1.2 问卷的类型 / 120
7.1.3 问卷的结构与内容 / 121
7.2 **问卷设计程序** / 124
7.2.1 问卷设计的原则 / 124
7.2.2 问卷设计的流程 / 125
7.3 **问卷设计技术** / 128
7.3.1 问题的设计 / 128
7.3.2 答案的设计 / 131
7.3.3 态度量表的设计 / 133

本章小结 / 135
重要概念 / 135
课后自测 / 136
案例分析 / 137
实训项目 / 143
学生自我学习总结 / 143

第8章 市场调查的组织

8.1 **市场调查人员的组成** / 146
8.1.1 建立调查领导组 / 146
8.1.2 选择调查督导人员 / 147
8.1.3 选择市场调查人员 / 148
8.2 **市场调查人员的培训** / 150
8.2.1 人员培训工作的组织 / 150

　　　　8.2.2　人员培训方式的确定 / 150
　　　　8.2.3　人员培训内容的确定 / 151
　　　　8.2.4　调查技巧的培训 / 152
　　8.3　市场调查过程管理 / 156
　　　　8.3.1　市场调查项目管理 / 156
　　　　8.3.2　市场调查人员管理 / 157
本章小结 / 160
重要概念 / 160
课后自测 / 160
案例分析 / 161
实训操作 / 162
实训项目 / 163
学生自我学习总结 / 163

第9章　市场调查资料的处理

　　9.1　市场调查资料整理概述 / 165
　　　　9.1.1　市场调查资料整理的含义 / 165
　　　　9.1.2　市场调查资料整理的程序 / 166
　　9.2　市场调查资料整理 / 168
　　　　9.2.1　原始资料整理 / 168
　　　　9.2.2　二手资料整理 / 174
　　9.3　市场调查资料分析 / 175
　　　　9.3.1　调查资料的制表分析 / 175
　　　　9.3.2　调查资料的制图分析 / 177
　　　　9.3.3　调查资料的描述分析 / 179
　　　　9.3.4　统计分析软件——SPSS / 182
本章小结 / 183
重要概念 / 183
课后自测 / 184
案例分析 / 185
实训项目 / 187
学生自我学习总结 / 187

第10章　市场预测原理

　　10.1　市场预测概述 / 189
　　　　10.1.1　市场预测的含义 / 189
　　　　10.1.2　市场预测的内容 / 192

10.2 市场预测的原理与方法 / 194
    10.2.1 市场预测的原理 / 194
    10.2.2 市场预测的方法 / 196

10.3 市场预测的原则与程序 / 198
    10.3.1 市场预测的原则 / 198
    10.3.2 市场预测的程序 / 199

本章小结 / 201

重要概念 / 201

课后自测 / 201

案例分析 / 202

实训项目 / 203

学生自我学习总结 / 204

第 11 章 定性预测

11.1 定性预测概述 / 206
    11.1.1 定性预测的含义 / 206
    11.1.2 定性预测的特点 / 207

11.2 定性预测的基本方法 / 208
    11.2.1 经验判断预测法 / 208
    11.2.2 经验判断预测法的应用 / 209

11.3 定性预测的其他方法 / 211
    11.3.1 集体经验判断预测法 / 211
    11.3.2 专家预测法 / 212
    11.3.3 德尔菲法 / 214
    11.3.4 类推法 / 215
    11.3.5 主观概率法 / 217

本章小结 / 218

重要概念 / 219

课后自测 / 219

案例分析 / 220

实训项目 / 220

学生自我学习总结 / 221

第 12 章 定量预测

12.1 定量预测概述 / 223
    12.1.1 定量预测的含义 / 223
    12.1.2 定量预测的类型 / 224

12.1.3　定量预测的形式 / 224

12.2　时间序列预测法 / 225

12.2.1　平均数预测法 / 225

12.2.2　指数平滑法 / 228

12.2.3　季节指数法 / 229

12.2.4　趋势延伸法 / 229

12.3　回归分析预测法 / 230

12.3.1　回归分析预测法的含义 / 230

12.3.2　回归分析预测法的程序 / 231

12.3.3　一元线性回归预测法 / 231

本章小结 / 233

重要概念 / 234

课后自测 / 234

案例分析 / 235

实训项目 / 235

学生自我学习总结 / 236

第13章　市场调查报告

13.1　市场调查报告概述 / 238

13.1.1　市场调查报告的作用 / 238

13.1.2　市场调查报告的特点 / 239

13.2　市场调查报告的结构与内容 / 240

13.2.1　市场调查报告的结构 / 240

13.2.2　市场调查报告的内容 / 241

13.3　市场调查报告的编写与提交 / 246

13.3.1　市场调查报告编写的原则 / 247

13.3.2　市场调查报告的编写 / 247

13.3.3　市场调查报告的提交 / 249

本章小结 / 251

重要概念 / 251

课后自测 / 251

案例分析 / 252

实训项目 / 255

学生自我学习总结 / 255

 参考文献

第 1 章
市场调查概述

> 管理好的企业总是单调乏味,没有激动人心的事件,那是因为凡是可能发生的危机早就被预见,并已将它们转化为例行作业了。
>
> ——[美]德鲁克《卓有成效的管理》

导　　语

在日常生活中,我们经常听说这样一句话:"没有调查就没有发言权!"在企业市场营销工作中,市场调查是这一活动的第一步,只有通过市场调查,才能发现机会、探寻路径、规避风险,从而实现营销目标。

学习目标

知识目标
(1) 理解市场调查的含义与特点。
(2) 认知市场调查的类别。
(3) 认知市场调查的起源与发展。
(4) 认知市场调查机构。

技能目标
(1) 能体会市场调查的意义。
(2) 能说明不同市场调查类型的差异。
(3) 能结合实际选择市场调查机构。

调查故事

在日常生活中,人们常常在自觉不自觉地做着市场调查。假设你是一名北京在校大学生,想购买一台笔记本电脑,你会怎么办呢?也许在购买之前,你会先上网浏览相关电商网站的一些电子产品信息;也可能向同学、朋友或家人进行咨询,比较分析,以确定哪一款的功能、款式或其他方面最适合你;最后,你可能会去中关村电脑城,经过现场试用,跟商家谈定合适的价格,成交。心仪的笔记本电脑终于属于你了!毫无疑问,你购买笔记本电脑所经历的这一个个环节就构成了一项简单的市场调查活动。

快速发展的互联网给企业市场调查活动提供了新的空间。2018年,"双十一"网购人群分析结论显示,"双十一"当天,从大学生网购人群消费偏好前十位商品看,服饰鞋品、手机套/壳、充值卡及膨化食品是最偏好的品类;消费十大品牌则为优衣库、悦诗风吟、森马、良品铺子、伊蒂之屋、南极人、耐克、百草味、三只松鼠和美特斯邦威。从大学生人群应用安装偏好看、社交、网购、视频、金融和音乐等应用类型的安装比例相对较高。从大学生人群应用活跃偏好看,游戏助手、健康美容、教育、音乐等应用类型的活跃情况相对较好。

启示:显然,在互联网时代,网民在网上的一举一动都会被商家通过数据分析收入囊中。对于商家而言,市场调查活动的开展更加便捷,对于市场调查行业来讲,则意味着更大、更新的发展空间。

1.1 市场调查的含义

经过40多年的改革开放,我国经济已经深深融入全球一体化中。作为消费者,仿佛在不经意间,世界知名跨国公司的产品和服务就已经充斥了我们的生活;作为企业,国际同行们在眼前的市场上攻城略地、咄咄逼人。在市场竞争日趋激烈的今天,市场调查就成为企业收集、整理、分析和研究相关市场信息,为营销决策提供依据的重要手段;同时也是企业满足目标顾客需求、降低经营风险、提高竞争力的必要途径。

1.1.1 市场调查的概念

在竞争激烈的市场上,企业的任何决策都存在着不确定性和风险,只有通过有效的市场调查,掌握足够的市场信息,才能顺应市场需求变化趋势,了解企业所处的生存、发展和竞争环境的变化,增强企业的应变能力,把握经营的主动权,创新营销组合,识别新的市场机会,实现预期的经营目标。所以,市场调查是现代企业一项重要的基础工作,也是企业营销管理的重要组成部分,常常事关企业的生存与发展。

1. 市场调查

在国外,通常将市场调查活动统称为市场调研或营销调研。

国际商会/欧洲民意和市场营销调查学会认为:"营销调研(marketing research)是指个人和组织对有关其经济、社会、政治和日常活动范围内的行动、需要、态度、意见、动机等情况的系统收集、客观记录、分类、分析和提出数据资料的活动。"

美国市场营销协会认为,市场调研是指一种通过信息将消费者、顾客和公众与营销者联结起来的职能。简单地说,市场调研是指对于营销决策相关数据进行计划、收集和分析并向管理者沟通分析结果的过程。

我们认为,市场调查是企业营销活动的先导,是通过有计划地收集信息资料,并进行分析,以发现市场机会,为营销决策提供依据的过程。请见以下规范的概念解释。

> **重要概念 1-1**　　　　　　　　　　市场调查
>
> 市场调查是指为了形成特定的市场营销决策,采用科学的方法和客观的态度,对市场营销有关问题所需的信息,进行系统收集、记录、整理和分析,以了解市场活动的现状和预测未来发展趋势的一系列活动过程。

可以从以下三个方面的特点进一步理解市场调查的含义。

(1) 市场调查目的的针对性。市场调查的目的是了解、分析和判断企业市场营销管理中是否存在问题，或解决已经存在的问题，预测未来发展趋势，从而为企业制定特定的营销决策服务，并非对市场营销的所有问题笼统、盲目地进行调查。

(2) 市场调查方法的科学性。市场调查活动必须采用科学的方法，如市场信息范围的确定方法、信息收集方法的选择、流程的设计、执行的技巧与严谨度、数据处理方法与分析方法等。市场调查活动只有运用科学的方法进行组织、实施和管理，才能获取可信度较高的调查结果，也才能作出比较正确的市场决策。

(3) 市场调查过程的关联性。市场调查活动是一项系统化的工作，包括调查活动的设计与组织，所需信息资料的收集、整理和分析，调查报告的出具等。一系列工作环环相扣、紧密联系、相互依存又相互影响，共同构建了市场调查活动的全过程。

> **课堂讨论** 应该如何理解市场调查目的的针对性、方法的科学性及过程的关联性？

2. 市场调查的作用

在经济全球化的今天，市场竞争更加激烈。作为市场的主体，企业不再只是一味关注销售本身，而是更需要确切的市场信息，以便制定出进一步的营销策略。如我们的消费者是谁？他们需要什么？竞争对手正在做什么？等等。从中可以看出，市场调查在市场营销管理中的重要地位。市场调查的作用主要体现在以下几个方面。

(1) 市场调查是企业市场营销活动的起点。企业的营销活动是从市场调查开始的，通过市场调查识别和确定市场机会，制订营销计划，选择目标市场，设计营销组合，对营销计划的执行情况进行监控和信息反馈。在这一过程中，企业每一步都离不开市场调查，都需要市场调查为决策提供信息。企业管理部门及其有关人员要针对某些问题进行决策，如进行产品策略、价格策略、分销策略、广告策略和促销策略的制定。

(2) 市场调查是企业进行决策检验和修正的依据。企业依据市场调查获得的资料，可检验企业的计划和战略是否可行，有无疏忽和遗漏，是否需要修正，并提供相应的修改方案。通过了解分析市场信息，可以避免企业在制定营销策略时发生错误，或可以帮助营销决策者了解当前营销策略及营销活动的得失，以作适当修正。只有实际了解市场情况，才能有针对性地制定出切实可行的市场营销策略和企业经营发展策略。

案例 1-1

成功的麦当劳

麦当劳在中国开到哪里，火到哪里，令中国餐饮界人士又是羡慕，又是嫉妒，可有谁看到了它前期认真细致的市场调研工作呢？

20世纪80年代，麦当劳进驻中国前，连续5年作跟踪调查，了解中国消费者的经济收入情况和消费习惯；提前4年分别在中国的东北和北京郊区试种马铃薯；与此同时，根据中国人的身高、形体特征确定并制作好最佳尺寸的柜台、桌椅样品，还不远万里从中国香港空运麦当劳快餐成品到北京，进行口味试验和分析；开第一家分店时，在北京选了5个地点进行反复比较、论证。最后麦当劳在中国正式开业，一炮打响。

（3）市场调查可以使企业及时发现顾客需求。随着市场经济的发展，消费者需求变化越来越快，产品的生命周期日趋缩短，市场竞争更加激烈，对于企业来说，能否及时了解市场变化情况，并适时、适当地采取应变措施，是企业能否取胜的关键。企业通过市场调查，可以发现市场中未被满足或未被充分满足的需求，确定本企业的目标市场。同时，可以根据消费者需求变化的特点，开发和生产适销对路的产品，并采取有效的营销策略和手段，将产品及时送到消费者手中，满足目标顾客的需求。

（4）市场调查有利于企业随时了解市场环境的变化。随着竞争的加剧，企业所面临的市场总是不断地发生变化，而促使市场发生变化的原因有很多，如产品、价格、分销、广告、推销等市场因素和有关政治、经济、文化、地理条件等市场环境因素。这两类因素往往又是相互联系和相互影响的，而且不断地发生变化。企业为适应这种变化，就只有通过广泛的市场调查，及时地了解各种市场因素和市场环境因素的变化，从而有针对性地采取措施，通过对市场因素，如价格、产品结构、广告等的调整，去应对市场竞争。通过市场调查，企业可以了解市场营销环境的变化，可以及时调整自己的产品、价格、渠道、促销和服务策略，与竞争对手开展差异化的竞争，逐渐树立自己的竞争优势。同时，企业还可以通过收集竞争对手的情报，了解竞争对手的优势和劣势，然后扬长避短，有的放矢地开展针对性营销，从而增强企业的竞争能力。

> **课堂讨论** 如何理解市场调查在营销决策过程中的作用？

案例1-2

"安静的小狗"是如何受宠的

"安静的小狗"是一种猪皮便鞋，由美国活尔弗林环球股份公司生产。20世纪60年代末这种鞋在美国家喻户晓。当"安静的小狗"问世的时候，该公司为了了解消费者的心理，采取了欲取先予的策略：先把100双鞋子无偿送给100位顾客试穿8周。

8周后，公司通知顾客收回鞋子。如果谁想留下，每双请付款5美元。其实，公司并非真想收回鞋子，而是想进行一次调研：5美元一双的猪皮鞋是否有人愿意买？

结果，绝大多数人把鞋子留下了。得到这个有利的信息，该公司便大张旗鼓地进行推销。最终，公司将价格定为7.5美元，销售了几万双"安静的小狗"。

（5）市场调查可以为企业整体宣传策略提供信息支持。市场宣传推广需要了解各种信息的传播渠道和传播机制，以寻找合适的宣传推广载体和方式，以及制订详细的营销计划，这也需要市场调查来解决，特别是在高速变化的环境下，过去的经验只能减少犯错误的机会，更需要适时的信息更新来保证宣传推广的到位。通常，在市场宣传推广中，还需要引用强力机构的市场信息作为支持，比如，在消费者认同度、品牌知名度、满意度、市场份额等方面提供企业的优势信息，以满足进一步的需要。

拓展阅读1-1

市场调查的功能

市场调查具有三种功能：描述、诊断和预测。

(1) 描述。描述功能是指收集并陈述事实。例如,某个行业的历史销售趋势是什么样的?消费者对某产品及其广告的态度如何?

(2) 诊断。诊断功能是指解释信息或活动。例如,改变包装对销售会产生什么影响?换句话说,为了更好地服务顾客和潜在顾客,应该如何对产品服务方式进行调整?

(3) 预测。预测功能是指预测市场未来发展是怎样的。例如,企业如何更好地利用持续变化的市场中出现的机会?

1.1.2 市场调查的分类

根据不同的标准,市场调查可以有以下分类。

1. 按调查对象的范围分为全面调查和抽样调查

(1) 全面调查。全面调查是指对调查对象全体或对涉及市场问题的对象进行逐一、普遍、全面的调查。其优点是全面、精确。它适用于取得调查总体的全面系统的总量资料。比如,我国的人口普查。然而,其缺点也十分明显,全面调查费时、费力、费资金,所以适合在被调查对象数量少,企业人力、物力、财力都比较雄厚时采用。

(2) 抽样调查。抽样调查是指从目标总体中选取一定数量的样本作为调查对象进行调查。其特点是以较少的时间、费用,获得一定的调查结果,用以推测市场总体情况。抽样调查的样本少,调查者人数要求就少,实效性就得以提高,并且可以通过对调查者进行很好的培训,以提高调查的准确率。同时抽样调查也是一种重要的调查方法,我们将在以后章节中介绍。

2. 按调查性质分为探索性调查、描述性调查、因果关系调查和预测性调查

(1) 探索性调查。探索性调查又称试探性调查或非正式调查,是当调查的问题或范围不明确时所采用的一种方法,主要是用于发现问题,寻找机会,解决"可以做什么"的问题。一般采用文献资料收集、小组座谈会或专家座谈会等调查方法。例如,企业发现最近一段时间某产品销售量下降,当具体原因不明时,企业只能采用探索性调查,在小范围内找一些专家、业务人员、用户等以座谈会形式进行初步询问调查,或参考以往类似的调查资料,发现问题所在,为进一步的调查做准备。

(2) 描述性调查。描述性调查是指进行事实资料的收集、整理,把市场的客观情况如实地加以描述和反映。描述性调查通常会描述被调查者的人口统计学特征、习惯偏好和行为方式等。通过描述性调查来解决诸如"是什么"的问题,它比探索性调查更深入、更细致。

(3) 因果关系调查。因果关系调查是指为了了解市场各个因素之间的相互关系,进一步分析何谓因、何谓果的一种调查类型。其目的是要获取有关起因和结果之间联系的证据,用来解决诸如"为什么"的问题,即分析影响目标问题的各个因素之间的相互关系,并确定哪几个因素起主导作用。

(4) 预测性调查。预测性调查是指对未来市场的需求变化作出估计,属于市场预测的范围。所以,常用一些预测模型进行定量分析。

3. 按调查时间分为连续性调查和一次性调查

(1) 连续性调查。连续性调查是指对所确定的调查内容接连不断地进行调查,以掌握其动态发展的状况。比如,定期统计报表就是我国定期取得统计资料的重要方式。它有国家统一规定的表格和要求,一般由上而下统一布置,然后由下而上提供统计资料。

（2）一次性调查。一次性调查是指针对企业当前所面临的问题,组织专项调查,以尽快找到解决问题方法的一种调查方式。企业的很多专项调查都属于一次性调查,如新产品命名调查、顾客满意度调查、市场营销组合调查、广告效果调查、竞争对手调查等。

4. 按收集资料的方法分为二手资料调查、实地调查和网络调查

（1）二手资料调查。二手资料调查是指对已公开发布的资料、信息加以收集、整理和分析的一种调查类型。其优点是简单、快速、节省经费,其缺点是缺乏时效性,即不一定适合当前的情况。

（2）实地调查。实地调查又称第一手资料调查,是指调查者直接向被调查者收集第一手资料,再加以整理和分析,写出调查报告。实地调查法包括观察法、访问法和实验法等。实地调查法所花费的人力、时间和费用较二手资料调查法要大得多。

（3）网络调查。网络调查是指在互联网上针对特定营销环境进行简单调查设计、收集资料和初步分析的活动。网络调查分两种方式：一种方式是利用互联网直接进行问卷调查等收集第一手资料；另一种方式是利用互联网的媒体功能,从互联网收集二手资料。

5. 按市场调查的目的分为计划性调查、选择性调查和评估性调查

（1）计划性调查。计划性调查是指通过定期的调查来验证目标市场是否有变化、是否有新的细分市场出现、消费者态度是否有变化等例行的活动。

（2）选择性调查。选择性调查主要是用来验证哪一个决策更好,如新产品概念测试、广告方案测试、试销等。

（3）评估性调查。评估性调查主要用于营销活动效果的评估,包括跟踪广告回忆度、组织形象研究和顾客对企业服务质量的态度等。

课 堂 小 结

任 务 指 标	表 现 要 求	已达要求	未达要求
（陈述性）知识	掌握重要概念、特征和意义		
（实践）技能	能进行职业操作活动		
对课程内容的整体把握	能概述并认知整体知识与技能		
与社会实践的联系程度	能描述知识与技能的实践意义		
其他			

1.2 市场调查行业

市场调查活动是随着市场经济的产生和发展而出现的。从本质上讲,市场经济就是一种通过货物或服务的交换,以市场作为资源配置的基础方式,实现分散决策的经济体制。由于其固有的缺陷,导致市场信息的不对称、市场的不完全竞争等情形时有发生。为了降低经营风险,众多企业开始想方设法捕捉市场信息,力图做到紧跟或把握市场潮流。于是,现代意义上的市场调查活动就诞生了。美国是市场经济发展较成熟的国家,市场调查活动使其企业管理者避免了大量经营风险,获得了较大的竞争优势,大量的美国企业及其产品称雄于世。由此,市场调查活动在世界范围广泛传播开来。

1.2.1　市场调查的产生与发展

美国企业首先应用了市场营销的管理理念。作为市场营销活动的先导步骤,市场调查业由此产生。

1. 市场调查的萌芽期：20 世纪前

市场调查活动是在政治意义的民意调查基础上出现的。最早有记载的调查活动是1824 年 8 月由美国的《宾夕法尼亚哈里斯堡报》(*Harrisburg Pennsylvanian*)进行的一次选举投票调查;同年稍后,美国的另一家报纸《罗利星报》(*The Raleigh Star*)对在北卡罗来纳州举行的具有民众意识的政治会议进行了民意调查;最早有记载的以营销决策为目的的市场调查活动是在 50 多年后的 1879 年由 N. W. Ayer 广告公司进行的。此次调查活动的主要对象是本地官员,内容是了解他们对谷物生产的期望水平,调查的目的是为农业设备生产者制作一项广告计划。第二次系统的调查可能是在 20 世纪初由杜邦公司(E. I. du Pont de Nemours & Company)发起的,它对其推销人员提交的有关顾客特征的调查资料进行了系统整理和分析。非常有趣的是,当时负责收集并报告数据的推销人员认为这纯属一项额外的书面工作,因而感到异常愤怒。

大约在 1895 年,学术研究领域开始关注市场调查。当时,美国明尼苏达大学的心理学教授哈洛·盖尔(Harlow Gale)将邮寄调查引入了广告研究。他设计并寄出了 200 份问卷,最后收到了 20 份完成的问卷,回收率为 10%。随后,美国西北大学的 W. D. 斯考特(Walter Dill Scott)将实验法和心理测量法应用到广告实践中。

2. 市场调查的成长期：1900—1950 年

进入 20 世纪后,消费和生产的激增促使市场经济向更大范围拓展,了解消费者需求,以及消费者对产品的态度这一需求就应运而生,于是生产商、专业的调查机构和一些学院先后都涉足市场调查活动。1905 年,美国宾夕法尼亚大学首先开设了一门"产品的销售"课程。1911 年,柯蒂斯出版公司(Curtis Publishing Company)建立了第一家正式的调查机构,该机构的调查领域主要是汽车业。从 1911 年开始,美国佩林(Charles Coolidge Parlin)首先对农具销售进行了研究,接着对纺织品批发和零售渠道进行了系统调查,后来又亲自访问了美国100 个大城市的主要百货商店,系统收集了第一手资料并著书立说。其中《销售机会》一书就是非常著名的一部,内有美国各大城市的人口地图、分地区的人口密度、收入水平等资料。佩林第一个在美国的商品经营上把便利品和选购品区分开来,又提出了分类的基本方法等。因为佩林为销售调查作出的巨大贡献,人们推崇它为"市场调研"这门学科的先驱,美国市场营销协会(AMA)每年召开纪念佩林的报告会。

在佩林的影响下,美国橡胶公司、杜邦公司等一些企业都纷纷建立组织,开展系统的市场调研工作,1929 年,在美国政府和有关地方工商团体的共同配合下,对全美进行了一次分销普查(Census of Distribution),这次普查被美国看成市场调查工作的一个里程碑。后来,这种普查改叫商业普查(Census of Business),至今仍定期进行。这些普查收集和分析了各种各样的商品信息资料,如各商品的分销渠道的选择状况、中间商的营销成本等,它可以称得上是对美国市场结构最完整的体现。

在佩林的影响下,美国先后出版了不少关于市场调查的专著,比如,芝加哥大学教授邓楷所著的《商业调查》(1919年),弗立得里克所著的《商业调查和统计》(1920年),怀特所著的《市场分析》(1921年)。1937年,美国市场营销协会组织专家集体编写《市场调查技术》。20世纪40年代,在罗伯特·默顿(Robert Merton)的领导下又创造了"焦点小组"方法,使抽样技术和调查方法取得了很大进展。

20世纪30年代,问卷调查法得到广泛采用;20世纪30年代末期,市场调查成为大学校园普及性的课程。另外,大众传媒的发展和第二次世界大战的爆发,促使市场调查由不成熟的学科演变为明确的行业,除了正常的经济领域的研究外,大量的社会学家同时也进行了战争影响下的消费行为调查。

3. 市场调查的成熟期:1950—2000年

第二次世界大战的硝烟散尽后,严峻的现实也摆在了人们面前。战争的波及面非常广,最明显的表现就是世界范围内消费需求的不足,商品交易由卖方市场向买方市场转变。激烈的竞争迫使生产商千方百计地去获取更多、更好的市场情报。生产者不再能够轻易卖出他们生产的任何产品。生产设备、广告费用、存货成本的上涨及其他一些因素使产品的竞争力日益下降。这时,通过市场调查发现市场需求,然后再生产适销对路的产品满足这些需求就变得越来越重要了。

与此同时,市场调查活动方式方法的创新、调查结论可信度的提升也成为理所应当的要求。20世纪50年代中期,依据人口统计特征进行的市场细分研究和消费者动机研究出现,市场细分和动机分析的综合调查技术又进一步促进了心理图画和利益细分技术的发展。在20世纪60年代,先后提出了许多描述性和预测性的数学模型,如随机模型、马尔科夫模型和线性学习模型。更为重要的是,20世纪60年代初计算机的快速发展,使调查数据的分析、储存和提取能力大大提高。所有这些都为市场调查的形成、发展和成熟打下了坚实的理论基础与实践基础。

拓展阅读 1-2

倾听消费者的心声

服务是苏宁的唯一产品,用户体验是服务的唯一标准。多年来,苏宁一直秉承着这样的服务理念,立足于消费者,全身心地为消费者服务。自2017年9月以来,沈阳苏宁针对广大优质老会员开展了"总经理服务日"活动。总经理走出办公室,从门店V购、家访达人、售后等多维度为会员服务,与会员近距离接触,进行心与心的沟通,全面贯彻顾客至上的经营理念。

2017年始,"总经理服务日"正式启动。2017年11月9日下午,沈阳苏宁总经理马野军来到苏宁物流望花南街站点,为两位顾客派送快递。2019年2月起,苏宁开展"精准入户"服务,免费测水质、免费测甲醛、免费除螨、免费检查电器安全隐患、免费清洗家电、免费家电设计方案等。此外,苏宁还在物流、售后方面健全制度,全力为消费者保驾护航!

苏宁推出这些服务的目的就是多方位倾听消费者的心声,让消费者放心购买,保障消费者的权益,更好地为消费者服务。同时,也为自己培养了大批忠诚客户。

4. 市场调查的互联网时期:2000—2010年

互联网的发展给市场调研行业带来了巨大的变革。在一次全球调查中,94%的调研公司表明它们在进行在线调研。一些公司正逐步集中于移动访谈,在智能手机、机器人等设备上进行移动自我完善。第44次中国互联网发展状况统计显示,截至2019年6月,中国网民规模达到8.54亿,互联网普及率达到61.2%。

互联网给市场调研人员带来了许多益处,如有了更快的商业信息获取途径,有利于更好、更快地制定决策,提高公司对消费者需求和市场变化的反应能力,促进实施进一步研究和纵向调研,减少人力和时间密集调研活动的相关成本,包括邮寄、电话营销、数据录入和报告的成本。

在市场调研中,实施调研和分析大量使用者数据不是互联网变革的全部,互联网同时大大增强了调研过程和信息传播的管理,尤其是互联网极大地影响了几个关键领域:作为信息来源,电子数据替代了图书馆和多样的印刷材料;缩短了调研公司与客户企业调查建议磋商的时间,过程与结果沟通都可以随时在线进行;方便客户企业随时管理分析、利用已收集的信息数据。

5. 市场调查的大数据时代:2010年至今

市场调研中最热的行话是大数据。大数据(big data,mega data)或称巨量资料,是指需要新处理模式才能具有更强的决策力、洞察力和流程优化能力的海量、高增长率和多样化的信息资产。在维克托·迈尔-舍恩伯格及肯尼斯·库克耶编写的《大数据时代》中,大数据是指不用随机分析法(抽样调查)这样的捷径,而采用所有数据进行分析处理。大数据的特点以5V概括:Volume(大量)、Velocity(高速)、Variety(多样)、Value(价值密度)、Veracity(真实性)。

大数据的意义是由人类日益普及的网络行为所伴生的,被相关部门、企业采集的,蕴含数据生产者真实意图、喜好的,非传统结构和意义的数据。有人把数据比喻为蕴藏能量的煤矿。煤炭按照性质分为焦煤、无烟煤、肥煤、贫煤等,而露天煤矿、深山煤矿的挖掘成本又不一样。与此类似,大数据并不在于"大",而在于"有用"。价值含量、挖掘成本比数量更为重要。对于很多行业而言,如何利用这些大规模数据成为赢得竞争的关键。

大数据的价值体现在以下几个方面:对大量消费者提供产品或服务的企业可以利用大数据进行精准营销;做小而美模式的中长尾企业可以利用大数据做服务转型;面临互联网压力之下必须转型的传统企业需要与时俱进,充分利用大数据的价值。

1.2.2 市场调查的行业现状

1. 国外的市场调查

据美国市场营销协会统计,2013年,美国的市场调研公司总收入超过154亿美元,排名前50的调研公司占总收入的91%。排名第一的尼尔森总部位于纽约,在世界上100多个国家和地区建立了分支机构。英国特恩斯市场研究公司(Taylor Nelson Sofres,TNS,也译为索福瑞集团)是全球最大的专项市场研究公司,拥有最优秀电视收视率分析软件,在欧洲同样拥有数十年的电视观众调查经验,在全球110多个国家和地区提供有关市场调查、分析、洞察和咨询建议的服务。TNS于1992年进入中国,是最早在中国内地从事市场研究的国际性研究公司。20多年以来,TNS成长为中国地区最成功和享有盛誉的市场研究公司。世界上比较著名的公司除了尼尔森、TNS外,还有盖洛普、麦肯锡、Gartner、SGR等。

日本也是市场调查开展较早的国家。在日本除了一些非常著名的企业拥有自己的调查机构外,还有其他一些官方、半官方和民间机构在收集世界各地的政治、经济、军事和社会情报。从一定意义上讲,第二次世界大战后,日本之所以能够在短时间内创造出世界经济发展史上的"东亚奇迹",与重视市场调查有很大的关系。

此外,欧盟的一些国家也十分重视市场调查。例如,在欧盟,约有1 500家市场调查机构和咨询公司,其中,荷兰人口几百万,调查机构就有500家之多;法国有300多家;英国有400多家,伦敦市就有60多家商业调查机构,拥有多种数据资料,如《官方统计指南》《年度统计摘要》《地区统计摘要》《社会统计》《家庭开支调查》等,可以为企业或个人提供全方位或专项的调查服务。

欧盟约1 500家调查机构和咨询公司中,大约有611家调研组织在ESOMAR目录上都被标有"充分信息"的字样。

以发达国家为代表的市场调研活动非常活跃,它们机构众多,从业人员专业化程度较高,同时采用了大量的新技术,大大地提高了市场调研的效率。显然,随着经济全球化的发展,市场经济的支配地位进

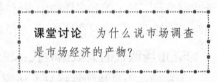

课堂讨论 为什么说市场调查是市场经济的产物?

一步加强,商品贸易竞争的加剧和服务市场的进一步细分已成为必然趋势,这将为市场调研行业提供更大的发展空间。

2. 中国的市场调查

市场调查是市场经济的产物。由于长期处于计划经济体制下,我国的市场调查业起步较晚,发展较慢。

在我国,市场调查为企业服务始于20世纪80年代中期,由于当时市场意识淡薄,专业人才缺乏,导致市场需求量很小。直到1999年,世界市场调查业的总营业额约为146亿美元,而我国内地市场的营业额约为1.33亿美元,仅占世界市场的1%。

随着社会主义市场经济体制的正式确立,我国的市场体系也在逐步地形成,市场调查与市场预测也有了较大的发展空间。1992—2001年,许多具有统计系统背景的公司脱颖而出,包括北京华通、中怡康、美兰德、精诚兴、赛诺、上海恒通,以及曾在统计局从业的人员创办的市调公司,如丰凯兴、华联信、武汉格兰德、沈阳的贝斯特等,全国各地均有统计系统的市场调查与咨询服务公司。我国民营市场调查公司也占有相当大的市场,如零点、新华信、新生代、勺海等。我国加入世界贸易组织之后,大批的海外市场调查公司纷纷登陆我国本土,它们在绝对数量上并不多,但技术、资金、人才占有很大优势。据统计,全球前20位的市场调查公司已有近半进入了中国市场,其中,Gallup、MBL、RI、NOP、ACNielsen、IPSOS、Mill Ward Brown、Taylor Nelson Sofres、NPD等影响很大。观研天下发布的《2018年中国市场调研行业分析报告——市场运营态势与投资前景预测》显示,目前我国市场调研行业从业人员超过4万人,年营业额超过80亿元,从事市场研究行业的从业公司近3 000家(市场

研究协会数据)。

经过 40 多年的发展,我国市场调查业已从单一数据采集业务发展到提供中高端的研究甚至营销咨询服务;从最初集中在北京、上海、广州三地发展到具有一定数量的遍布全国各地不同规模的市场调查与咨询服务公司;从各行其是发展到全行业统一与国际接轨,执行 ESOMAR 全球性的服务与质量准则;从以纸问卷为主的面访方式发展到使用计算机辅助电话访问(CATI/CAPI/e-survey/people meter)等先进仪器和技术的快速准确的调查手段;互联网时代下,在线问卷调研已经开始取代计算机辅助电话访问,成为未来最受欢迎的数据收集方式。

随着我国经济融入全球一体化进程的深化,我国《国民经济和社会发展第十二个五年规划纲要》强调要营造环境推动服务业发展,我国将为更多的跨国公司敞开大门,同时中国企业"走出去"也成为生存的必需,这将为我国的市场调查业提供更大的市场。

拓展阅读 1-3

互联网成为市场调研的重要平台

在市场营销中,无论是开拓新市场还是研发新产品,市场调查是不可或缺的重要步骤。传统的市场调查费时、费力、费钱,网络的出现无疑为市场调查提供了新的工具。网络市场调查的优点:一是实时、互动。网上调查是开放的,任何网民都可以进行投票和查看结果,而且在投票信息经过统计分析软件初步自动处理后,可以即时查看到阶段性的调查结果。网络的最大好处是交互性,因此在网上调查时,被调查者可以及时就问卷相关问题提出自己更多的看法和建议,可减少因问卷设计不合理导致调查结论偏差。二是无时空、地域限制。网上市场调查是 24 小时全天候的调查,这就与受区域制约和时间制约的传统调研方式有很大不同。三是便捷性和低费用。实施网上调查节省了传统调查中耗费的大量人力和物力。四是更为可靠和客观。实施网上调查,被调查者是在完全自愿的原则下参与调查,调查的针对性更强,因此,问卷填写信息可靠,调查结论更为客观。

课 堂 小 结

任 务 指 标	表 现 要 求	已达要求	未达要求
(陈述性)知识	掌握重要概念、特征和意义		
(实践)技能	能进行职业操作活动		
对课程内容的整体把握	能概述并认知整体知识与技能		
与社会实践的联系程度	能描述知识与技能的实践意义		
其他			

1.3 市场调查机构与人员

中国的市场调查行业经历了从无到有、快速发展的过程。目前,已经呈现出专业化、多元化、产品化和实用化等趋势,就已经存在的市场调查来看,其范围之广、内容之细,已超出人们的想象。

1.3.1 市场调查机构

随着我国市场经济的发展,市场调查工作日益受到重视,很多企业有自己的市场调查机构,如市场部,也聘请专业的调查公司、咨询公司做顾问。当企业觉得有必要时,还可以聘请企业外部的专业性市场调查机构进行市场调查。于是,专业的市场调查公司也逐渐增多,形成了众多市场调查(咨询)公司群雄逐鹿的局面。因此,提及市场调查主体,一般意味着两种类型：企业自身市场研究机构与社会专业市场调查机构。基于业务活动的典型性,本书主要介绍后者。

1. 市场调查机构的类型

我国的市场调查机构主要有以下类型。

(1) 国有调查机构。我国最大的市场调查机构为国家统计部门,国家统计局、各级主管部门和地方统计机构,这些机构通过统计报表和专业调查队伍专门调查等手段收集与管理市场调查资料,便于企业了解市场环境的变化及发展,指导企业的微观经营活动。国家统计局在对从事涉外调查的机构的资格认定等方面进行管理的同时,还设有调查处、研究室和情报所,负责组织城市、农村基本情况的信息收集。

(2) 外资调查机构。外资市场调查与咨询公司,如盖洛普、尼尔森、国际市场研究集团(Research International, RI)等,直接服务于大型跨国公司对中国市场调查的需求,同时为中国内地市场潜力所吸引。由海外总部接全球性的委托单实施中国市场调查,是外资市场调查与咨询公司的重要客户来源。

(3) 学术型调查机构。新闻单位、高校、科研院所的学术型调查机构也都开展独立的市场调查活动,定期或不定期地收集和发布一些市场信息。国内学术型调查机构,主要集中于高校,高校市场调查做得比较好的机构是中国传媒大学和中山大学等。

(4) 民营调查机构。此类市场调查与咨询公司大多为管理者以股份制的方式创办,投资人和经营人一体化。比较成规模的有华南、零点、勺海等。民营调查机构对客户的反应迅速、服务意识较强;采用项目主任负责制,即除了统计分析等技术性很强的环节外,一个项目从设计到报告撰写都由一位研究人员负责。这样有利于最大限度地激发个人的积极性和责任心,但也使调查项目的质量与项目主持人的个人素质密切相关。能够满足客户的特别需要,如某些难度较大的调查项目,民营公司往往比外资公司、国有公司做得更好,因为它获得信息的手段较前两类灵活得多。

拓展阅读 1-4

零 点 调 查

零点调查成立于1992年,其业务范围为市场调查、民意测验、政策性调查和内部管理调查。零点调查接受海内外企事业、政府机构和非政府机构的委托,独立完成各类定量与定性研究课题。零点是广为受访对象、客户和公众所知的专业服务品牌。多年的发展经验使其更了解客户的需求,从而为客户提供更有针对性的服务。零点调查的业务项目有数千项,涉及食品、饮料、医药、个人护理用品、服装、家电、IT、金融保险、媒体、房地产、建材、汽车、商业服务、娱乐、旅游等30多个行业。HORIZON（零点）为受中国法律与《马德里国际公约》保护的国际注册服务商标。

2. 市场调查机构的职业道德要求

专业市场调查机构在接受企业委托、开展业务活动的同时，应注意树立良好的信誉，尤其要遵守以下职业道德要求。

（1）维护委托人利益。主要包括：①保持受委托的关系，永远寻求并保护委托人的最佳利益；②视所有调查信息，包括处理过程和结果，为委托人独有的财产；③在发布、出版或使用任何调查信息或数据之前，要获取委托人的允诺或批准；④拒绝与那些寻求调查发生偏差以得到某些确定结果的委托人发生任何联系，拒绝接受他们的项目；⑤固守调查研究的科学标准，并且不隐瞒任何事实真相。

（2）保护被调查者隐私。主要包括：①保护被调查者的隐私权和匿名权，事先承诺不暴露他们的身份；②绝不允许委托人去识别调查者的身份以报复那些作反向回答的人；③除非被调查者知道在参加之前要先与他们接触，否则不要去请求他们说出自己的身份；④认识到拒绝调查者或他人识别委托人的身份在适当时候是合法的。

> **课堂讨论** 为什么要求市场调查机构必须维护委托人的利益？违反职业道德要求，会出现哪些情形？

1.3.2 市场调查人员

市场调查人员是指为本组织或受托为其他组织，从事市场调查、市场研究、信息分析及相关活动的人员。市场调查人员是调查工作的主体，其数量和质量直接影响市场调查结果。

1. 市场调查人员的基本素质

市场调查也和其他工作一样，具体负担工作的"人"的素质会对工作的效果产生直接的影响。作为一名优秀的市场调查人员，应该具备相应的品德、业务、心理和身体素质，具体表现在以下三个方面。

（1）思想品德素质。一个具有良好的思想品德素质的调查人员，应该能够做到以下几点：①熟悉国家现行的有关方针、政策、法规，具有强烈的社会责任感和事业心；②具有较高的职业道德修养；③工作认真细致，在调查工作中具有敏锐的观察能力，不放过任何有价值的资料；④谦虚谨慎、平易近人，容易得到被调查对象的配合，从而能获得真实的信息。

（2）业务素质。主要包括：①阅读能力，即理解问卷的意思，能够没有停顿地传达问卷中的提问项目和回答项目；②表达能力，即调查人员在调查过程中能够将要询问的问题表达清楚；③观察能力，具有敏锐的观察能力，判断被调查者回答的真实性；④书写能力，能够准确、快速地将被调查者的回答记录下来；⑤应变能力，在调查过程中遇到的是各种各样的人，所以调查人员要能够随机应变，适应不同类型的人的特点。

（3）心理和身体素质。一个健康的体魄是基础，市场调查工作也不例外。市场调查活动中，实地访问、资料的归纳、整理、计算等工作都需要良好的心理和身体素质，才能保持良好的工作状态，以应对各种类型的调查对象，机智灵活地处理各种各样的随机事件。

2. 市场调查人员的知识要求

市场调查整个工作过程涵盖了统计、经济、管理、心理学等多方面的知识，从个人知识要求看，主要集中在以下几个方面。

（1）市场营销知识。市场调查是营销工作的起点，最终目的是使营销效果更加明显。因此，市场调查人员需要具备基本的市场营销知识，包括商品学、消费心理学、企业可能采用的营销技巧等。只有这样，才能使调查活动有的放矢。

（2）市场调查知识。市场调查人员必须掌握调查工具、熟悉调查程序、调查手段等，才能在业务活动中处理各种可能出现的问题。如设计方法无法运用，如何选用替代方法收集资料等。

（3）管理学知识。市场营销不仅仅是企业营销部门的工作，同时还和整个企业管理层息息相关，市场调查也应该关注企业管理方面。企业所有的人事变动、财务运行、企业发展战略等透露的信息都是市场调查从业者要关注的焦点，而这一切都以企业管理为基础。一个市场调查人员只有了解企业管理的精髓，才可能了解自己企业和竞争对手的运转状况与运转方式及原因，并客观分析。

（4）行业知识。市场调查是针对行业进行的，隔行如隔山，即使是经验再丰富、资历再深厚的调查人员也不可能"通吃"所有的行业。作为调查分析师，通常情况下，必须至少长期关注一个行业的发展动态，做到知己知彼，这样才能在调查活动中少走弯路。

拓展阅读 1-5

中国著名市场调研公司

（1）央视市场研究（CTR）。是中国领先的市场研究公司，其服务方向是消费者固定样组、个案、媒介与产品消费形态、媒介策略、媒体广告及新闻监测。

（2）广州策点市场调研有限公司（CMR）。擅长领域为满意度研究、消费者研究、政府及公共服务研究、市场进入研究、新产品开发研究、房地产专项研究、行业研究等。

（3）央视—索福瑞媒介研究（CSM）。致力于专业的电视收视和广播收听市场研究，为中国内地和中国香港传媒行业提供可靠的、不间断的收视率调查服务。

（4）上海尼尔森市场研究有限公司（AC Nielsen）。提供全球领先的市场资讯、媒介资讯、在线研究、移动媒体监测、商业展览服务及商业出版资讯。

（5）北京特恩斯市场研究咨询有限公司（TNS）。在消费品、科技、金融、汽车等多个领域为客户提供全面而深刻的专业市场调研服务和行业知识。

（6）河南亦锐营销策划有限公司（easy）。从事品牌建设与市场推广，企业总部设在郑州，拥有数十人组成的高端商务营销策划团队。

（7）新华信国际信息咨询（北京）有限公司（SINOTRUST）。提供市场研究、商业信息、咨询和数据库营销服务，协助企业作出更好的营销决策和信贷决策并发展盈利的客户关系。

（8）北京捷孚凯市场调查有限公司（GFK）。在全球范围内开展市场研究业务，涉及专项研究、医疗保健研究、消费电子调研、消费者追踪、媒介研究五大领域。

（9）北京新生代市场监测机构有限公司。开展连续性的、年度的及单一来源的大众市场研究与分众市场研究；媒介研究；消费研究。

(10) 赛立信研究集团(SMR)。主要业务包括市场研究服务、媒介研究服务、竞争情报研究服务、商业信用调查服务。

课 堂 小 结

任 务 指 标	表 现 要 求	已达要求	未达要求
(陈述性)知识	掌握重要概念、特征和意义		
(实践)技能	能进行职业操作活动		
对课程内容的整体把握	能概述并认知整体知识与技能		
与社会实践的联系程度	能描述知识与技能的实践意义		
其他			

 本章小结

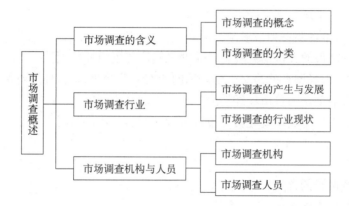

 **重要概念**

市场调查

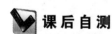 **课后自测**

一、选择题

1. 你在购买笔记本电脑前，会进行的市场调研活动有(　　)。
   A. 上网查询相关信息　　　　　　B. 电话咨询厂家
   C. 请教同学或朋友　　　　　　　D. 去商场看样品

2. 只有通过对市场营销有关问题所需的信息进行系统的(　　)，才能形成特定的市场营销决策。
   A. 收集　　　　　　　　　　　　B. 记录
   C. 整理　　　　　　　　　　　　D. 分析

3. 市场调查在营销管理活动中具有(　　)作用。
   A. 营销管理活动的起点

B. 能够帮助企业留住现有顾客
C. 可以使企业随时了解市场行情
D. 可以为企业产品质量改进提供参考意见
4. 专业市场调查机构在接受企业委托、开展业务活动时,应注意(　　)。
　A. 维护委托人利益
　B. 保护被调查者隐私
　C. 接受与委托人有竞争关系的业务活动
　D. 可以随意处置所收集到的信息
5. 作为一名优秀的市场调查人员,应该具备(　　)等方面的素质。
　A. 思想品德素质　　　　　　　　B. 业务素质
　C. 心理和身体素质　　　　　　　D. 科学素质
6. 按资料来源分,市场调查可以分为(　　)调查。
　A. 文案　　　　B. 实地　　　　C. 抽样　　　　D. 网络

二、判断题

1. 市场调查与市场营销有时可以相互替代。　　　　　　　　　　　(　　)
2. 在国外,将市场调查和市场预测活动统称为市场调研。　　　　　(　　)
3. 市场调查获得的大量信息资料是企业经营决策的重要依据。　　　(　　)
4. 在实践中,市场调查就是对市场营销的所有问题笼统、盲目地进行调查。(　　)
5. 市场调查活动是随着市场经济的产生和发展而出现的。　　　　　(　　)
6. 市场调查中的重点调查耗费力量较大,时间长,且不能及时提供必要的资料。
　　　　　　　　　　　　　　　　　　　　　　　　　　　　　　(　　)

三、简答题

1. 简述市场调查的含义。
2. 简述市场调查的作用。
3. 市场调查有哪些主要分类?
4. 简要概括我国市场调查行业的发展状况。
5. 为什么说我国的市场调查前景广阔?
6. 结合实践,谈谈我国的市场调查所面临的问题。

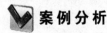 案例分析

案例1　市场调查帮助王永庆立业

中国台湾著名企业家王永庆早年因家境贫寒读不起书,只好去做买卖以补贴家用。16岁时,他在嘉义开了一家米店,当时小小的嘉义已有米店近30家,竞争非常激烈。仅有200元资金的王永庆只能在一条偏僻的巷子里承租了一个小铺面。由于他的米店开办最晚,规模又小,更谈不上知名度,所以没有任何优势。在刚开张的日子里,生意冷清。当时,一些老字号分别占据了周围大的市场,而王永庆的米店因规模小、资金少,没法做大宗买卖;而专门搞零售,那些地点好的老字号米店在经营批发的同时也兼做零售,没有人愿意到他这一地段偏僻的米店来买米。王永庆曾背着米挨家挨户去推销,但效果不太好。

王永庆感觉到要想自己的米店在市场上立足,就必须有一些别人没做到或做不到的优势才行。经过仔细的调查,王永庆很快从提高米的质量和服务上找到了突破口。

20世纪30年代的中国台湾,农村还处在手工作业状态,稻谷收割与加工的技术很落后,稻谷收割后都是晒在马路上,然后脱粒,砂子、小石子之类的杂物很容易掺杂在里面。用户在做米饭之前,都要经过一道淘米的工序,但是一些砂子、小石子之类的杂物很难彻底清除,吃饭时总会硌牙,吃起来有很多不便,经常有人抱怨,连大的米店卖的米也是如此。

王永庆却从顾客的抱怨中找到了自己应该改进的产品质量信息。他带领两个弟弟一齐动手,不辞辛苦,不怕麻烦,一点一点地将掺杂在米里的秕糠、砂石之类的杂物拣出来,然后再出售。这样,王永庆米店卖的米的质量显然就要高一个档次,因而深受顾客好评,米店的生意也日渐红火起来。

产品质量的提高带来了较好经济效益的同时,王永庆又将目光投向了别处。20世纪30年代,电话还很不普及,没有现在的电话订购,大部分人买米一定要自己到街上的米店去买,自己运送回家。有客户反映,由于平时太忙,自己在煮饭时才发现米已经没有了,只好饿着肚子再去米店买米回家;经过长时间观察,王永庆还发现,一些家庭由于年轻人整天忙于生计,且工作时间很长,不方便前来买米,买米的任务只能由老年人来承担。这对于一些上了年纪的老年人来说,就是一个大大的不便了;另外,就米店而言,要等客人上门才有生意做,长久下去,太被动了。王永庆注意到了这些情况,于是决定超出常规,主动送货上门。这一方便顾客的服务措施大受欢迎。当时还没有送货上门一说,增加这一服务项目等于是一项创举。王永庆米店的生意更加红火了。

但是,王永庆并不因此满足,他将目光又一次投向了更加精细的服务。即使是在今天,送货上门充其量是将货物送到客户家里并根据需要放到相应的位置,就算完事。那么,王永庆是怎样做的呢?

每次给新顾客送米,王永庆就拿出随身携带的小本细心记下这户人家米缸的容量,并且问明这家有多少人吃饭,有多少大人、多少小孩,每人饭量如何,依据这些资料大致估计该户人家下次买米的时间,到了这个时间段,不等顾客上门,他就主动将相应数量的米送到客户家里。

在送米的过程中,王永庆还了解到,当地居民大多数家庭都以打工为生,生活并不富裕,许多家庭还未到发薪日就已经囊中羞涩。由于王永庆是主动送货上门的,要货到付款,有时碰上顾客手头紧,一时拿不出钱的,会弄得大家很尴尬。为解决这一问题,王永庆采取按时送米不即时收钱,而是约定到发薪之日再上门收钱的办法,极大地方便了顾客。

王永庆精细、务实的营销方法,使嘉义人都知道在米市马路尽头的巷子里,有一个卖高质量米并送货上门的王永庆。有了知名度后,王永庆的生意很快红火起来。这样,经过一年多的资金积累和客户积累,王永庆便自己开办了一个碾米厂,在离最繁华热闹的街道不远的临街处租了一处比原来大好几倍的房子,临街的一面用来做铺面,里间用作碾米厂。就这样,王永庆从小小的米店生意开始了他后来问鼎中国台湾首富的事业。

(资料来源:汪中求.细节决定成败[M].北京:新华出版社,2004.)

阅读材料,回答以下问题。

1. 王永庆的米店为什么能够成功?

2. 王永庆怎样通过市场调查留住了顾客?
3. 本案例对大型企业的营销管理有什么启示?

案例2　市场调查帮助英国小熊公司创业

英国小熊公司是在1991年由29岁的Alise Grossick和她28岁的丈夫Jonty一起创立的。现在,公司在巴斯、伦敦等地有10家店铺。最近公司又在日本东京开了分店,公司年收入为400万英镑。

Jonty说:"Alise和我是1988年在剑桥认识的,当时我们都很穷,我们两人决定自己创业,但是我们知道不论做什么,我们都必须从零开始。我们发现,设计和销售T恤衫是个不错的选择,因为它不需要很大的投资,只需找一个肯合作的供应商即可。制作印有小熊的T恤衫的主意就是那时想到的。当时,我们发现最好卖的T恤衫是印有Alise画的小熊的T恤衫。但在我们决定自己开公司之前,Alise从没有做过一个带小熊的T恤衫,她只是设计小熊的图案,由别人来制作。

"带着她设计的方案找到制造商,向他们讲述了她的想法。这些厂商都非常有耐心地听她讲解,并且给她更好的建议。

"我们一直梦想着自己开一家公司来实现自己的想法。我认为制作有关小熊的产品能实现我们的梦想,因为小熊让人觉得可爱、好笑。我们让小熊穿上马海毛的外套,让它们看起来更可爱。顾客不喜欢太古板的东西,他们喜欢有个性的事物。

"最初,我们确定目标顾客时曾经犯了一个错误,我们的第一个客户是瓦特里斯的一个小报亭。当时我们很高兴,因为这是我们在伦敦的第一个订单。报亭收取很低的租金,因此我们当时并没有进行营销调研。直到我们在伦敦开店,我们才发现其实旅游贸易更有利可图。

"我们开店选址更加仔细,可以说是50%的战略选择、30%的感觉、20%的科学数据。"

Alise说:"我们从来就不是只出售这种小熊产品,我们的愿景是创造一种小熊文化,并让人们从内心接受它,让人们穿小熊标志的衣服,吃印有小熊标志的果酱,喝有小熊标志的茶。

"人们喜爱小熊,把小熊拟人化,并带入他们的生活中。年轻人来到我们商店的最初目的仅仅是想购买一件衣服,但是后来,他们就被商店里的文化吸引了,他们的脸上充满了欢乐的表情。有时也有人来修理以前购买的小熊,就像是顾客因为自己的宠物狗不吃食物而去看兽医一样。

"很多零售商店并不真正关心自己的顾客,它们只是想方设法从顾客那里获取钞票,我们从心底里热爱我们的事业,对我们的产品和顾客充满了热情。如果你对某项事业倾注了足够的精力和热情,你就一定能成功。

"我们并不是仅仅为了谋生而被迫从事这种职业,所以我们只与我们喜欢的人打交道,小熊能把这些人聚在一起,是因为这些人都是发自内心地喜爱小熊,这种喜爱超越了性别和种族,是无条件的。如果我们不能一起分享这些,我就不认为这是值得做的,我和丈夫深深地喜爱对方,也希望能把爱传递给周围的每一个人。"

(资料来源:托尼·普罗克特.市场调研精要[M].吴冠之,等译.北京:机械工业出版社,2004.)

阅读材料，回答以下问题。
1. 该公司是如何有效地开展市场调查活动的？
2. 该案例中，你认为最吸引消费者的是什么？

 实 训 项 目

实训名称：市场调查认知。
实训目的：通过实训项目的演练与操作，初步认知市场调查工作。
实训内容：
（1）仔细观察自己所熟悉的商店（场），分析它们是如何进行市场调查的。
（2）由教师设定题目，走访大型的购物中心或超市，分析市场调查对其日常经营活动的影响。
实训组织：学生分小组、分行业观察企业调查活动。
实训总结：学生小组交流不同行业的观察结果，教师根据观察报告、PPT 演示、讨论分享中的表现分别给每组进行评价打分。

 学 生 自 我 学 习 总 结

通过学习本章，我能够作以下总结。
1. 主要知识点

本章的主要知识点有：
（1）
（2）

2. 主要技能

本章的主要技能有：
（1）
（2）

3. 主要原理

市场调查在市场营销活动中的地位与意义是：
（1）
（2）

4. 主要相关知识点

本章涉及的主要相关知识点有：
（1）市场调查与管理的关系有：
（2）市场调查与统计的关系有：
（3）市场调查行业发展状况是：

5. 学习成果检验

完成本章学习的成果：
(1) 学习本章的意义有：
(2) 学到的知识有：
(3) 学到的技能有：
(4) 我对市场调查的初步印象是：

第 2 章 市场调查原理

企业的经营不能只站在单纯的一个角度去看,而要从各个角度去分析、观察才行。

——日本麦当劳汉堡庄创始人　藤田田

导　语

市场调查活动是一项有目的、系统化的科学活动,一系列活动环环相扣、紧密相连、相互依存又相互影响。因而,市场调查工作活动必须建立在科学的原理指导基础之上,才能保证有一个良好的开端。

学习目标

知识目标

(1) 认知市场调查的内容。

(2) 认知市场调查的程序。

(3) 认知市场调查的原则。

(4) 认知市场调查方案。

技能目标

(1) 能选择市场调查的内容。

(2) 能说明市场调查的原则。

(3) 能结合实际制订市场调查方案。

调查故事

同学们大都喜欢穿牛仔裤,可你知道牛仔裤是怎么发明的吗? 1895年,通往旧金山的淘金队伍中有一个清瘦、文静、稚气未脱的年轻人,就是李威·施特劳斯。他出生于德国犹太家庭,厌倦了家族世袭的文职工作,追随两位哥哥到美国淘金。一到旧金山,李威就发现,传闻归传闻,现实归现实,旧金山并非满地黄金。

于是,李威开了间日杂百货商店,很快就能用简单的英语词汇,与买东西的美国人进行交流。一天,李威与一位矿工闲聊,矿工说道:"李威,你的帆布包真耐用,不怕磨,又不怕脏,瞧我买的这个包,用了半年,还是完好无损。"矿工边说边摘下他的帆布包。"老兄,包是耐用,可瞧你的裤子,屁股都包不住了。你不能光顾挣钱呀!"李威指着矿工的裤子关切地说道。"不是我舍不得花钱,实在是裤子不耐穿。什么时候工装裤做得和帆布包一样结实就好了!"矿工边说边连连感叹。

李威若有所思。他突然转身跑进店里，急急忙忙取了一块东西，不由分说地拉着矿工的胳膊就走。矿工不知李威的葫芦里卖的是什么药，弄得他丈二和尚摸不着头脑。李威停下了脚步，原来是一家裁缝店。直到裁缝量完了矿工裤子的尺寸，在一块李威带来的布上比比画画，矿工这才恍然大悟。原来，这块布正是做包用的帆布，李威让裁缝为矿工赶制一条帆布短裤，世界上第一条帆布工装裤就这样诞生了。望着他远去的背影，一个大胆的构想在李威的心中酝酿成熟，他决定放弃手头的日杂百货商店，立即改做工装裤。果然，帆布短裤一面世，便大受欢迎。它坚固、耐久，穿着舒适，深受淘金工人和西部牛仔们的喜爱。

1853年，"李威帆布工装裤公司"正式成立。李威开始大批量生产帆布工装裤，专以淘金者和牛仔为销售对象。为了让矿工免受蚊虫叮咬，他将短裤改为长裤；为了使裤袋结实耐用，李威把原来的线缝改用金属钉牢……这些新改进，深受矿工们的欢迎，李威的生意长盛不衰。后来，当法国生产的哔叽布盛行美国时，李威发现它不但耐磨，而且比帆布美观、柔软，于是决定采用这种新式面料替代帆布。不久，李威又将这种裤子改得紧贴腿面，使人穿上更显挺拔洒脱。这种裤子深受牛仔们的欢迎。经过多年的改进、更新，"李威裤"形成了特有的式样，并渐渐被"牛仔裤"这个名字取而代之。

启示：古语说得好"处处留心皆学问"，市场调查更是如此。也许在不经意间，一些信息的收集就可以使你的事业更上一层楼。

2.1 市场调查的内容

市场调查是企业营销活动的开始，又贯穿其全过程，那么，市场调查的内容究竟有哪些呢？市场调查的内容涵盖了市场营销活动的整个过程，从识别市场机会、选择目标市场、制定营销策略到评价营销效果，都可能成为市场调查的对象。具体来讲，市场调查的内容主要包括市场环境调查、市场需求调查、市场营销活动调查、市场竞争调查，如图2-1所示。

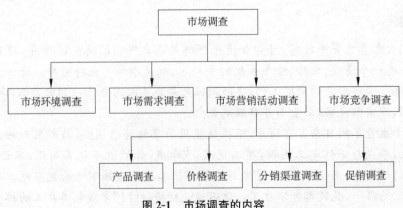

图2-1 市场调查的内容

2.1.1 市场环境调查

市场环境调查是指对影响企业生产经营活动的外部因素所进行的调查。它是从宏观上调查和把握企业运营的外部影响因素及产品的销售条件等。对企业而言,市场环境调查的内容基本上属于不可控制的因素,包括政治法律环境、经济技术环境、社会文化环境、人口环境和自然地理环境等,它们对所有企业的生产和经营都产生巨大的影响。因此,每一个企业都必须对主要的环境因素及其发展趋势进行深入细致的调查研究。

1. 政治法律环境

政治法律环境是指企业面临的外部政治形势、状况和制度,分为国内政治法律环境和国际政治法律环境。对国内政治法律环境的调查,主要是分析政府方针政策,政策的制定与调整及其对市场、企业产生的影响。法律环境的调查是分析研究国家和地区的各项法律、法规,尤其是其中的经济法规。随着买方市场的形成,消费者组织对企业营销活动的影响日益增强,企业管理者在市场活动中必须认真考虑消费者利益,为消费者提供良好的产品和服务。

2. 经济技术环境

经济技术环境是指企业面临的社会经济条件及其运行状况、发展趋势、产业结构、交通运输、资源等情况。经济技术环境是制约企业生存和发展的重要因素。经济技术环境调查具体包括收入因素、消费支出、产业结构、经济增长率、货币供应量、银行利率、政府支出等因素,其中收入因素、消费支出对企业营销活动的影响较大。

> **课堂讨论** 如果你是一家电子消费品制造企业的总经理,在进行经济技术环境调查时,你关心的问题有哪些?

企业技术环境是指随着科学技术的发展,商品市场生命周期迅速缩短,给企业经营带来了影响。新兴科技的发展、新兴产业的出现,可能给某些企业带来新的市场机会,也可能给某些企业带来环境威胁。

3. 社会文化环境

文化是一个复杂的整体概念,它通常包括价值观念、信仰、兴趣、行为方式、社会群体及相互关系、生活习惯、文化传统和社会风俗等。文化使一个社会的规范、观念更为系统化,文化解释着一个社会的全部价值观和规范体系。在不同国家、民族和地区,文化之间的区别要比其他生理特征更为深刻,它决定着人们独特的生活方式和行为规范。

社会文化环境不仅建立了人们日常行为的准则,也形成了不同国家和地区市场消费者态度与购买动机的取向模式。市场社会文化环境调查对企业经营也至关重要。

4. 人口环境

人是构成市场的首要因素,哪里有人,哪里就会产生消费需求,哪里就会形成市场。人口因素涉及人口总量、地理分布、年龄结构、性别构成、人口素质等诸多方面,处于不同年龄段的人、处于不同地区的人消费就不同。企业应重视对人口环境的研究,密切关注人口特性及其发展动向,及时地调整营销策略以适应人口环境的变化。

5. 自然地理环境

一个国家和地区的自然地理环境也是影响市场的重要环境因素,与企业经营活动密切相关。自然地理环境主要包括气候、季节、自然资源、地理位置等,都从多方面对企业的市场营销活动产生影响。一个国家和地区的海拔高度、温度、湿度等气候特征,影响着产品的功能与效果。人们的服装、食品也受气候的明显影响。地理因素也影响着人们的消费模式,还会对经济、社会发展、民族性格产生复杂的影响。企业市场营销人员必须熟悉不同市场中自然地理环境的差异,才能搞好市场营销。

> **案例 2-1**
>
> **国内运动品牌的市场环境**
>
> 对于国产运动品牌来说,2018 年是一个特殊的年份,国产运动品牌受到集中关注。年初,一则"27 岁杭州小伙穿特步相亲被拒"的消息在网上流传,成为大家茶余饭后的谈资。虽然"土"的形象尚未得到彻底扭转,但近年来,国产品牌在品牌升级上确实已经作出了值得肯定的好成绩。2018 年 2 月,国产运动品牌代表李宁登上纽约时装周,安踏以旗下高端运动品牌 FILA 赢得市场认可,在中国遍地开花的 FILA,已经成为安踏集团业绩增长最主要的力量。至于特步,虽然相对低调,但根据相关数据,其已经成为马拉松选手们最为青睐的国产跑鞋品牌。
>
> 市场调查显示,本土运动服装品牌面临困境的原因主要是:一方面,厂家奉行廉价设计,的确显得不"潮",难以吸引年轻消费者;另一方面,本土运动服装品牌注重规模扩张而忽视了品牌形象提升与品牌重塑,导致同质化竞争严重。因此,2018 年,是国产运动品牌分化的一年。在这一年间,部分国产运动品牌取得了突出的成绩,部分国产运动品牌则面临着品牌崩塌甚至消亡的困境。但很显然,在巨大而快速增长的市场面前,我国本土运动品牌应该从粗放式发展道路转移至集约式发展道路上,否则此困境还将长期持续。

2.1.2 市场需求调查

消费者是市场活动的主体,是企业产品的最终购买者和服务对象。消费者市场调查是指在对市场环境研究的基础上,运用各种市场调查技术和方法,对消费群体通过认知、态度、动机、选择、决策、购买、使用等阶段实现自身愿望和需要的研究。消费者调查主要包括消费者需求调查、消费者购买行为调查及消费者满意度调查三个方面。

1. 消费者需求调查

消费者需求调查主要包括消费者基本情况分析、具体特征、变动情况和发展趋势等,如对年龄、性别、文化程度、职业、婚姻状况、个人收入、家庭收入、是否独生子女等众多基本变量的了解与分析。通过对这些信息的收集,挖掘出消费者的潜在需求,帮助企业正确地进行产品定位和目标市场定位,减少企业在产品选择和市场选择上的失误。

2. 消费者购买行为调查

消费者购买行为调查包括使用和购买的产品类型、使用和购买的包装规格、使用和购买的频率、使用和购买的时间、使用和购买的地点、使用和购买的场合、使用和购买的数量、购买金额、使用方法等。通过分析消费者行为、动机及其影响因素，可以作为企业产品市场定位及营销决策的重要依据。

3. 消费者满意度调查

消费者满意度调查包括满意率、顾客忠诚度、顾客抱怨及他人推荐率等重要评价指标。通过对这些信息的收集，考察消费者对企业产品和服务的满意度。一般情况下，消费者满意度调查是连续性的定量研究。

2.1.3 市场营销活动调查

市场营销活动调查主要是指企业在营销活动各个环节上所进行的调查活动，主要涉及产品调查、价格调查、分销渠道调查和促销调查等几个方面的内容。

1. 产品调查

产品调查的内容主要包括品牌忠诚度、品牌价值、包装、产品生命周期、新产品创意与构思、新产品市场前景、产品售后服务等。产品决策是市场营销中最重要的决策之一，其主要目的是为企业制定产品决策提供依据。

2. 价格调查

价格调查的内容主要包括定价目标和定价方法、影响定价的因素、价格调整的策略、顾客对价格变化的反应等。

案例 2-2

56 美元购买 1956 年型汽车

1956 年，福特汽车公司生产了一种新型汽车，叫作 1956 年型汽车。这种汽车上市之后，竞争力很差，销路不畅。艾柯卡管理的地区销售情况更差。针对这种情形，他深入当地，了解居民的性格、情感和生活习惯、风土人情及经济状况。而后他采取了一种新的销售办法：压低汽车的分期付款金额，凡购买 1956 年型汽车的顾客，先交总售价的 20% 现金，在以后的 3 年内，每月付款 56 美元，这样就大大地消除了顾客的疑虑及抗拒心理，也解决了顾客的财力困难。

---

3. 分销渠道调查

分销渠道调查的内容主要包括分销渠道的结构和覆盖范围、渠道选择的效果、影响渠道设计的主要因素、经销商分布与关系处理、物流配送状况和模式，以及窜货管理等。

4. 促销调查

促销调查的内容主要包括广告、人员推销、销售促进和公共关系等调查，其中，每一方面又包含了许多具体的内容。广告调查是促销调查中最重要也是最常见的调查。它主要包括广告诉求调查、广告媒体调查和广告效果调查等。广告诉求调查就是调查广告对象的性别、年龄、收入状况、生活方式、购买习惯、文化程度、价值观念和审美意识等。广告媒体调查即调查媒体的传播范围和对象、媒体被收听和收看的情况、媒体的费用和使用条件,以及媒体的适用性和效果等。广告效果调查即调查广告受众对象、产品知名度、消费者态度、品牌使用习惯、购买欲望与行为等。

2.1.4 市场竞争调查

市场竞争调查主要侧重于企业与竞争对手的比较研究。通过对成本和经营活动的比较,找出本企业的竞争优势,从而扬长避短、避实就虚地开展经营,提高企业的竞争能力。市场竞争调查的内容主要有两点:其一,对竞争形势的一般性调查,如不同企业的市场占有率、经营特征、竞争方式、同行业竞争结构和变动趋势等;其二,针对某一具体竞争对手的调查,如竞争对手的业务范围、资金状况、经营规模、人员构成、组织结构、产品品牌、性能、价格、经销渠道等。

拓展阅读 2-1

分类市场调研可以提供的信息

(1) 市场需求调研能提供的信息包括市场、细分市场的规模;能用于预测的市场趋势;品牌份额;顾客特征和购买动机;竞争对手的品牌份额。

(2) 促销调研能提供的信息包括最恰当的促销方式;最有效的促销材料和手册;最适合的媒体使用;通过最有效的沟通方式实现促销目标。

(3) 产品调研能提供的信息包括新产品开发的机会;产品的设计要求;与竞争对手相比较的优劣势;产品包装。

(4) 分销渠道调研能提供的信息包括合适的分销方式;合适的渠道成员;仓库和零售点的最佳位置。

(5) 销售调研能提供的信息包括销售方法和销售技术;划分销售区域;合适的薪酬方式;销售培训要求。

课 堂 小 结

任 务 指 标	表 现 要 求	已达要求	未达要求
(陈述性)知识	掌握重要概念、特征和意义		
(实践)技能	能进行职业操作活动		
对课程内容的整体把握	能概述并认知整体知识与技能		
与社会实践的联系程度	能描述知识与技能的实践意义		
其他			

2.2 市场调查的原则与程序

市场调查活动应该遵循一定的原则，依据一定的操作程序进行，才能顺利完成调查任务，为企业营销决策服务。

2.2.1 市场调查的原则

一般来讲，市场调查工作应遵循以下原则。

1. 客观性原则

市场营销活动的目的、实施的科学性都决定了市场调查活动必须遵循客观性原则。所以，要求市场调查人员在进行调查时尊重事实，不允许带有任何个人主观的意愿或偏见，也不应受制于任何人或管理部门。只有客观地反映市场的真实状态，才能得出准确信息，市场调查的作用才能真正得到发挥，也才能使整个调查行业健康发展。

2. 时效性原则

市场的开放性和动态性决定了市场信息的变化性。人们常说，市场是瞬息万变的，市场机会稍纵即逝。在现代企业经营活动中，时间就是机遇，也意味着效率和金钱。丧失机遇会导致整个经营策略和活动的失败；抓住机遇，则为成功铺平道路。市场调查的时效性就表现为应及时捕捉和抓住市场上任何有用的情报、信息，及时分析、及时反馈，为企业在经营过程中适时地制定、调整策略创造条件。

> **课堂讨论** 市场调查为什么要遵循时效性原则？现实生活中，你可以举出哪些例子来说明经济活动时效要求的重要性？

3. 系统性原则

在激烈的市场竞争中，市场的影响因素日渐增多，有宏观因素的影响，有微观因素的影响，各因素之间又相互作用、相互影响。所以在市场调查中切忌"头痛医头、脚痛医脚"，如果只是单纯地了解某一事物，而不去考察这一事物如何对企业发挥作用和为什么会产生这样的作用，就不能把握这一事物的本质，也就难以对影响经营的关键因素作出准确的判断。所以，应全面收集与企业生产和经营有关的信息资料，系统地进行分析、研究，才能使市场调查活动收到良好效果。

4. 经济性原则

市场调查工作需要大量的人员去收集资料、情报和信息，在经过调查人员的筛选、整理、分析后才能得出调查结论，供企业决策之用，是一件费时、费力、费财的活动。即使在调查内容不变的情况下，采用的调查方式不同，费用支出也不同。同样，在费用支出相同的情况下，不同的调查方案产生的效果也是不同的。因此，由于各企业的财力情况不同，在进行市场调查时,需要根据自己的实力确定调查费用的支出,并制订相应的调查方案,尽量做到以较小的投入换来较好的调查效果。

5. 科学性原则

市场调查不是简单地收集情报、信息的活动,为了在时间和经费有限的情况下,获得更多、更准确的资料和信息,就必须对调查的过程进行科学安排。采用什么样的调查方式,选择谁作为调查对象,问卷如何设计才能达到既明确表达意图又能被调查者易于答复的效果,这些都需要进行认真的研究。同时,运用一些社会学和心理学等方面的知识,以便与被调查者更好地交流。在汇集调查资料的过程中,要使用计算机这种高科技产品代替手动操作,对大量信息及时进行准确、严格的分类和统计;对资料所作的分析应由具有一定专业知识的人员进行,以便对汇总的资料和信息作出更深入的分析;分析人员还要掌握和运用相关数学模型与公式,从而将汇总的资料以理性化的数据表示出来,精确地反映调查结果。

6. 保密性原则

市场调查的保密性原则体现在两个方面:①为客户保密。许多市场调查是由客户委托市场调查公司进行的。因此,市场调查公司及从事市场调查的人员必须对调查获得的信息保密,不能将信息泄露给第三者。②为被调查者提供的信息保密。不管被调查者提供的是什么样的信息,也不管被调查者提供信息的重要程度如何。如果被调查者发现自己提供的信息被暴露出来,一方面可能给他们带来某种程度的伤害;另一方面也会使他们失去对市场调查的信任。

2.2.2 市场调查的程序

市场调查的程序是指调查工作过程的阶段和步骤。市场调查工作应该遵循系统、科学的工作程序,才能提高工作效率,顺利完成调查任务。市场调查的程序通常根据调查内容的繁简程度、调查时间、地点、预算、调查方式,以及调查人员的职业经验来确定。一般而言,根据调查活动中各项工作的自然顺序和逻辑关系,市场调查的程序可分为调查准备、调查实施、资料整理和调查报告4个阶段,每个阶段又可分为若干具体步骤,如图2-2所示。

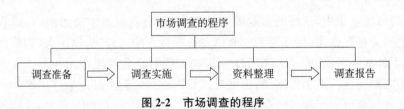

图 2-2 市场调查的程序

1. 调查准备

调查准备阶段的主要工作就是确定调查目标、形成调查研究假设并确定需要获得的信息,主要解决调查目的、范围和调查力量的组织等问题,并制订出切实可行的调查计划。其主要工作包括以下内容。

(1) 确定调查目标,拟定调查项目。这项工作要解决为什么要进行调查、调查要了解什么问题、了解这些问题后有什么用处及应该收集哪些方面的信息资料等问题。

(2) 确定收集资料的范围和方式。这项工作还需确定收集什么资料,向谁收集资料,在什么时间、什么地点收集资料,是实地调查收集第一手资料还是文案调查收集第二手资料,是一次性调查还是多次性调查,是普查还是抽查等。

(3) 设计调查表和抽样方式。调查表或问卷应简明扼要、突出主题,抽样方式和样本量大小应满足调查的目的要求,也要便于统计分析。

(4) 制订调查计划。调查计划应包括采用什么调查方法、人员如何安排、如何分工协作、调查工作的进度及调查费用的预算等。有些情况下,需要编写成调查项目建议书,供企业审阅。

重要概念 2-1	市场调查项目建议书

市场调查项目建议书是指调查人员通过对调查项目、方式、资料来源及经费预算等内容的确定,按所列项目向企业提出调查建议,对调查过程进行简要说明,供企业管理人员审阅。市场调查项目建议书完全是从调研者角度出发对调查过程的说明,但由于要提供给企业,一般内容都比较简明、易懂。

2. 调查实施

调查实施阶段就是收集相关的信息资料,包括与市场、竞争对手、经济形势、政策与法律等方面相关的信息资料。收集资料阶段主要是进行实地调查活动,实地调查即调查人员按计划规定的时间、地点及方法具体地收集有关资料,不但要收集第二手资料,而且要收集第一手资料。实地调查的质量取决于调查人员的素质、责任心和组织管理的科学性。这是调查工作的一个非常重要的阶段。组织实地调查要做好以下两方面的工作。

(1) 市场调查项目管理。实地调查是一项较为复杂、烦琐的工作。要按照事先划定的调查区域确定每个区域调查样本的数量、调查员的人数、每位调查员应调查样本的数量及调查路线;明确调查员的工作任务和工作职责,做到工作任务落实到位,明确工作目标、责任。

(2) 市场调查人员管理。调查项目领导组成员要及时掌握实地调查的工作进度、完成情况,协调好各个调查员间的工作进度;要及时了解调查员在调查中遇到的问题,帮助解决,对于调查中遇到的共性问题,提出统一的解决办法。要做到每天调查结束后,调查员首先对填写的问卷进行自查,然后由督导员对问卷进行检查,找出存在的问题,以便在后面的调查中及时改进。

案例 2-3	
	番茄酱的失败

美国的一家公司在得知日本市场上买不到番茄酱后,就向日本运进了大量的畅销牌子的番茄酱。然而,这一营销举措最终失败了。不幸的是,该公司至今还没有弄明白为什么在日本没有能够将番茄酱销售出去。容量大且富裕的日本市场有如此大的吸引力,以至于该公司恐怕任何迟疑都会使竞争对手领先。其实,进行一次市场调查就会获知番茄酱滞销的原因:在日本,黄豆酱才是最受欢迎的调味品。

3. 资料整理

实地调查结束后,即进入调查资料的整理和分析阶段。收集好已填写的调查表,由调查员对调查表进行逐份检查,剔除不合格的调查表,然后将合格的调查表统一编号,以便于调查数据的统计。资料整理主要是对所获得的原始信息资料进行加工编辑、资料审核、订正、分类汇总、加工整理;依据一定的统计方法,进行技术分析、数据处理;在加工编辑之前要对获得的资料进行评定,剔除误差,保证信息资料的真实性和可靠性。如果发现不足或存在问题,则应及时拟定再调查提纲,作补充调查,以保证调查结果的完整性和准确性。调查数据的统计可利用 Excel 电子表格软件完成;将调查数据输入计算机后,经 Excel 软件运行,即可获得已列成表格的大量的统计数据。利用统计结果,就可以按照调查目的的要求,针对调查内容进行全面的分析工作。

4. 调查报告

市场调查的最后阶段是根据整理后的调查资料进行分析论证,得出结论,然后撰写市场调查报告,并在调查报告中提出若干建议方案,供企业在决策时作为参考依据。

撰写调查报告是市场调查的最后一项工作内容,市场调查工作的成果将体现在最后的调查报告中,调查报告将提交给企业决策者,作为企业制定市场营销策略的依据。市场调查报告要按规范的格式撰写,一份完整的市场调查报告由题目、目录、概要、正文、结论和建议、附件等组成。报告的写作应力求语言简练、明确、易于理解,内容讲求实用性,并配以图表进行说明。如果是技术性的报告,因其读者大多数是专业人员或专家,因此,要力求推理严密,并提供详细的技术资料及资料来源说明,注重报告的技术性,以增强说服力。提出了调查的结论和建议,并不能认为调查过程就此完结,而应继续了解其结论是否被重视和采纳、采纳的程度和采纳后的实际效果及调查结论与市场发展是否一致等,以便积累经验,不断改进和提高调查工作的质量。

课 堂 小 结

任 务 指 标	表 现 要 求	已达要求	未达要求
(陈述性)知识	掌握重要概念、特征和意义		
(实践)技能	能进行职业操作活动		
对课程内容的整体把握	能概述并认知整体知识与技能		
与社会实践的联系程度	能描述知识与技能的实践意义		
其他			

2.3 市场调查的设计

我国古代宋朝有位叫文与可的画家,一生酷爱画竹子。平时花了大量时间去观察竹子,结果,时间一长,下笔之前,"成竹已在胸"。市场调查同样也需要事先做好全盘考虑,即市场调查方案的设计。

> **重要概念 2-2　　市场调查方案**
>
> 市场调查方案是指在调查实施之前,调查机构及其工作人员依据调查研究的目的和调查对象的实际情况,对调查工作的各个方面和全部过程作出总体安排,以提出具体的调查步骤,制定合理的工作流程。
>
> 调查工作的各个方面是对调查工作的横向设计,是指调查所应涉及的各个具体项目组成;全部过程则是对调查工作纵向方面的设计,它是指调查工作所需经历的各个阶段和环节等。科学、周密的调查方案设计是整个调查工作有秩序、有步骤地顺利进行,减少调查误差,提高调查质量的重要保障。

2.3.1 市场调查方案的设计

具体来讲,调查方案应包含以下主要内容:拟作出的决策和想解决的问题、调查目标、研究提纲、调查对象和调查单位、调查方式、进度表、费用预算、组织实施、质量控制等。

1. 确定市场调查目标

任何一项调查活动都应该建立在一定的理论和实用意义上,市场调查更是如此。就像我们写文章,开篇先要"破题"一样,确立调查目标是调查方案设计的首要问题。只有确定了调查目标,才能确定调查的范围、内容和方法,否则就会列入一些无关紧要的调查项目,而漏掉一些重要的调查项目,以致达不到调查的目的。具体来讲,确定调查目标,就是要明确客户为什么要进行调查,即调查的意义;客户想通过调查获得什么信息,即调查的内容;客户利用已获得的信息做什么,即通过调查所获得的信息能否解决客户所面临的问题。衡量调查设计是否科学的标准,主要看方案的设计是否体现调查目标的要求,是否符合客观实际。目标不同,调查的内容和范围就不同。如果目标不明确,就无法确定调查的对象、内容和方法等。

在调查实践中,也有客户提出的目的不是很明确的情形出现,这就要求调查研究人员与客户进行反复沟通,达成共识。在目前大多数市场调查中,一项调查的目的通常有好几个,所以,调查研究人员必须对每一个目标及相应要调查的问题有一个清楚的界定。值得一提的是,在确定目标时,调查研究人员容易犯两类错误:其一,目标界定得太宽,以至于无法为调查的后续工作提供明确的方向;其二,目标界定得太窄,这就会使管理者依据调查结果作决策时缺乏对事物的全盘把握,甚至导致决策的失误。

为了减少界定目标时常犯的两类错误,可以先将调查目标用比较宽泛的、一般性的术语来陈述,然后,确定具体的研究提纲。比较宽泛的陈述可以为问题提供较开阔的视角以避免出现第二类错误。而具体的研究提纲集中了问题的关键方面,从而可以为如何进一步操作提供清楚的指引路线。

如 2014 年 6 月以来,某品牌汽车的市场占有率急剧下滑,其原因何在? 这是一个大问题,在此基础上需要调查研究人员通过分析研究来确定调查目标。汽车市场占有率下降的原因可能有汽车消费淡季、新车大量上市、广告支出减少、经销商态度消极、消费偏好转变等。这些原因就可以成为具体的调查目标,通过市场调查,就可以为企业采取对策提供一定依据。

拓展阅读 2-2

市场营销问题的界定

市场调查目标通常会具体化为一些问题，有些问题需要进行广泛调查，因为从中有可能发现有利可图的营销机会或发生巨额损失的可能性。有些问题需要及时关注，有些问题则没有那么紧急。一个界定问题的系统办法有助于营销调查人员获得相关信息，它可以为组织中所有对结果和建议产生影响的人提供大量的信息。问题的界定必须考虑到公司的状况及其采取的合理行动的能力。对营销决策欠缺考虑可能会导致出现比较严重的问题，有时后果是灾难性的。许多事情可能出错，许多机会可能被错过。企业的营销人员需要尽可能地避免发生这些错误，并且在各种情况下，首先应该做到精确界定问题。目标定位法举例，如表 2-1 所示。

表 2-1　用目标定位法界定问题

1. 写出对问题的描述 然后询问：	问题：对主要产品的销售额或利润有多大的负面影响？
2. 要达到什么目标	目标：增加销售额和利润
3. 会遇到什么障碍	主要障碍：份额竞争激烈、市场增长停滞、萧条、萎缩
4. 为了解决问题，我们必须受到的限制	限制：新产品研发资金匮乏
5. 重新界定问题	重新界定：探索新市场、市场细分、多样化、许可经营、合资、整合战略

（资料来源：托尼·普罗克特. 市场调研精要[M]. 吴冠之，等译. 北京：机械工业出版社，2004.）

2. 确定具体的调查项目

在调查目标确立的基础上，接下来就要将调查目标进行分解，即明确具体的研究提纲，也就是确定调查项目。调查项目是指对调查单位所要调查的主要内容，确定调查项目就是要明确向被调查者了解的问题，调查项目一般就是调查单位的各个标志的名称。例如，在消费者调查中，消费者的性别、民族、文化程度、年龄、收入等，其标志可分为品质标志和数量标志，品质标志是说明事物质的特征，不能用数量表示，只能用文字表示，如上例中的性别、民族和文化程度；数量标志表明事物的数量特征，它可以用数量来表示，如上例中的年龄和收入。标志的具体表现是指在标志名称之后所表明的属性或数值，如上例中消费者的年龄为 30 岁或 50 岁，性别是男性或女性等。在确定调查项目时，要注意以下几个方面的问题：所确定的调查项目应该都是围绕调查目标来进行的，为实现调查目标服务的；调查项目的表达应该是清楚的，要使答案具有确定的表示形式；调查项目的含义要明确、肯定，必要时可附加调查项目解释；调查项目之间一般是相互联系的。有时，可能存在内在逻辑关系或相互的因果关系。

该阶段的工作既要考虑调查人员的实际情况，也要顾及调查项目委托人的要求和意见。调查项目确定后，可将调查项目科学地分类、排列，形成调查提纲或调查表，方便调查登记和汇总。调查表一般由表头、表体和表脚三部分组成。调查表拟定后，为便于

> **课堂讨论**　为什么还要确定具体的调查项目？调查项目与市场调查目标的关系是怎样的？

正确填表、统一规格,还要附填表说明。其内容包括调查表中各个项目的解释,有关计算方法及填表时应注意的事项等,填表说明应力求准确、简明扼要、通俗易懂。

案例 2-4

卡西欧的调查设计

日本卡西欧公司自成立起一直以产品的新、优而闻名世界,而其新、优主要得益于市场调查。卡西欧公司的市场调查主要采用销售调查卡进行,此卡只有明信片一般大小,但考虑周密、设计细致,调查栏目中各类内容应有尽有。第一栏是对购买者的调查,其中包括性别、年龄、职业等,分类十分细致。第二栏是对使用者的调查,使用者是购买者本人、家庭成员,还是其他人。每一类人员中,又分年龄、性别。第三栏是购买方法的调查,是个人购买、团体购买,还是赠送。第四栏是调查如何知道该产品的,是看见商店橱窗布置、报纸杂志广告、电视台广告,还是朋友告知、看见他人使用等。第五栏是调查为什么选中了该产品,所拟答案有操作方便、音色优美、功能齐全、价格便宜、商店的介绍、朋友的推荐、孩子的要求等。第六栏是调查使用后的感受,是非常满意、一般满意、普通满意,还是不满意。另外几栏还分别对机器的性能、购买者所拥有的乐器的方法和时间、所喜爱的音乐、希望有哪些功能等方面作了详尽的设计。这些为企业提高产品质量、改进经营策略、开拓新的市场提供了可靠依据。

---

3. 确定调查对象和调查单位

明确了调查目的之后,就要确定调查对象和调查单位,这主要是为了解决向谁调查和由谁来具体提供资料的问题。调查对象就是根据调查目的、任务确定调查的范围及所要调查的总体,它是由某些性质上相同的许多调查单位组成的。调查单位就是所要调查的社会经济现象总体中的个体,即调查对象中的一个一个具体单位,它是调查中要调查登记的各个调查项目的承担者。我们可以通过分析其背景资料进行甄别。

在确定调查对象和调查单位时,应该注意以下问题:必须以科学的理论为指导,严格界定调查对象的含义,并指出它与其他有关现象的界限,以免造成调查登记时由于界限不清而发生的差错;调查单位的确定随调查目的和对象的变化而变化;调查单位与填报单位的职责应该区别开来;不同的调查方式适用于不

> **课堂讨论** 为什么要明确调查对象?调查对象与调查单位有什么关系?在市场调查实践中应如何把握?

同的调查单位。如采取普查方式,调查总体内包括全部单位;如采取重点调查方式,只有选定的少数重点单位是调查单位;如采取典型调查方式,只有选出的有代表性的单位是调查单位;如采取抽样调查方式,则用各种抽样方法抽出的样本单位是调查单位。

4. 确定调查期限和拟定调查活动进度表

调查期限是规定调查工作的开始时间和结束时间,包括从调查方案设计到提交调查报告的整个工作时间,也包括各个阶段的起始时间,其目的是使调查工作能及时开展、按时完成。为了提高信息资料的时效性,在可能的情况下,调查期限应适当缩短。

拟定调查活动进度表主要考虑两个方面的问题：其一，客户的时间要求，信息的时效性；其二，调查的难易程度，在调查过程中可能出现的问题。根据经验，从签订调查协议到提交调查报告的这一段时间中花费时间的工作大致有以下几个方面：问卷设计时间、问卷印刷时间、抽样设计时间、调查员的招聘和培训时间、预调查时间、问卷修正和印刷时间、调查实施时间、资料的编码和录入及统计时间、数据的分析时间、完成调查报告的时间、鉴定和论证及新闻发布会时间、调研结果的出版时间。

5. 确定调查方式和抽样方法

市场调查方式有面谈法、电话访问法、邮寄调查法、留置调查法、座谈会法、网上调查法等。至于具体采用什么方法，往往取决于调查对象和调查任务。选取样本的方法也很多，比如，按是否是概率抽样可以分为随机抽样和非随机抽样，在随机抽样中又有简单随机抽样、系统抽样、分层抽样、分群抽样等方法可以选择；在非随机抽样中有判断抽样、方便抽样和配额抽样、滚雪球抽样等常用方法可供选择。选择不同的调查方式和抽样方法，调查结果会有差异。

6. 调查费用预算

市场调查费用因调查项目和调查内容的不同而不同。通常一次市场调查中实施调查阶段的费用安排占总预算的40%，而调查前期的计划准备阶段与后期分析报告阶段的费用安排则分别占总预算的20%和40%。具体包括：调查方案设计费与策划费；抽样设计费、实施费；问卷设计费（包括测试费）；问卷印刷费、装订费；调查实施费（包括试调查费、调查员劳务费、受访对象礼品费、督导员劳务费、异地实施差旅费、交通费及其他杂费）；数据录入费（包括问卷编码费、数据录入费等），具体如表2-2所示。

表2-2 市场调查费用（预）结算表　　　　　　　　单位：人民币元

调查项目名称 _____		调查地点 _____		样本数量 _____		时间：_____	
调查项目	数量	单价	金额（预）	金额（结）			备注
方案策划费 抽样设计费 问卷设计费 印刷费 邮寄费 ……							
合　计							

制表：　　　　　　　　复核：　　　　　　　　审批：

在进行预算时，尽可能全面地考虑可能需要的费用，以免将来出现一些不必要的麻烦而影响调查的进度。不要列上不必要的费用，必要的费用也应该认真核算作出一个合理的估计，切不可随意多报。不合实际的预算将不利于调查方案的审批或竞争。因此，既要全面细致，又要实事求是。考虑费用的同时还必须考虑时间，一个调研项目有时需要6个月或者更长的时间才能完成。有可能由于决策的延迟要冒失去最有利时机的风险。因此，费用/效益分析的结果：其一，得出设计方案在经费预算上是合算的；其二，认为不合算而应当中止调研项目。通常情况下并不中止调研，而是修改设计方案以减少费用，或者改用较小的样本，或者用邮寄调查代替面访调查等。

7. 确定资料整理分析方法

对调查所取得的资料进行研究分析,主要包括对资料进行分类、分析、整理、汇总等一系列资料研究工作。采用实地调查方法收集的原始资料大多是零散的、不系统的,只能反映事物的表象,无法深入研究事物的本质和规律性,这就要求对大量原始资料进行加工汇总,使之系统化、条理化。目前,这种资料处理工作一般已由计算机进行,这在设计中也应予以考虑,包括采用何种操作程序以保证必要的运算速度、计算精度及特殊目的。随着经济理论的发展和计算机的运用,越来越多的现代统计分析手段可供我们在分析时选择,如回归分析、相关分析、聚类分析等。每种分析技术都有其自身的特点和适用性,因此,应根据调查的要求,选择最佳的分析方法并在方案中加以规定。

8. 确定提交报告的方式

撰写调查报告是市场调查的最后一项工作内容,市场调查工作的成果将体现在最后的调查报告中,调查报告将提交给企业决策者,作为企业制定市场营销策略的依据。调查报告主要以书面报告书或电子报告书等形式表现,不同的调查决定了报告书的基本内容、报告书中图表量的大小等不同。

9. 制订调查的组织计划

调查的组织计划是实施调查的具体工作计划,主要包括调查的组织领导、调查机构的设置、人员的选择和培训、工作步骤及其善后处理等。必要时候,还必须明确规定调查的组织方式。首先是建立市场调查项目的组织领导机构,可由企业的市场部或企划部来负责调查项目的组织领导工作,针对调查项目成立市场调查小组,负责项目的具体组织实施工作。其次是确定调查人员,主要是确定参加市场调查人员的条件和人数,包括对调查人员的必要培训,根据调查项目中完成全部问卷实地调查的时间来确定每个调查员每天可完成的问卷数量,核定需招聘调查员的人数,并对调查员进行必要的培训。

> **课堂讨论** 市场调查方案设计的主要工作有哪些?你认为其中的核心工作应该是哪些?

2.3.2 市场调查方案的编写

调查方案设计一般不是只有一种,它要求将每一种方案都写出来,并在今后加以讨论、评价和筛选。另外,调查方案一般要提供给客户保存,作为今后的检查依据,所以在撰写调查报告时也要讲求一定的格式。其大致包括以下几个方面。

(1) 引言。概要说明调查的背景及原因。

(2) 调查目的和内容。说明为什么要作此调查,调查结果用在何处,列出要调查的项目并提出相应的假设。

(3) 调查实施说明。说明选择抽样调查的方法、抽样人数、抽样的具体对象、调查的地点(特别要说出为什么选这一地点的原因)、调查的方式、调查员资格和人员的安排、调查实施的操作过程、调查员的监督管理办法和数据处理办法等。

(4) 提交报告的方式。

(5) 调查进度表。

（6）调查费用。

（7）附录。

对于一个市场调查方案的优劣，可以从三个方面去评价：①方案设计是否基本上体现了调查的目的和要求；②方案设计是否科学、完整和适用；③方案设计操作性是否强。

拓展阅读 2-3

市场调查方案的作用

（1）调查方案设计起着统一协调的作用。市场调查可以说是一项复杂的系统工程，对于大规模的市场调查来讲，尤为如此。在调查中会遇到很多复杂的矛盾和问题，其中许多问题是属于调查本身的问题，也有不少问题并非是调查的技术性问题，而是与调查相关的问题。

（2）调查方案设计是对市场调查问卷设计、资料收集、资料整理和资料分析的一个完整工作过程的设计，因此，调查方案设计是完成市场调查全过程的前期工作。

（3）调查方案设计是调查项目委托人与承担者之间的合同或协议中的重要部分。由于调查方案涉及的一些主要决定已明确写入报告，如调查目的、范围、方法等，使有关的各方面都能有一致的看法，有利于避免或减少后期出现误解的可能性。

（4）调查方案设计在争取项目经费，或是在与其他调查机构竞争某个项目，或是在投标说服招标者时，调查方案设计可能直接影响项目能否被批准或能否中标。

课 堂 小 结

任 务 指 标	表 现 要 求	已达要求	未达要求
（陈述性）知识	掌握重要概念、特征和意义		
（实践）技能	能进行职业操作活动		
对课程内容的整体把握	能概述并认知整体知识与技能		
与社会实践的联系程度	能描述知识与技能的实践意义		
其他			

 本章小结

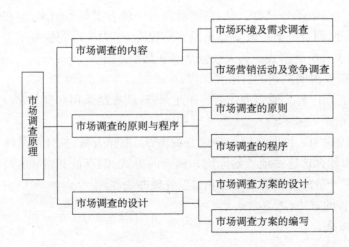

重要概念

市场调查项目建议书　市场调查方案

课后自测

一、选择题

1. 市场调查应遵循（　　）原则。
   A. 客观性　　　B. 经济性　　　C. 保密性
   D. 时效性　　　E. 系统性
2. 市场调查以（　　）为调查内容。
   A. 社会环境　　　　　　　　　　B. 市场需求
   C. 企业已有产品的市场行情　　　D. 企业产品质量
   E. 市场营销活动
3. 确定调查目标,包括（　　）。
   A. 明确客户为什么要进行调查
   B. 客户想通过调查获得什么信息
   C. 客户利用已获得的信息做什么
   D. 市场调查与市场预测有时可以相互替代
4. 市场需求调查主要包括（　　）。
   A. 消费者需求调查　　　　　　B. 消费者购买行为调查
   C. 消费者满意度调查　　　　　D. 供求关系调查
5. 衡量调查设计得是否科学的标准,主要就是看（　　）。
   A. 方案的设计是否体现调查目标的要求
   B. 方案设计是否科学、完整和适用
   C. 方案设计是否体现企业领导人的意愿
   D. 方案设计可以满足多种用途
   E. 方案设计的操作性是否强

二、判断题

1. 市场调查遵循一定程序进行。　　　　　　　　　　　　　　　　　　　　（　　）
2. 通过市场调查可以发现企业现有产品的不足及经营过程中的缺点,及时纠正,避免出现损失。　　　　　　　　　　　　　　　　　　　　　　　　　　　　　　（　　）
3. 市场调查采用的方式不同,所需要的费用也不同。　　　　　　　　　　　（　　）
4. 在实地调查活动中,调查人员应该灵活变通、因地制宜以求取得较好的调查效果,不可因循守旧、死板地去解决一些想不到的复杂情况。　　　　　　　　　　　　（　　）
5. "没有调查就没有发言权"说明了市场调查的重要意义。但有些人通过直觉进行的决策被证明也是正确的,所以,一些著名的企业家往往不通过调查,依据直觉也可作出科学的决策。　　　　　　　　　　　　　　　　　　　　　　　　　　　　　（　　）
6. 限于经济实力等因素,小企业可以跟同行大企业分享市场调查资料,从而作出和大企业同样的决策,而不必自己组织市场调查。　　　　　　　　　　　　　　　（　　）

三、简答题

1. 简述市场调查的内容。
2. 为什么市场调查要遵循时效性原则？
3. 市场调查准备阶段的主要工作有哪些？
4. 简述市场调查的程序。
5. 为什么说科学制订市场调查方案是调查活动开展的重要前提，组织实施的严格管理是调查效果的重要保证？

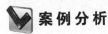 案例分析

案例1 肯德基二进中国香港

1973年6月，肯德基公司在东方之珠中国香港首次登陆。中国香港的新闻媒介几乎全部出动，在同一个时刻，为一个广告展开铺天盖地、声势浩大的宣传。标语、横幅、彩图充斥着大街小巷，伴随着一声声"好味道舔手指"，在美孚新村，第一家肯德基家乡鸡粉墨登场。一年之后，又有11家连锁分店陆续开业。

不见炉火旺，但闻鸡飘香。独特的配方、精妙的烹调，使从未品尝过美式快餐的港人无法抵御家乡鸡的诱惑，竞相奔走肯德基快餐店。色泽金黄、香气四溢的炸鸡比起华人的清炖、红焖鸡块，的确非同凡响。除了炸鸡之外，还销售菜丝色拉、马铃薯条、小圆面包，以及可口可乐、冷热红茶等种类繁多的辅助食品和饮料。一经品尝，顾客们立刻被美式快餐迷住了。家乡鸡在中国香港的前景似乎一片光明。

然而，肯德基的"香港热"并没有持续多久。1974年9月，肯德基公司突然宣布多家餐店停业。到1975年2月，仅存的4家店也停业。首批进入中国香港的肯德基可以说全军覆没。虽然肯德基公司的董事长一再宣称，暂时停业是由于租金所困，但肯德基败走麦城是定局。

一时间，新闻媒体沸沸扬扬，拿出当年宣传推广之势，大肆评判肯德基在中国香港的成败功过。从金融业大亨到平民百姓，争相发表自己的看法。最后，大家一致认为，导致肯德基关门停业，不但与广告宣传、服务方式有关，而且与鸡的味道有关。这些是致命因素，没能将港人的心留在肯德基。

在世界各地取得的成功经验使肯德基公司对中国香港的生意十分自信，却忽略了港人是华人，华人有华人的传统、习俗和消费心理这些关键因素。

为了适应港人的口味，家乡鸡快餐店采用中国香港的土鸡品种，沿用美国的喂养方式，用鱼肉饲养，结果破坏了中国鸡特有的口味，令港人大为失望。

"好味道舔手指"这句世界闻名的广告词，很难被注重风雅的中国香港居民接受，况且当时当地人的收入还不能普遍接受家乡鸡的价格，因而大大抑制了家乡鸡的销售。

在服务方式上，家乡鸡采取了典型的美式服务。在欧美，人们一般只是购买食物，带回家再吃。因此，店内通常不设座位。中国香港则不同，人们一般在购买食物的地方进餐。人们三个一群，五个一伙，买了食品后坐在店内边吃边聊。家乡鸡不设座位的做法，使人没有地方用餐，无疑赶走了一大批回头客。因此，家乡鸡一开始吸引了许多人，但是回头客却不多，以至于使无法盈利的肯德基撤离中国香港。

1985年,即10年之后,肯德基决定再度进军中国香港。1985年9月,首家家乡鸡店耗资300万元,在佐敦道开业;1986年年初,第二家家乡鸡在铜锣湾开业。

这时的中国香港快餐业已发生了巨大的变化。本地餐饮业占据消费市场的70%,另外一些快餐店占据消费市场的20%。面对强大的竞争对手,肯德基要想重新占据市场并不容易。这次,肯德基开拓市场非常谨慎,在公司开业前,营销部门就进行了准确细致的市场调查。肯德基根据中国香港的实际情况,及时改变了营销策略——明确了消费对象。

与10年前不同的是,新的家乡鸡店是介于铺着白布的高级餐厅与自助快餐店之间,是一种比较高级的快餐厅。顾客对象主要是年轻一族,属于白领阶层。在食品风格上,家乡鸡店也进行了革新。所有的炸鸡原材料都从美国进口,并严格地按照家乡鸡的创始人贺兰迪斯上校的配方进行烹制。食品是新鲜烹制的,炸鸡若在45分钟仍未售出便被丢弃,以保证所有鸡件都是新鲜的。除了旧有的鸡件外,还增加了杂项、甜品、饮品的花样。

在销售上,公司将家乡鸡以较高的价格售出,因为如果家乡鸡价格太低,港人会把它看成一种低档快餐食品。而对于杂项食品如薯条、玉米等,则以较低的价格出售,因为家乡鸡店周围有许多快餐店销售同类食品。更何况,降低杂项食品价格,在竞争中也能获得优势。

在广告策划上,家乡鸡用"甘香鲜美好口味"的宣传语,使新的广告词带有浓厚的港味,更容易为港人接受。

公司认为,家乡鸡在港人心中并不陌生,因此广告宣传并不是主攻方向,而调整市场策略、适应港人消费心理,才是最主要的。因此,佐敦道分店开业时,只在店外竖了一块广告牌,宣传范围也只限于店周围的地区。

肯德基的努力没有白费,结果是可喜的。10年前的那次惨败已渐渐被港人淡忘,越来越多的港人重新接受了家乡鸡。相当一批高薪阶层成为家乡鸡店的长期主顾,肯德基连锁快餐店在中国香港红红火火地撒开,占据肯德基海外连锁店的1/10。肯德基成为与麦当劳、汉堡包皇和必胜客薄饼并驾齐驱的中国香港四大快餐之一。

(资料来源:王鸿.美国人经商智慧[M].北京:世界图书出版公司,1997.)

阅读材料,回答以下问题。
1. 肯德基第一次入驻中国香港为什么会失败?其中有哪些经验值得总结?
2. 肯德基再次入驻中国香港时面临的主要问题是什么?它采取了哪些措施?
3. 根据这个案例材料,谈谈你对市场调查作用的认知。

案例2 泰航的市场调查

泰航一直努力推出各种新服务来满足乘客要求。一位经理提出了一项为乘客提供电话服务的建议,管理层初步表示同意,并安排市场部经理A负责进行市场调查。A通过向电信公司咨询,获知电信公司每次飞行须收1 000美元的设备费。这样,如果每次通话收费25美元,每次飞行至少有40位乘客打电话,航班才能保本。A怎样开始调查乘客对这项新业务的反应呢?

A首先要做的就是与调查人员一起确定问题和调查目标。

A首先必须把握住问题的范围。"去了解你所能了解到的有关乘客的所有需要"之类的指示只能得到许多无用的信息。但"去了解乘波音747从曼谷到雅加达途中愿意支付25美元电话费的乘客人数,看看能否使泰航提供这种服务时不至于亏本"这样的问题就太窄。调查员们就会发出这样的疑问:"为什么每次通话费要收25美元?提供这项服务为什么要保本呢?这项新业务可能吸引更多的新乘客乘坐泰航的班机,这样就算通话的人不多,公司也能从机票上赚钱呀!"

对这个问题的进一步研究使经理们发现了一个新的问题。如果这项新服务成功了,那么其他航空公司模仿的速度有多快?航空公司市场营销史上到处都是新服务被竞争者迅速模仿的例子,没有哪家航空公司能够保持竞争优势。那么,首家的价值有多大?领先的地位能维持多久?

A和调查员们最后确认调查问题为"与将费用用于其他可能的投资相比,在飞机上提供电话服务能给泰航提升多少的形象和利润",然后,他们制定了调查的目标:飞机上的乘客在航行期间通电话的主要原因是什么?哪类乘客最有可能打电话?在各种层次的价格情况下,有多少乘客可能会打电话?有多少新乘客会因这项新服务而乘坐泰航的班机?这项服务会为泰航的形象带来多长时间的好感?与诸如航班时间表、食物质量和行李托运等其他因素相比,电话服务的重要性如何?

这个市场调查项目获得了成功。

阅读材料,回答以下问题。
1. 泰航是如何确立调查目标的?
2. 你如何评价泰航的这次市场调查?

实训项目

实训名称:市场调查方案设计。

实训目的:通过实训项目的演练与操作,初步认知市场调查方案的设计工作。

实训内容:结合身边实际,选择超市连锁店、某一品牌的汽车、家电或自己和同学们消费比较多的手机、MP5作为一个目标,设计一份市场调查方案,然后相互进行评价,选出最具可行性的方案。

实训组织:学生分组,讨论编写一份市场调查方案。

实训总结:学生交流活动结果,教师根据方案、PPT演示、讨论分享中的表现分别对每组进行评价打分。

学生自我学习总结

通过学习本章,我能够作以下总结。
1. 主要知识点

本章的主要知识点有:
(1)
(2)

2. 主要技能

本章的主要技能有：
(1)
(2)

3. 主要原理

市场调查应该遵循的原则与程序是：
(1)
(2)

4. 主要相关知识点

本章涉及的主要相关知识点有：
(1) 市场营销环境与市场调查内容的关系有：
(2) 市场调查设计与调查项目管理的关系有：

5. 学习成果检验

完成本章学习的成果：
(1) 学习本章的意义有：
(2) 学到的知识有：
(3) 学到的技能有：
(4) 我对市场调查设计的初步印象是：

# 第 3 章

二手资料与大数据分析

为了能拟定目标和方针,一个管理者必须对公司内在作业情况及外在市场环境相当了解才行。

——日本管理学家 青木武一

导　语

在编写出市场调查的工作方案,正式开始调查活动之前,你可以先通过一些电视、报纸、杂志及其他媒体,查找一些数据、资料,通过筛选,去伪存真,就会得到大量的有用信息,这些信息有的可以帮助你进一步看清调查问题;有的甚至可以帮助你直接获得调查结论。

学习目标

知识目标
(1) 认知二手资料的含义。
(2) 认知二手资料分析的作用。
(3) 认知二手资料分析的程序。
(4) 认知大数据分析的意义。
技能目标
(1) 能选择二手资料的来源。
(2) 能说明二手资料收集的要领。
(3) 能结合实际进行大数据分析。

调查故事

从我国古代"相马"的故事可知,千里马的特征在马的身体各个部位都会有所体现,只要抓住了部位特征,也就能鉴别出千里马。市场营销管理人员应该学会充分利用市场已有信息资料。毕竟,市场运动是有章可循的,善于把握机会的人总是可以从蛛丝马迹中找到商机。

1995 年,日本坂神市发生大地震。这次大地震使该地区几乎陷入瘫痪。当时,国内各大媒体都对此作了十分详细的报道,但一般人只是从中看看"热闹"而已,而北京有位从事市场信息研究的人却从各种报道及日常资料积累中看出了某种机会:大阪的新日铁公司已完全停产,至少半年才能恢复产能,而该巨型钢铁厂生产出的优质冷轧薄钢板(包括冷卷钢板)每年至少向我国出口 50 万吨,在我国钢板市场上很受欢迎。

他预感到这场大地震必然影响到新日铁公司向我国出口钢材的份额,于是立即把这个信息和以前掌握的相关数据资料提供给江苏一家钢材销售公司。

公司经理反应敏捷,马上调集人力、财力,买进 5 000 吨优质冷轧薄钢板。不久,一直冷清、频频降价的优质冷轧薄钢板因货源紧,每吨上涨了 100~400 元,此时,该公司立即抛出钢板,结果赚了数百万元。信息提供者也收到了 1 万元的信息费。

启示:如果营销管理人员能够掌握市场所有情况,那么,得出对市场的准确判断也许更容易一些。但是对多数的人来讲,这种情况是可遇不可求的,受到诸多条件的限制,因此,我们要做的是善于从大量已有的二手资料中提炼出我们所需的精华部分,也就是要掌握"管窥而知全豹"的认知方法。

 ## 3.1 二手资料概述

市场调查活动的开始阶段,市场调查人员一般会通过收集已经发布、利用过的历史资料来确定调查方向、规模等;在调查活动中,也会利用别人的资料与自己实地获取的资料进行比对,以便能够更为清晰地了解调查事实。这里"别人"的资料是指二手资料,几乎所有的市场调查项目都依赖或得益于二手资料的分析。

3.1.1 二手资料与二手资料分析

我们在认知事物时,一般会有这样一个过程:首先会听说许多相关信息,然后才可能会出于某种需要或目的进行实地验证。在调查实践中,大量的调查也都是开始于收集现有资料,只有当这些资料不能提供足够的证据时,才进行实地调查,收集第一手资料。

1. 二手资料的概念

二手资料分析常常被当作调查作业的首选方式,是利用企业内部和外部现有的各种信息、情报,对调查内容进行分析研究的一种调查方法。相比之下,简单易行。二手资料的规范概念如下。

> **重要概念 3-1   二手资料**
>
> 二手资料是指一些调查者已经根据特定调查目的收集整理过的各种现成资料,所以又称次级资料。如我们经常见到的报纸、期刊、经济或统计年鉴、文件、数据库、报(统计)表等。

2. 二手资料分析

二手资料分析法又称资料查阅寻找法、间接调查法、资料分析法或室内研究法。它是利用企业内部和外部现有的各种信息、情报,对调查内容进行分析研究的一种调查方法。这里的资料主要是指二手资料。

分析二手资料对于界定调研问题非常必要。通常情况下,收集二手资料是市场调查活动的开始,在此基础上,才进行原始资料的收集。尽管收集二手资料不可能提供特定调查问题的全部答案,但二手资料在很多方面都是有用的。

3. 二手资料分析的优缺点

二手资料分析的优点是:①受到时空的限制较少,获取的信息资料较丰富;②操作起来方便、简单,能够节省时间、精力和调查的费用;③内容比较客观,适宜纵向比较;④可为实地调查提供经验和大量背景资料。

二手资料分析的缺点是:①具有局限性,所收集的主要是历史资料,无法及时反映市场的新情况、新问题;②具有不可预见性,所收集的资料因形式或方法上的原因,而无法直接为调查者应用;③缺乏准确性,调查者在收集、整理、分析和提交所收集的资料的过程中,难免会有一些错误,这些错误会导致所收集到的资料缺乏准确性,因而对调查者能力要求较高;④所收集的资料具有不充分性,在二手资料分析中,即使调查者获取了大量准确的相关资料,但是,也不一定就能完全据此作出正确的决策。

案例 3-1

康师傅的二手资料分析

20世纪90年代初,中国内地有400多条方便面生产线,企业之间的竞争十分激烈。当时,康师傅方便面在中国台湾只是一家很不起眼的小企业。它通过对公开媒体广告的调查发现,内地的方便面市场存在一个"需求空档"——内地厂家生产的大多是低档方便面。随着内地经济的发展和人们生活水平的提高,对中高档方便面的需求必将越来越大。调查中还发现,内地厂家不太注重品位与营养,也未能达到真正的"方便"。基于这次调查,它决定以中高档产品为拳头产品打入内地市场。目前,康师傅方便面已形成红烧牛肉面、翡翠虾面、香菇炖鸡面、上汤排骨面、炸酱面、辣酱面等十几个品种,市场份额高居榜首。

评析:通过公开媒体的广告调查,这家台湾企业从广告信息中获知了内地方便面消费市场的空白,并最终定位自己的产品,打入内地市场,成为行业龙头企业。二手资料分析功不可没。

3.1.2 二手资料分析的特点

调查方法选择恰当与否,对调查结果影响很大。各种调查方法都有利有弊,只有了解各种方法,才能正确选择和应用。与实地调查相比,二手资料分析有以下几个特点。

1. 二手资料是已加工的次级资料,而非原始资料

简单来讲,就是我们可能在足不出户的情况下,通过一些二手资料就可以佐证我们的调查项目,支持我们的决策活动。例如,我们在家上互联网、看报纸、看电视或其他媒体,获知2019年3月我国的"两会"会议内容中将增加国民收入列为政府的重点工作,那么,我们据此就可以制订2020年及以后年度购买汽车或其大型消费品的消费计划。

2. 二手资料分析法收集资料主题明确

二手资料分析一般以收集文献性信息（各种文献资料）为主。在我国，主要是印刷性文献资料。社会主义市场经济的发展给印刷出版业带来了巨大的繁荣，也给二手资料的收集带来了较大困难。如当代印刷性文献资料种类、数量繁多庞大，行业、产业分布十分广泛，体系、内容重复交叉，品质、信度参差不齐等。

所以，在进行二手资料分析时，一定要主题鲜明，然后确定相关范围，学会对各种文献资料信息的筛选、分析。以避免因资料主题的认定偏差，而带来收集资料成本的提升。由于二手资料种类繁多，为了节省时间，目前大多是将资料相关标题目录输入计算机，进入了电子管理时代。在我国，一些政府行业部门授权发布的信息资料比较有权威性。

3. 二手资料分动态和静态两个方面

动态资料分析可以反映出市场发展变化的历史与现实过程；静态资料是一个相对概念，是指某一个时间段内变化相对较小的一些市场态势，可以作为动态资料的参照，以方便市场调查分析。二手资料分析法偏重于对动态资料的收集。

> **课堂讨论** 如何理解二手资料分析在营销决策过程中常常被当作首选调查方式？为什么说二手资料对于界定市场调查问题非常必要？

3.1.3 二手资料的作用

在调查中，二手资料分析有着特殊地位。它作为收集信息的重要手段，一直得到世界各国的重视，二手资料分析的作用表现在以下 4 个方面。

1. 二手资料分析可以帮助发现问题

二手资料分析可以满足市场探测性研究的需要，可以帮助调查人员发现和明确需要研究的问题，找出问题的症结和确定调查的方向，初步了解调查对象的性质、范围、内容和重点。二手资料分析可以用来开展经常性的市场研究。

案例 3-2

二手资料分析促使更改调查方式

国外某制药厂一位调查人员计划进行一项衡量对某种新型防治感冒药物的满意程度的调查。在设计问卷时，他查阅了一项对服用感冒药后驾驶机动车的市场调查资料，发现电话调查的拒访率非常高。于是，这位调查人员将原定的电话调查方式改为邮寄问卷调查，并承诺给应答者物质奖励。最后，调查取得了成功。

评析：二手资料除了能够提供调查方式外，还能够暴露出调查者潜在的问题和困难，如资料收集方法不受欢迎、样本选择有困难或被调查者有敌对情绪等。

---

2. 二手资料分析可用于经常性的调查

二手资料分析可以较快地收集企业内外的各种统一资料、财务资料和业务资料，也可以收集研究问题的背景资料、主体资料和相关资料，利用这些资料可以开展经常性的市场分析和市场预测,为企业的生产经营决策提供信息支撑和分析研究成果。

3. 二手资料分析可以为调查方案设计提供帮助

在市场调查方案设计过程中,调研者往往需要利用历史的先决信息,了解总体范围、总体分布、总体单位数目、关键指标或主要变量,才能有效地定义总体、设计抽样框、确定样本量、确定抽样方式等,以设计出可行的、科学的市场调查方案,而这些先决信息需要利用二手资料分析进行收集。

4. 二手资料分析可以配合原始资料更好地研究问题

许多市场调查课题的分析研究,往往需要原始资料与二手资料的相互配合、相互补充,才能更好地研究问题,解释调查结果,提高研究的深度和广度。此外,二手资料也可单独用来揭示一些市场调查问题,如检验某种假设、作出某种推断等。

课 堂 小 结

任 务 指 标	表 现 要 求	已 达 要 求	未 达 要 求
(陈述性)知识	掌握重要概念、特征和意义		
(实践)技能	能进行职业操作活动		
对课程内容的整体把握	能概述并认知整体知识与技能		
与社会实践的联系程度	能描述知识与技能的实践意义		
其他			

3.2 二手资料分析的程序

一个好的市场调查人员应具备良好的素质,包括广博的学识、丰富的经验和百折不挠的求实精神。熟悉二手资料的来源、收集程序与方法是二手资料分析工作的关键。

3.2.1 二手资料的来源

作为企业来讲,二手资料大致可分为内部资料和外部资料。内部资料主要是指企业内部会计报表、统计资料、销售报告、广告支出、存货数据、顾客的忠诚度、分销商反馈报告、营销活动、价格信息等有关资料。外部资料主要是指可以从企业外部获取的一些资料,如图书馆及各类期刊出版单位的文案资料、政府与行业协会公布的数据、在线数据库等。

1. 企业内部资料的来源

(1) 业务资料。业务资料包括与企业营销业务活动有关的各种资料,如原材料订货单、进货单、发货单、合同文本、发票、销售记录;半成品、成品订货单、进货单、发货单、合同文本、发票、销售记录;业务员访问报告、顾客反馈信息、广告等。通过这些资料的收集和分析,可以掌握企业所生产和经营商品的供应与需求变化情况。

> **案例 3-3**
>
> **亚马逊的数据库营销**
>
> 　　亚马逊公司成立于 1995 年 7 月,是互联网上出现的第一个虚拟书店,成立之初只是一个名不见经传的网站,在短短时间内就成为全世界最成功的电子商务公司之一。这和亚马逊详细收集顾客信息有关。
>
> 　　亚马逊公司建立了一个客户背景数据库,从客户在亚马逊平台购书开始,公司就开始收集拥有一个客户背景,包含所有客户每一次购买时输入的信息。通过客户背景数据库,亚马逊公司可以从中分析客户的行为,对客户进行分群,得出对公司有利的信息。然后进行有目的的引导、推荐,进而促成购买行为——这就是数据库营销。
>
> 　　**评析**:客户背景数据库是营销活动的数据基础,使公司能够精准地面对众多的客户。

　　(2) 统计资料。统计资料包括企业各部门的各类统计报表,年度、季度计划,企业生产、销售、库存记录等各种数据,各类统计资料的分析报告等。通过统计资料的分析,可以初步掌握企业经营活动的一些数量特征及大致规律。

　　(3) 财务资料。财务资料一般包括企业各种财务、会计核算和分析资料,主要包括生产成本资料、销售成本资料、各种商品价格、销售利润、税金资料等。通过财务资料的分析,可以考核企业的经济效益,为企业以后的经营决策提供财务支持的依据。

　　(4) 生产技术资料。生产技术资料主要是生产作业完成情况、工时定额、操作规程、产品检验、质量保障等资料;产品设计图纸及说明书、技术文件、档案、实验数据、专题文章、会议文件等资料;生产产品的技术、设备配备、新产品的开发与市场潜力等资料。通过生产技术资料的分析,可以了解企业的一些生产技术水平、产品设计能力、设计技术信息等。

　　(5) 档案资料。档案资料主要包括企业各种文档、文件资料,这些文件一般是企业为了特定的经营目的而制定并归档保存下来的。通过档案资料的分析,可以了解企业日常经营活动的一些方案及决策活动的过程。

　　(6) 企业积累的其他资料。企业积累的其他资料包括各种调查报告、经营总结、顾客意见和建议记录、竞争对手的综合资料及有关照片、录像带等。通过这些资料的分析,可以为企业的市场调查提供一定的参照。

2. 企业外部资料的来源

　　外部资料是指各种存在于企业外部的一些已出版或未出版的资料,这些资料可能是政府部门或非政府机构发布的;还有更多的资料来自各种商业期刊,以及经常刊登关于经济、特定的产业,甚至是对个别公司的研究和论文的新闻媒体。作为调查人员,要想及时获得有用的资料,一定要熟悉这些机构或刊物,熟悉它们所能提供信息的种类,以便根据不同的调查对象、调查目的选择不同的资料。外部资料的来源主要如下。

　　(1) 各级、各类政府主管部门发布的有关资料,包括各级政府发展和改革委员会、市场监管部门、财政税务部门、商务部门、海关、银行等定期或不定期发布的有关政策法规、市场价格、商品供求等信息。这些信息具有权威性强、涵盖面广的特点,便于对宏观信息的收集,是非常重要的市场调查资料。

(2) 各种信息中心、咨询机构、行业协会和联合会发布的市场信息及有关行业情报资料。这类信息一般包括行业法规、市场信息、发展趋势、统计数据及资料汇编等。比如,我国一些机械工业协会发布的机器设备报价资料对财产评估事务所进行财产估价就具有非常大的参考价值。

(3) 国内外新闻媒体、有关的专业书籍、报纸、杂志及各种类型的图书馆等经常能够提供大量的文献资料,可以发现大量公开的商业信息,或者提供某些索引来找寻其他资料。这也是非常重要的二手资料来源。

(4) 国内外各种展览会、展销会、发布会、交易会、订货会等和各种专业研讨会、交流会、论坛所发放的会议材料、论文、发言稿等。

(5) 国际互联网。互联网作为全球性的电信网络,使计算机及其使用者能获得世界范围内的数据、图像、声音和文件等信息。

拓展阅读 3-1

互联网二手资料收集

互联网是将世界各地的计算机联系在一起的网络。互联网是获取信息的最新工具,是最重要的信息来源。互联网上的原始电子信息比其他任何形式存在的信息都更多,这些电子信息里面,有很多内容是调查所需要的情报。

互联网的特征是容易进入,查询速度快,数据容量大,同其他资源链接方便。在互联网上,要查找的东西,只要网上有立即就可得到。某家银行经理急需一篇在国外某报纸当天发表的有关某公司的文章,请调查公司帮忙寻找。调查公司查询该报社的网页,不但发现了文章而且可以免费下载,还通过该网址的超文本链接,将一个文档中的关键词同其他文档的关键词链接的功能,发现了更多有关该公司的信息。

互联网的发展使信息收集变得容易,从而大大推动了调查的发展。过去,要收集所需情报需要耗费大量的时间,奔走很多地方。今天,文案调查人员坐在计算机前便能轻松地获得大量信息,只要在正确的地方查询就可能找到,许多宝贵的信息还都是免费的。比如,及时了解政府规章的变化是调查的一项重要内容,从网上可以得到有关法律和规章的全文。从网上获取这些资料比去图书馆查找方便得多。如果想要了解某些信息的具体细节,在图书馆中查找的效率很低。如果利用搜索引擎查找,输入需要查询的关键字,计算机就可自动帮助查找,可以获得包含该条文的原始文件的全文。

(1) 一般网页查询。由于互联网发布信息容易,许多机构在互联网上发布大量的信息,因此调查工作可通过监测调查对象的网页开始,如了解其产品种类的增减;通过查询其新闻发布内容,可以知道是否得到了新顾客或新联盟;查看招聘专栏,可以了解公司正在招聘什么人。做了这些工作以后,对调查对象已心中有数了。

课堂讨论 在实践调研活动中,使用二手资料可能会犯哪些错误?为什么?你所了解的哪些外部资料的权威性、可信度较高?

(2) 数据库查询。数据库是信息收集最好的工具之一,是由计算机储存、记录、编制索引的信息资源,其功能相当于计算机化的参考书。电子数据库可以得到任何储存的东西。

计算机程序会根据标题、作者、摘要和索引等在整个数据库档案里查找调查人员提出的单词。数据库不需要固定的索引,事实上文献数据库允许以任何条件查找。只要输入指令,计算机程序会主动做其余的工作。如果该条件在数据库内存在,程序会找出所有包含该条件的记录。只要一家公司登录了,在网上找不到它的可能性极小。利用计算机化的索引作为研究工具,几乎获得了查找所需信息的无限能力。

3.2.2 二手资料分析的步骤

二手资料分析作为一种较简单的调查方式,尽管易于着手操作,但是,要想在保证信息质量的前提下使资料收集工作又不至于成本过高,就需要依照一定的工作程序来进行。二手资料分析的程序如图3-1所示。

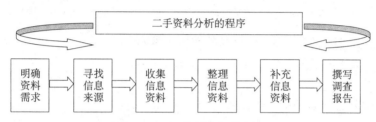

图3-1 二手资料分析的程序

1. 明确资料需求

在浩如烟海的信息世界里,调查者必须有针对性地收集资料,为此,调查者应该首先围绕调查目的确定所需资料范围。所考虑的资料范围越广,越有可能涵盖所有的资料来源,资料主题的认定也就越准确。具体来讲,调查者在明确所需资料时,应该考虑此次调查所需资料的现实需求和长远需求。现实需求是本次二手资料分析工作为解决什么样的现实问题提供信息支持;长远需求则是通过本次二手资料分析工作为企业经常性的经营管理活动和方案提供基础性的资料与数据。只有明确了所需资料,调查者完成工作所花费的时间、精力、财力才能越少。例如,消费者需求研究所需的资料有消费者数量与分布、消费者基本特征、消费能力与水平、消费者购买行为、消费者购买动机、消费者满意度等。

> **拓展阅读3-2**
>
> **二手资料分析的基本原则**
>
> 二手资料的特点和作用,决定了调查人员在进行分析调查时,应该遵循以下原则。
>
> 第一,广泛性原则。二手资料分析中,对现有资料的收集必须周详,通过各种信息渠道,利用各种机会,采取各种方式大量收集各方面有价值的资料。一般来说,既要有宏观资料,又要有微观资料;既要有历史资料,又要有现实资料;既要有综合资料,又要有典型资料。
>
> 第二,针对性原则。要着重收集与调查主题紧密相关的资料,善于对一般性资料进行摘录、整理、传递和选择,以得到有参考价值的信息。
>
> 第三,时效性原则。要考虑所收集资料的时间是否能保证调查的需要。随着知识更新速度的加快,调查活动的节奏也越来越快,资料适用的时间在缩短,因此,只有反映最新情况

的资料才是价值最高的资料。

第四,连续性原则。要注意所收集的资料在时间上是否连续。只有连续性的资料才便于动态比较,便于掌握事物发展变化的特点和规律。

2. 寻找信息来源

资料目标确定以后,调查者就可以开始资料收集工作。一般情况下,首先会假设调查目标所需收集的资料都是存在的,尽管可能收集不到直接佐证调查目的的二手资料,但是通过有效的引用、目录或其他工具,就可以划定资料来源范围。这时,调查者就可以全神贯注地查找能够协助自己取得所需资料的各种辅助工具,包括书籍、期刊、官方文献资料的目录、索引、新闻报道等,从一般线索到特殊线索,这是二手资料调查人员收集信息资料的重要途径。

案例 3-4

不充分的信息来源

沃尔玛(Wal-Mart)折扣店的一名管理者想从爱荷华州的五个人口在 20 000 人以下的城市中选择一个建立新店。经过调查,很快获取了这些地方的收入水平、家庭规模、竞争对手数量和市场潜力预测等信息资料。但是,作为折扣店,交通情况也是一个重要条件。由于缺乏这些城镇公开的交通状况资料,不得不派人实地勘察,获取第一手资料后,才确定开店新址。

评析: 二手资料分析时,有的资料无法获取。

---

3. 收集信息资料

信息资料的来源渠道逐渐清晰后,调查人员就可以着手信息资料的收集工作。这个环节的工作总体上有两个要求:第一,要求保证信息资料的数量。在资料收集范围内,尽可能多地收集信息资料,以保证其涵盖面。第二,要求保证信息资料的质量。在收集信息资料时,除了详细记录这些资料的来源出处(作者、文献名称、刊物名称、刊号、出版社名称、出版时间、资料所在页码)外,为方便在调查过程中对资料的利用,还应该对资料使用的一些限制、资料产生的程序及其他相关事项进行仔细研究,以防止资料本身的限制导致所收集资料的质量下降,从而影响市场调查的客观性。

在收集资料时,根据先易后难的原则,二手资料的收集可以按以下程序进行。

(1) 查找内部资料。专业的调查人员从内部资料获取信息是首先应该考虑的工作,因为这些资料就在附近,收集成本较小,与此同时,对外部资料的查找也会提供方向性的帮助。

(2) 查找外部资料。在内部资料的收集过程中,调查人员可能会发现收集工作面临的困境,如资料不完整、利用价值低、涵盖面有限等,这就需要去借助外部资料来满足资料收集要求。这时可以去图书馆或一些专业资料室,根据调查的主题和项目,利用图书资料索引收集资料。也可以在国际互联网上进行资料搜索,通过网络搜索引擎,输入关键字,就会出现所有网上公开的信息,然后从中挑选使用。

(3) 访问查找。在内部资料、外部资料的查找过程中,有时候发现有些资料具有较高的时效性、专业性和科学性,甚至有些资料的整体保密性较强。这时调查人员首先应该考虑替代资料,如果替代资料不易获取或者获取成本较高,就需要进一步地访问这些资料的来源地,如有关企业协会和统计机关。一般情况下,经过良好沟通,说明调查目的,遵循保密性原则,就应该可以从这些地方获取可信赖的资料信息。

(4) 购买资料。通过以上措施所获得的二手资料如果还不能满足调查的需要,调查人员还可以去一些专门以出售信息资料盈利的市场上购买调查所需的信息,如许多经济年鉴、统计年鉴、地方志、企业名录等面向社会公开发行的资料。

另外,文献资料的收集可以按以下程序进行。

(1) 参考文献查找法。参考文献查找法是指利用有关论文、著作、报告及相关的书籍等末尾所列出的参考文献的目录,或文中涉及的文献资料,以此为依据,进行文献资料查找的办法。

(2) 手工检索查找法。手工检索查找法是指运用适当的检索工具进行资料查找。这些检索工具有目录(如产品目录、企业目录、行业目录等)、索引、文摘。在实践查询中,除了检索工具的使用外,还可以按照作者名称、资料名称、资料排序、资料内容等途径进行查询。

(3) 计算机网络检索。计算机网络检索是指利用迅速发展起来的信息传输方式,通过上网查询可以获取大量的二手资料。计算机网络检索方便、快速、费用低、信息量大、效率高,可以打破获取信息资料的时空限制,能提供完善、可靠的信息。随着计算机网络的逐渐普及,这种方法已被广泛应用。

(4) 情报互联网检索。情报互联网检索是指企业自己在某一范围内设立情报网络,用来收集市场情报、竞争情报、技术经济情报等。一般情况下,在重点市场上会设立比较固定的情报点,由专人负责或营销人员兼职。如著名的跨国汽车企业在我国的北京、上海和广州这些汽车消费一线城市都设有代表处,这些代表处就兼有情报信息搜寻的职能。

4. 整理信息资料

在实际调查中,二手资料种类繁多,对其整理、分析是事关二手资料能否充分利用的一项重要工作。这个环节的工作应有以下基本要求:围绕调查的目的和内容,根据资料来源,结合适当的收集方法做到去伪存真、去粗取精,从众多资料中将对调查目的有价值的资料选取出来,去除那些不确切、有限制的资料。具体可以这样做:在事先划定资料清单或分析计划的基础上,运用恰当的统计方法,也可以制成图表以利于对比分析。值得注意的是,对于一些关键资料一定要多方考证,以证明其翔实无误。整理信息资料如图3-2所示。

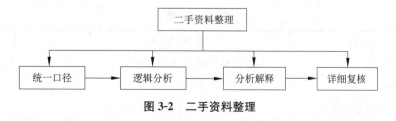

图 3-2　二手资料整理

5. 补充信息资料

对于大型的市场调查项目,资料的收集难免会有欠缺,或者在对已收集资料的整理分析过程中,会发现有些资料欠缺、证据效力较弱,难以满足市场调查的需求,而这些情形的出现可能会对预测、决策构成潜在或直接影响时,就需要通过再调查或利用其他信息渠道将所需资料补充完整。

6. 撰写调查报告

在收集到充分的信息资料后,调查人员通过科学的方法进行分析,并把这些信息资料综合成一份严谨的调查报告提交给决策者。撰写二手资料调查报告应注意以下两点。

(1) 二手资料调查报告的要求。①数据准确。全部数据要进行认真核对,争取做到准确无误。②方便阅读。尽量将有关资料制成非常直观的统计图表,以方便使用者阅读。③重点突出。在撰写调查报告时结论按重要程度排序,以突出重点,避免一些不必要的修饰。④结论明确。在提出结论时,应该避免一些不客观、不切实际的内容。在考虑了一切有关的实际情况和调查资料的基础上,客观、公正地撰写调查报告。

(2) 二手资料调查报告的结构。书面二手资料调查报告的结构通常包括:①题目,包括市场调查题目、报告日期、为谁制作、撰写人;②调查目的,简要说明调查动机、调查要点及所要解决的问题;③调查结论,包括对目的的贡献、调查问题的解答、重大问题的发现、可行性建议;④附录,包括资料来源、使用的统计方法等。

案例 3-5

二手资料收集:顾客俱乐部

近年来,通过成立"顾客俱乐部"来建立数据库是一种正逐渐盛行起来的方法。例如,卡夫公司邀请孩子们加入"奶酪与通心粉俱乐部"(Cheese & Macaroni Club)。只要有3张购买证明,一张填写好孩子的(当然还有妈妈的)姓名和地址的会员单,外加2.95美元,就会得到卡夫公司送出的礼物。惊人者娱乐公司(Blockbuster Entertainment Corp.)正利用它记录着3 600万个家庭和每天的200万宗交易的数据库,来帮助它的录像带租借顾客选择影片,并吸引他们购买公司的其他附属产品。冯氏公司(Vons Company)已经将它的购物卡提升为俱乐部卡,以此卡为基础建立了一个能自动对促销商品进行打折的数据库。

(资料来源:小卡尔·迈克丹尼尔,等.当代市场调研[M].范秀成,等译.北京:机械工业出版社,2000.)

课 堂 小 结

任务指标	表现要求	已达要求	未达要求
(陈述性)知识	掌握重要概念、特征和意义		
(实践)技能	能进行职业操作活动		
对课程内容的整体把握	能概述并认知整体知识与技能		
与社会实践的联系程度	能描述知识与技能的实践意义		
其他			

3.3 大数据与大数据分析

今天,大数据(big data)的应用越来越显示出巨大的优势。电子商务、O2O、物流配送等,各种利用大数据进行发展的领域正在协助企业不断拓展新的业务、创新运营模式。有了大数据这个概念,消费者行为的判断、产品销售量的预测、精确的营销范围确定及存货的补给也得到全面的改善与优化。近年来,贵州省作为全国首个大数据综合试验区,加快推动大数据与实体经济、社会治理、民生服务、乡村振兴的深度融合,深挖大数据"钻石矿",一条大数据融合发展的新路正越来越清晰。中国信息通信研究院发布的《中国数字经济发展与就业白皮书(2019)》显示,2018年贵州数字经济增速和数字经济吸纳就业增速均列全国第一位。

3.3.1 大数据

2012年以来,大数据一词越来越多地被提及,人们用它来描述和定义信息爆炸时代产生的海量数据,并命名与之相关的技术发展与创新。最早提出"大数据"时代到来的是全球知名咨询公司麦肯锡,麦肯锡称:"数据,已经渗透到当今每一个行业和业务职能领域,成为重要的生产因素。人们对于海量数据的挖掘和运用,预示着新一波生产率增长和消费者盈余浪潮的到来。"

1. 大数据的概念

"大数据"在互联网行业是指这样一种现象,即互联网公司在日常运营中生成、累积的用户网络行为数据。这些数据的规模是如此庞大,以至于不能用G或T来衡量。

> **重要概念3-2　　　　　　　　　大　数　据**
>
> 大数据是指无法在一定时间范围内用常规软件工具进行捕捉、管理和处理的数据集合,是需要新处理模式才能具有更强的决策力、洞察发现力和流程优化能力的海量、高增长率和多样化的信息资产。

显然,这里的大数据有别于我们一般人认知的普通数据,诸如销售数据、财务数据等。大数据可以概括为4个V:数据量大(Volume)、速度快(Velocity)、类型多(Variety)、价值高(Value)。大数据作为时下最火热的IT行业的词汇,随之而来的数据仓库、数据安全、数据分析、数据挖掘等围绕大数据的商业价值的利用,逐渐成为行业人士争相追捧的利润焦点。随着大数据时代的来临,大数据分析也应运而生。

案例 3-6

阅读习惯：北京人爱历史

随着"4·23"世界读书日的临近，当当网联合易观照例发布了《书香中国二十年——中国图书零售市场发展历程分析 2019》。该报告汇集了当当网大数据、读者访谈、易观千帆等行业内权威数据信息。

报告显示，北、上、广、深是通勤族最多的 4 个城市，同时也是电子书阅读时长排名前四的全国城市。在不同城市的市民购书偏好上，各个地区也表现出一定的差异：北京海淀区的读者爱研读历史，朝阳人民渴望从小说中获取爱与温暖，而东城区、西城区不少人更喜欢购买旅行类书籍。看来，北京人不仅酷爱历史还爱玩儿。上海作为较早开埠的城市，对时代发展的动向更为敏感。浦东新区群众在儿童教育上倾注不少心力，黄浦区群众看重自我提升，徐汇区群众热衷研究当下流行的区块链。

---

2. 大数据的类型

大数据主要有四大类型。

（1）交易数据（transaction data）。大数据平台能够获取时间跨度更大、更海量的结构化交易数据，这样就可以对更广泛的交易数据类型进行分析，不仅仅包括 POS 或电子商务购物数据，还包括行为交易数据，如 Web 服务器记录的互联网单击流数据日志。

（2）人为数据（human-generated data）。非结构数据广泛存在于电子邮件、文档、图片、音频、视频，以及通过博客、维基尤其是社交媒体产生的数据流，这些数据为使用文本分析功能进行分析提供了丰富的数据源泉。

（3）移动数据（mobile data）。能够上网的智能手机和平板电脑越来越普遍，这些移动设备上的 App 都能够追踪和沟通无数事件，从 App 内的交易数据（如搜索产品的记录事件）到个人信息资料或状态报告事件（如地点变更，即报告一个新的地理编码）。

（4）机器和传感器数据（machine and sensor data）。这包括功能设备创建或生成的数据，如智能电表、智能温度控制器、工厂机器和连接互联网的家用电器。这些设备可以配置为与互联网中的其他节点通信，还可以自动向中央服务器传输数据，这样就可以对数据进行分析。机器和传感器数据来自新兴的物联网。来自物联网的数据可以用于构建分析模型，连续监测预测行为（如当传感器值表示有问题时进行识别），提供规定的指令（如警示技术人员在真正出问题之前检查设备）。

拓展阅读 3-3

大数据时代的信息的特征

大数据时代的信息具备以下 4 个特征。

（1）数据量大。大数据的起始计量单位至少是 P（1 000 个 T）、E（100 万个 T）或 Z（10 亿个 T）。

(2) 类型繁多。其类型包括网络日志、音频、视频、图片、地理位置信息等。多类型的数据对数据处理能力提出了更高的要求。

(3) 价值密度低。随着物联网的广泛应用,信息感知无处不在,信息海量,但价值密度较低,如何通过强大的机器算法更迅速地完成数据的价值"提纯",是大数据时代亟待解决的难题。

(4) 速度快,时效高。这是大数据区分于传统数据挖掘最显著的特征。现有的技术架构和路线,已经无法高效处理如此海量的数据,而对于企业来说,如果投入巨大采集的信息无法通过及时处理反馈有效信息,将得不偿失。可以说,大数据时代对人类的数据驾驭能力提出了新的挑战,也为人们获得更为深刻、全面的洞察能力提供了前所未有的空间与潜力。

3.3.2　大数据分析的含义与步骤

1. 大数据分析的含义

众所周知,大数据已经不简简单单是数据规模大,更重要的是如何对大数据进行分析。只有通过分析才能获取很多智能的、深层的、有价值的信息。那么,什么是大数据分析呢?

大数据分析是指通过捕获、存储、分析等流程,从传感器、网页服务器、销售终端、移动设备等中获取数据,之后再存储到相应设备上,再进行分析。

处理的过程被称为萃取(extract)、转置(transform)、加载(load)或者 ETL。首先从源系统中提取处理数据,再标准化处理数据且将数据发往相应的数据仓储等待进一步分析。在传统数据库环境中,这种 ETL 步骤相对直接,因为分析的对象往往是为人们熟知的财务报告、销售或者市场报表、企业资源规划等。然而在大数据环境下,ETL 可能会变得相对复杂,因此转型过程对于不同类型的数据源之间的处理方式是不同的。

> **案例 3-7**
>
> **大数据下的小商户信息管理**
>
> 杨女士是省城一家连锁服装店的老板,近期业务扩张,分别在新城区和老城区开了两家店面。杨女士非常喜欢接触新鲜事物,连店里的 POS 机也是高科技产品,两家服装店的交易数据都会实时显示在杨女士的智能手机上。
>
> 杨女士突然发现,虽然两家店面都是卖同样的东西,客流量也差不多,但新城区店面刷卡的顾客占了 50% 左右,而另一家老城区店面刷卡的顾客只有 30%。为什么会产生这样的区别呢?分析 POS 机的刷卡金额及刷卡时间后,杨女士发现,新城区的消费时间多在中午、傍晚 6 点以后,客单价较高,而且容易一下出好几单。而老城区的购物时间分布较为均匀,客单价也比较低。进一步分析发现,新城区的消费人员多为白领,消费观念比较先进。由于是上班午休及下班后购物,又多是三五个同事一起来买东西,所以购买的商品价格比较高且容易产生连带销售。而老城区多是闲暇时间出来逛逛,且购物意愿较为理性,所以客单价比较低。杨女士根据客源的不同,重新调整了店面的风格及服装的种类,营业额在一个月之内就涨了

50%左右。

评析： 大数据时代，中小商户信息来源多样化，及时掌握数据信息、调整经营策略，才能在激烈的竞争中立于不败之地。

2. 大数据分析的步骤

大数据分析包括以下 6 个步骤。

(1) 可视化分析(analytic visualizations)。不管是对数据分析专家还是普通用户，数据可视化是数据分析工具最基本的要求。可视化可以直观地展示数据，让数据自己说话，让观众听到结果。

(2) 数据挖掘算法(data mining algorithms)。可视化是给人看的，数据挖掘就是给机器看的。集群、分割、孤立点分析还有其他的算法让研究分析人员深入数据内部，挖掘价值。这些算法不仅要处理大数据的量，也要处理大数据的速度。

(3) 预测性分析能力(predictive analytic capabilities)。数据挖掘可以让分析员更好地理解数据，而预测性分析可以让分析人员根据可视化分析和数据挖掘的结果作出一些预测性的判断。

(4) 语义引擎(semantic engines)。由于非结构化数据的多样性带来了数据分析的新挑战，数据研究分析人员需要一系列的工具去解析、提取、分析数据。语义引擎需要被设计成能够从"文档"中智能提取信息。

(5) 数据质量和数据管理(data quality and data management)。数据质量和数据管理是一些管理方面的最佳实践。通过标准化的流程和工具对数据进行处理，可以保证一个预先定义好的高质量的分析结果。假如大数据真的是下一个重要的技术革新，数据研究分析人员最好把精力放在大数据能给我们带来的好处上，而不仅仅是挑战。

(6) 数据存储，数据仓库。数据仓库是为了便于多维分析和多角度展示数据按特定模式进行存储所建立起来的关系型数据库。在商业智能系统的设计中，数据仓库的构建是关键，是商业智能系统的基础，承担对业务系统数据整合的任务，为商业智能系统提供数据抽取、转换和加载，并按主题对数据进行查询和访问，为联机数据分析和数据挖掘提供数据平台。

课 堂 小 结

任务指标	表现要求	已达要求	未达要求
(陈述性)知识	掌握重要概念、特征和意义		
(实践)技能	能进行职业操作活动		
对课程内容的整体把握	能概述并认知整体知识与技能		
与社会实践的联系程度	能描述知识与技能的实践意义		
其他			

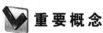 **本章小结**

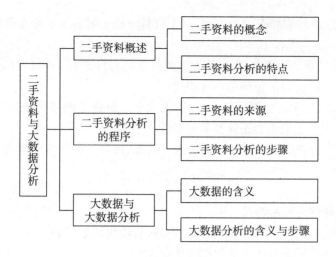

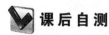 **重要概念**

二手资料　大数据分析

课后自测

一、选择题

1. 二手资料调查法可以通过(　　)等手段,收集并整理企业内部和外部现有的各种信息资料。

　　A. 查看　　　　B. 检索　　　　C. 阅读
　　D. 购买　　　　E. 复制

2. 二手资料调查法收集的资料的缺点是(　　)。

　　A. 具有不可得性　　　　　　B. 具有不可预见性
　　C. 缺乏准确性　　　　　　　D. 所收集资料具有不充分性分析

3. 企业的业务资料包括(　　)。

　　A. 原材料订货单、进货单　　B. 发票、销售记录
　　C. 半成品、成品订货单　　　D. 业务员访问报告、顾客反馈信息

4. 文献资料的收集方法有(　　)。

　　A. 参考文献查找法　　　　　B. 手工检索查找法
　　C. 计算机网络检索　　　　　D. 情报互联网检索

5. 二手资料调查报告一般要求(　　)。

　　A. 数据准确　　　　　　　　B. 方便阅读
　　C. 重点突出　　　　　　　　D. 结论明确

二、判断题

1. 简单来讲,二手资料分析就是我们可能在足不出户的情况下,通过一些文案工作获取已有信息就可以用来佐证我们的调查项目,支持我们的决策活动。(　　)

2. 二手资料分析一般以收集文献性信息（各种文献资料）为主，在我们国家主要是印刷性文献资料。（　　）

3. 二手资料分动态和静态两个方面，二手资料分析一般偏重于静态资料的收集。（　　）

4. 在实践中，只要二手资料调查活动遵循科学的程序进行，获取可信度较高的调查结果后运用于预测，必然能得出正确的市场决策。（　　）

5. 一般情况下，二手资料更便宜和快速，无论是一份完整的报告或只是一个主要事实、数字或名字，也不用考虑来源的正确性和可靠性。（　　）

6. 我国的人口普查数据提供了详细的人口状况，这是一种非常典型的二手资料。（　　）

三、简答题

1. 简述二手资料分析的特点。
2. 在调查实践中，为什么要先收集二手资料，后收集原始资料？
3. 二手资料分析调查为什么又称作间接调查？
4. 与原始资料相比较，二手资料的优点和缺点是什么？
5. 为什么互联网对查询二手资料有重要意义？
6. 简述二手资料分析在探索性调查中的作用。
7. 你怎样理解大数据利用的重要意义？

案例分析

案例1　沃尔玛的"尿布加啤酒"

总部位于美国阿肯色州的世界著名商业零售连锁企业沃尔玛，拥有世界上最大的数据仓库系统，为了能够准确了解顾客在其门店的购买习惯，沃尔玛对其顾客的购物行为进行购物篮分析。沃尔玛数据仓库里集中了其各门店的详细原始交易数据，在这些原始交易数据的基础上，沃尔玛利用NCR数据挖掘工具对这些数据进行分析和挖掘，可以很轻松地知道顾客经常一起购买的商品有哪些。一个意外的发现是："跟尿布一起购买最多的商品竟然是啤酒！"

这是数据挖掘技术对历史数据进行分析的结果，反映数据内在的规律。沃尔玛派出市场调查人员和分析师对这一数据挖掘结果进行调查分析。经过大量实际调查和分析，揭示了隐藏在"尿布与啤酒"背后的美国人的一种行为模式：在美国，一些年轻的父亲下班后经常要到超市去买婴儿尿布，而他们中有30%～40%的人同时也为自己买一些啤酒。产生这一现象的原因是：美国的太太们常叮嘱她们的丈夫下班后为小孩买尿布，而丈夫们在买尿布后又随手带回了他们喜欢的啤酒。

既然尿布与啤酒一起被购买的机会很多，于是沃尔玛就在其一个个门店将尿布与啤酒摆放在一起，结果是尿布与啤酒的销售量双双增长。

阅读材料，回答以下问题。

1. 将看似不相关的二手资料放在一起分析，会得出什么结论？
2. 这种分析方法给你的启示有哪些？

案例2　京东利用大数据反刷单

现如今，网购已经成为人们生活中的重要消费方式，但却出现了大量的造假行为——雇人通过虚假交易换取虚假好评，让普通消费者的利益蒙受损失。

京东很早就提出了对此类行为的"零容忍"原则。京东利用先进的技术手段，通过大数据形成一个完整可靠的防刷单技术屏障，保障用户的最大利益。京东透露，目前其反刷单系统的识别准确率已超过99%。

随着电商发展的蒸蒸日上，针对电商行业的恶意行为也越演越烈，其中最典型的就是黄牛抢单囤货和商家恶意刷单。为了杜绝此类问题，京东精心打造了"天网"系统，在经历多年沉淀后，目前"天网"已全面覆盖京东商城数十个业务节点，并有效地支撑了京东集团旗下的京东到家及海外购风控相关业务，有效地保证了用户利益和京东的业务流程。

"天网"作为京东风控的核心利器，主要分析维度包括用户画像、用户社交关系网络、交易风险行为，其系统内部既包含面向业务的交易订单风控系统、爆品抢购风控系统、商家反刷单系统，在其身后还有由规则识别引擎及用户风险信用信息库两大核心组件构成的风险信用中心系统，专注于打造用户风险画像的用户风险评分等级系统。

作为京东这张大"天网"中的重要环节，京东反刷单系统致力于精准识别京东商城刷单的恶意行为。利用京东自建的大数据平台，京东反刷单系统从订单、商品、用户、物流等多个维度进行分析，分别计算每个维度下面的不同特征值。通过分析商品的历史价格和订单实际价格的差异、商品SKU销量异常、物流配送异常、评价异常、用户购买品类异常等上百个特性，结合贝叶斯学习、数据挖掘、神经网络等多种智能算法进行精准定位。在数据源部分，反刷单系统主要收集了订单相关的下单用户注册信息、订单详细信息、物流基本信息及支付信息相关数据并进行分析。除了这些源数据外，反刷单系统同时结合了在其他风控业务流程中输出的风险用户画像数据作为基准概率模型，极大地提高了刷单行为的识别概率。

因此，为了更好地识别该类刷单行为，反刷单系统会从三个层面开展维度建设：建立风险评估和异常账户识别模型，对参与刷单的账户进行限制和惩罚；识别刷单的目标店铺、商品，对其进行历史跟踪、降权、惩罚；建立独立的反刷单运营团队，针对系统识别和人工举报的刷单行为进行核实与惩罚处理，并将结果反馈给识别系统，从而使识别系统自动地学习到新的人肉刷单特征和识别办法。

被系统识别到的疑似刷单行为，系统会通过后台离线算法，结合订单和用户的信息调用存储在大数据集中的数据，进行离线的深度挖掘和计算，继续进行识别，让其无处遁形。一旦确定为刷单行为，本着对刷单行为零容忍的态度，京东将直接把关联商家信息告知运营方作出相应惩罚，包括消除刷单对搜索、评论、好评的影响；惩罚刷单店铺直至关店；降低店主的征信水平等，以保证京东商城消费者良好的用户体验和切实利益。

目前，京东反刷单在系统架构层面已从基本规则识别逐渐演化到数据建模精准识别，识别准确率已超过99%。"天网"恢恢，京东反刷单系统让恶性竞争手段无处遁形。

阅读材料，回答以下问题。

1. 京东是怎样进行反刷单的？
2. 京东的大数据分析与利用给你的启示有哪些？

实训项目

实训名称：二手资料分析。

实训目的：通过实训项目的演练与操作，初步认知二手资料分析工作。

实训内容：为了了解 MP5、休闲食品、教材及教辅资料等产品的市场销售情况，你会与哪些部门联系，尝试取得二手数据？试着实际操作并相互交流。

实训组织：学生分组，讨论编写一份调查方案。

实训总结：学生交流活动结果，教师根据方案、PPT 演示、讨论分享中的表现分别给每组进行评价打分。

学生自我学习总结

通过学习本章，我能够作以下总结。

1. 主要知识点

> 本章的主要知识点有：
> （1）
> （2）

2. 主要技能

> 本章的主要技能有：
> （1）
> （2）

3. 主要原理

> 二手资料分析应该遵循的原则与程序是：
> （1）
> （2）

4. 主要相关知识点

> 本章涉及的主要相关知识点有：
> （1）二手资料分析与大数据时代的关系有：
> （2）大数据时代与互联网的关系有：

5. 学习成果检验

> 完成本章学习的成果：
> （1）学习本章的意义有：
> （2）学到的知识有：
> （3）学到的技能有：
> （4）我对二手资料分析的初步印象是：

第 4 章

原始数据收集

一个企业经营成功与否,全靠对顾客的要求了解到什么程度。

——[匈牙利]波尔加·韦雷什·阿尔巴德

导　　语

"纸上得来终觉浅,绝知此事要躬行。"在开展调查活动时,收集到的二手资料信息不完整、不完全可信或有明显纰漏。此时,我们必须借助实地调查的方法,收集鲜活的第一手资料,这样才能得出可信的调查结论。

学习目标

知识目标

(1) 认知观察调查的含义。

(2) 认知访问调查的含义。

(3) 认知实验调查的含义。

(4) 认知实地调查的意义。

技能目标

(1) 能组织观察调查活动。

(2) 能说明访问调查的要领。

(3) 能结合实际进行实验调查。

调查故事

你听说过"神秘顾客"吗?"神秘顾客"是国外进行市场调查时比较常用的一种方法。"神秘顾客"又称伪装购物者。"神秘顾客"与一个正常买商品的顾客一样,会与服务人员进行交流,咨询与商品有关的问题,挑选商品,比较商品,最后作出买或不买某种商品的决定。"神秘顾客"调查法在国外应用很广泛。美国大约就有200家这样的专门公司。其中最大的一家公司是设在西雅图和波特兰的特伦市场公司,该公司有100多名职工和500多名"神秘顾客"。特伦市场公司已经经营了十多年,有十几万家美国商店和服务单位接受了它的调查。其方法是让经过专门训练的"神秘顾客"作为普通的消费者,可买也可不买商品,买了觉得不好也可退货。这样,要求他们详细记录下他们购物或接受服务时发生的一切情况,然后填写一份仔细拟定过的调查表。其目的是分析商店或服务单位的服务质量和不良运转情况。卖方市场的迅速到来,使现代企业竞争日益激烈,以服务为主的非价格竞争手段已经成为企业制胜的重要指标,所以"神秘顾客"的临场监督方法有助于一个企业服务标准得到比较彻底的贯彻。在我国,很多外企经常运用"神秘顾客"来调查其在中国的分公司或代理商。

肯德基就用"神秘顾客"监督分店。肯德基国际公司遍布全球60多个国家和地区,分公司、子公司多达1万多个。然而,肯德基国际公司地处万里之外,怎么保证它的下属按规矩做事呢?曾经有一次,上海肯德基有限公司收到3份肯德基国际公司寄来的鉴定书,对他们外滩快餐厅的工作质量分3次鉴定评分,分别为83分、85分、88分。公司中外方经理都为之瞠目结舌,这3个分数是怎么评定的?原来,肯德基国际公司雇用、培训了一批人,让他们佯装顾客、秘密潜入店内进行检查评分,这些"神秘顾客"来无影、去无踪,而且没有时间规律,这就使快餐店的经理、雇员时时感受到某种压力,丝毫不敢疏忽。服务质量也就越来越好。

启示: 这些例子描述了通过实地调查获取第一手资料的一种方法——观察调查法。当然,通过实地调查获取第一手资料的方法还有其他几种,都将在本章中作出解释。

在市场调查活动中,一般以收集二手资料作为开始,但有时由于调查目标的特殊要求或一些客观条件的限制,导致二手资料不够用、不好用、不全面、不系统,或者只有现行资料才能帮助调查活动继续进行时,就必须借助实地调查去收集原始资料,即第一手资料。

原始数据收集方法可以分为三大类:一是观察调查法;二是访问调查法,包括入户访谈调查、拦截访问调查、电话调查、邮寄调查等几种类型;三是实验调查法。

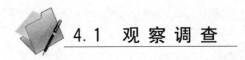

4.1 观察调查

人们每天都在有意无意地对事物进行观察、审视,将这种方法引入市场调查工作领域,规定一定的条件、操作规程,就成为一种实地收集市场信息的方法之一。

4.1.1 观察调查的含义

观察调查主要观察人们的行为、态度和情感,记录调查对象的活动或现场事实,调查者可以用眼看、用耳听,也可以利用电视、网络、移动设备等,捕捉一些重要信息。如美国尼尔森提供两项重要的电视机收视服务,通过多种途径收集家庭数据,包括关注人口统计信息,以此来分析消费者群体。还有,许多商家要求消费者下载其移动端App,通过App应用情况观察消费者。

1. 观察调查的概念

观察调查的具体形式体现为对现象的观察和对顾客的观察。其基本概念解释如下。

重要概念 4-1　　　　　　　　　观 察 调 查

观察是调查人员在现场通过自己的感观或借助影像摄录器材,直接或间接观察和记录正在发生的行为或状况,以获取第一手资料的一种实地调查方法。

有些情况下,观察是唯一可用的调查方法,比如,对于由于年龄小而不能准确表达自己偏好和动机的幼儿,就只能使用观察调查法去判断他们所要表达的意思。但是,观察调查法只能观察到一些表面状况,不能了解到一些内在因素的深刻变化。在实践中,观察调查法较多地与其他调查方法结合运用,才能取得更好的效果。

2. 观察调查的条件

要想成功使用观察调查法,必须具备以下条件:①所需要的信息必须是能观察到并能够从观察的行为中推断出来的;②所观察的行为必须是重复的、频繁的或者是可预测的;③被调查的行为是短期的,并可获得结果的。

4.1.2 观察调查的类型

观察有多种形式,从事市场调查的人员可以根据不同的情况,采取不同的观察方法。作为收集资料的主要方法之一,观察调查法可以根据不同的标准划分为以下类型。

1. 参与观察与非参与观察

(1) 参与观察。参与观察是指观察者直接加入某一群体中,以内部成员的角色参与他们的各种活动,在共同生活中进行观察,收集与分析有关的资料。

(2) 非参与观察。非参与观察是指观察者不参与被观察者的任何活动,以旁观者的身份,置身于调查群体之外进行的观察。在非参与观察中,作为一名旁观者,观察结果可信度高,但是却不能了解到被观察者的内心世界,不能获取深入细致的调查资料。

2. 公开观察和非公开观察

(1) 公开观察。公开观察是指在被观察者知道自己正在被观察的情况下进行的观察。通常情况下,观察员的公开出现将影响被观察者的行为,他们可能会表现出与平常有所偏差的特征。

(2) 非公开观察。非公开观察是在不为被观察的人、物或事件所知的情况下观察他们行动的过程。非公开观察的最普遍形式是装扮成普通顾客在现场观察人们的行为,观察结果相对真实、可信。例如,市场调查人员可以装扮成一名购物者来到食品超市,观察购买食品的顾客如何走到某大类产品前,测量他们在陈列区停留的时间有多长,看看他们是否在寻找某个产品时遇到了困难,他们是否阅读产品包装,如果阅读,在包装上寻找信息是不是看上去很困难等。

> **课堂讨论** 被调查者如果是处在非自然状态下接受观察调查,会怎么样?如果观察者没有任何目的,只是随便看看,能否得出观察结论?为什么?

3. 结构式观察和非结构式观察

(1) 结构式观察。结构式观察是指调查者事先制定好观察的范围、内容和实施计划的观察方式。由于观察过程标准化,能够得到比较系统的观察材料,以供分析和研究使用,如表4-1所示。

表 4-1　书店服务评价表样本

店名_____	日期_____
服务员_____	购买者_____
进入书店的时间_____	离开书店的时间_____
等候服务员的时间_____分钟	1　2　3　4　5

问题（三项全部做到得 5 分）
_____微笑迎接顾客
_____主动提问"今天我能为你做什么？"
_____至少提出一个附加性的问题来帮助顾客

否□　是□	带领顾客到相应的图书区
否□　是□	向顾客介绍两种以上的相应书籍

提示：这是某书店为了调查店员服务情况设计的调查表格。

(2) 非结构式观察。非结构式观察是指对观察的范围、内容和计划事先不作严格限定，根据现场的实际情况随机决定的观察。非结构式观察主要在对探测性调查或者对被调查者缺乏足够了解的情况下使用。非结构式观察比较灵活，可以充分发挥调查者的主观性、创造性。但是得到的观察资料不系统、不规范，受观察者个人因素影响较大，可信度较差。

4. 直接观察与间接观察

(1) 直接观察。直接观察是指观察者直接到现场观察被观察者的情况，即观察者直接"看"到被观察者的活动。

(2) 间接观察。间接观察是指观察者通过对与被观察者关联的自然物品、社会环境、行为痕迹等事物进行观察，以便间接反映调查对象的状况和特征。例如，通过对住宅小区内停放的车辆档次等方面的观察，也可反映该小区人们生活水平的变化等。

案例 4-1

APP 用户行为观察

　　用户行为是指用户在产品中进行的操作、留下的痕迹，怎么使用产品、为什么使用产品，包括产品主要功能的使用、页面浏览、使用路径等。为什么用户行为这么重要？因为用户行为反映了用户怎么使用产品，是用户有意识或者无意识的主动操作，了解用户行为有利于企业还原用户使用场景，比如，用户是怎样使用产品功能的、用户使用产品的流程是怎样的、用户内容偏好是怎样的、在什么场景下会有什么样的行为，有利于企业优化产品和运营、提高用户体验。

　　评析：采集完整的用户行为数据，有利于企业更加了解用户，优化产品和运营。

---

5. 其他类型的观察

其他类型的观察，如自我观察、设计观察、机器观察等。

(1) 自我观察。自我观察是指个人按照一定的观察提纲自己记载自己的行为、行动。进行自我观察，观察者既是主体，又是被观察对象。

(2) 设计观察。设计观察是指观察者没有扮演任何角色，被观察者没有意识到他们受到观察,在这种经过设计的环境中进行的调查活动。

(3) 机器观察。机器观察是指借助机器完成的调查活动。在特定的环境中,机器观察比人员观察更客观、精确,更容易完成任务。

> **拓展阅读 4-1**
>
> "无间道"的人文调查
>
> 人文调查研究是一种新型的、有争议的、在很大程度上依赖观察调查法的市场调查方法。与传统意义上的那种调查人员置身于被研究系统之外的研究方法相比,这种人文方法提倡让调查人员深入系统内部进行观察。因此,传统的调查可能会进行一个大规模的调查或实验来检验假设,而人文调查人员从事"研究人员浸入",也就是说成为自己所研究的小组的一部分。就像影视作品中的"无间道"。

4.1.3 观察调查法的特点

1. 观察调查法的主要优点

(1) 实施简便易行。观察调查法灵活性较强,观察者可随时随地进行调查,对现场发生的现象进行观察和记录,通过一些影像手段,还可以如实反映或记录现场的特殊环境和事实。

(2) 过程排除干扰。调查人员不会受到被调查者回答意愿、回答能力问题的困扰。特别在非参与观察的情况下,调查人员不需要和被调查者进行语言交流,可以排除语言交流、人际交往给调查活动带来的干扰。

(3) 信息直观可靠。观察调查法可以在被观察者不知情的情况下进行,避免了对被调查者的影响,被调查者的行为能够保持正常的活动规律,所观察到的信息客观准确、真实可靠。

2. 观察调查法的主要缺点

(1) 耗时过长导致调查成本提高。在实践中,一些特殊的调查项目需要大量观察员进行多次、反复的观察,调查费用随之提高;有时还需要一些特定环境的设计,也会出现调查时间的延长。

(2) 只看表象致使观察深度不够。观察调查法只能观察表面资料,不能了解一些市场因素发生变化的内在原因,因而观察的深度往往不够。

(3) 人员素质引发观察结论误差。观察调查法对观察人员的素质提出了较高的要求。观察者必须具备熟练的市场营销知识和操作技能、敏锐的观察力、必要的心理学理论和良好的道德规范。在进行观察时,人的因素非常关键,观察者的素质不同,观察的结果也不同,易产生观察者误差。

> **案例 4-2**
>
> 观察决定货品陈列
>
> 你知道吗?超市的商品不是随便摆放的!经营者常常通过观察超市里顾客的行进路径决定货品的陈列。通常,调查者会在通道示意图上标出购物者的行进路径。

通过有代表性的购物者之间行进路径的比较,就可以决定哪里是摆放能引起顾客购物冲动的商品的最佳地点。

一般来说,零售商希望商店中的商品尽可能多地暴露在购买者面前。如超市往往将必需品摆放在商店的后部,目的就是希望购物者在走到通道的另一端去选购牛奶、面包及其他必需品时能够产生购物冲动,将更多的物品放进他们的购物篮里。

评析:超市的商品陈列不是随意的,是在分析消费者心理、行进路径的基础上作出的选择。

3. 观察调查法的应用范围

观察调查法主要用于以下一些领域:车站码头、商场顾客流量测定;主要交通要道车流量测定;对竞争对手进行跟踪或暗访观察;消费者购买行为、动机、偏好调查;产品跟踪测试;商场购物环境、商品陈列、服务态度调查;生产经营者现场考察与评估;与询问调查法结合使用。

拓展阅读 4-2

购买行为观察

购买行为观察包括对购物者或是消费者在各种不同场景中的行为进行现场观察或是先摄影再观察。

一些观察发现包括:设立刊物和书籍等读物架子,可以将顾客结账等候时间缩短15%;人行横道可以使人们在8米内减速,所以没有明显视觉吸引力的商店可能会被错过;店内的特别展品如果移到后面靠近后部"解压区"的地方,可以让更多的顾客看到,因为顾客需要调整适应灯光和环境;老年人趋向于三三两两或是许多人一起购物,所以,商店在通道旁应设有椅子。当他们那些更有活力的朋友浏览其他商品时,可供他们休息;大型玩具商店忽略了那些祖父母身上是大有生意可做的。他们由于得不到对于不同年龄段儿童什么玩具适合和流行的建议,因此不去购买;购物者在购买一种产品之前的平均接触次数,口红为6次、毛巾为6次、唱片和玩具为11次。

课 堂 小 结

任 务 指 标	表 现 要 求	已达要求	未达要求
(陈述性)知识	掌握重要概念、特征和意义		
(实践)技能	能进行职业操作活动		
对课程内容的整体把握	能概述并认知整体知识与技能		
与社会实践的联系程度	能描述知识与技能的实践意义		
其他			

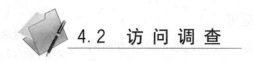

4.2 访问调查

访问调查常用的方法主要有入户访谈调查、拦截访问调查、电话调查、邮寄调查等几种类型。在西方国家,大约有55%的访问调查是通过电话完成的;入户访谈调查大约占10%;邮寄调查相对较少,约占5%。这表明电话调查的应用程度广泛。还有一些是将各种调查方法结合起来进行的调查。

4.2.1 入户访谈调查

在调查实践中,入户访谈调查曾经被认为是十分有效的调查方式,这是因为,对于被调查者来讲,可以轻松地在一个自己感到熟悉、舒适、安全的环境里接受调查;对于调查者来说,面对面的访谈,能够直接得到信息反馈,还可以对复杂问题进行解释,从而加快了访谈速度、提高了数据质量。入户访谈调查是定量调查中最常见的调查方法。

> **重要概念 4-2　　　　　　　　　　入户访谈**
>
> 　　入户访谈是指被调查者在家中(企业用户是在单位中)单独接受访谈的一种调查方式,调查者按抽样方案的要求,到抽中的家庭或企业单位中,按照事先规定的方法,选取适当的被调查者,依照问卷或调查提纲进行面对面的直接提问以获取信息。

然而,随着人们家庭结构的变化、生活节奏的加快、观念的更新,今天在家中面对面访谈越来越少了,取而代之的是大多数访谈改在购物场所、商业街区进行。另外,入户访谈也广泛运用于与工业、企业用户进行的访谈,这类访谈主要是指对商务人员在他们的办公室进行有关工业品或服务的访谈,所以也称经理访谈。

1. 入户访谈调查的特点

(1) 入户访谈调查的优点。入户访谈调查的优点包括以下内容:①信息获取的直接性。进行面对面的访谈时,调查者可以采取一些方法来激发应答者的兴趣。特别是可以使用图片、表格、产品的样本等来增加感性认知。②调查组织的灵活性。调查者依据调查的问卷或提纲,可以灵活掌握提问的次序并及时调整、补充内容,弥补事先考虑的不周,而且一旦发现被调查者与所需的调查样本不符合时,可以立即终止。③调查过程的可控制性。整个调查过程有调查者的监督,调查者可直接观察被调查者的态度,判别资料的真实可信度。④调查数据的准确性。由于程序较标准和具体,调查者还可以充分解释问题,从而提高了数据的准确性。

(2) 入户访谈调查的缺点。入户访谈调查的缺点包括以下内容:①时间限制。现代社会生活节奏快,人们来去匆匆,很难有人能够有时间回答完全部规定问题,调查者不得不费力寻找合格的应答者,这就提高了调查成本。对于大规模、复杂的市场调查更是如此。②调查者的影响。调查者的素质、人际交往能力、语言表达能力、责任感和道德观等都会影响调查的质量。③拒访率较高。人们的隐私保护意识加强,导致拒访的现象时有发生。

2. 入户访谈调查的运用

(1) 访谈前的准备工作。首先是基本情况方面的准备。调查者要了解被调查者的一些基本情况,如生活环境、工作性质及由此形成的行为准则、价值系统。其次要做好工具方面的准备,最常用的如照相机、录像机、录音机、纸张文具及测量用的表格问卷等。

> **课堂讨论** 目前,我国的家庭结构形式的变化对入户访谈调查的影响有哪些?您认为在我国开展入户访谈调查的主要障碍有哪些?

(2) 访谈的步骤。

第一步,要把自己介绍给被调查者。

例 4-1

自我介绍:"您好!我是××公司的市场调查访问员。我们正在进行一项关于××型号汽车的市场调查,在众多消费者随机抽样中您家正好被抽中,我想占用您一点时间,希望没有打扰到您!"

提示:自我介绍时要做到不卑不亢,使对方尽快了解你的身份,并认为你的访谈是善意的,他的答复是有价值的,或这项调查研究是与他的切身利益有关的。说话语气一定要彬彬有礼,同时可递上介绍信或学生证、工作证,以消除被调查者的戒心。

第二步,要详细说明这次访谈的目的。

例 4-2

说明主题:这次调查的主要目的是了解您对我们公司××型号汽车的售后服务的意见或建议,您的回答将为我们服务范围的拓展、质量的提高、措施的改进提供重要参考。

提示:言简意赅,尽快说明调查的主题范围,与被调查者初步建立起一种互相信任的关系。

第三步,提问开始。

例 4-3

提问开始:这是一份我们印制的问卷,我们按顺序开始问答,好吗?

提示:发问开始,一般按问题的先后次序一一提问,可以适当地活跃气氛,避免使被调查者感到枯燥、机械而情绪受到影响。即使被调查者答非所问,也要耐心地听,同时设法切入正题,但要选择有利的机会,避免对方察觉而感到不快。有些问题需要进一步"追问"的,使用"立即追问""插入追问""侧面追问"等方法,以被调查者不感到厌烦为限度。

(3) 特殊情况的处理。正在进行的访谈也可能出现拒绝访谈、因事忙碌或不想继续接待,被调查者身体不适,突然有事外出等。遇到这种情况,调查者不必为此气馁,除耐心说明调查目的外,还要了解拒访的原因,以便采取其他方法,也可以另约时间;或者帮助被调查者做点力所能及的事,争取得到继续的接纳;对于一些较敏感的问题,或者被调查者认为有关他安全的问题,应该耐心解释或通过其他途径了解。

4.2.2 拦截访问调查

拦截访问又称街头截访,一般有两种方式:一种是由调查者在事先选定的若干个地区选取调查对象,征得其同意后,在现场依照问卷进行面访调查;另一种是先确定地点,然后由调查者在事先选定的若干个地区选取调查对象,征得其同意后,引领到确定的地点进行面访调查。

街上拦截访问是一种十分流行的调查访问方法,通常用于定量问卷调查的环节中。约占个人访问总量的1/3。在美国,大约有500家超市中设有调查机构的访谈室。作为入户访谈调查的替代方式,拦截访问调查是一种十分流行的询问调查方法。拦截访问调查的程序如图4-1所示。

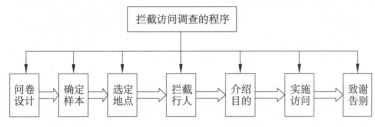

图 4-1 拦截访问调查的程序

1. 拦截访问调查的优点

(1) 节省费用。由于被调查者出现在调查者的面前,调查者可将大部分时间用于访谈,而省略了入户访谈调查的行程时间及差旅费用,所以能够节省费用。

(2) 避免入户困难。在公开场所,被调查者没有过度的私密感,没有怕被露底的心态,所以相对来讲比较容易接受访问。

(3) 便于对调查者的监控。拦截访问调查通常是在选好的地点进行,同样具有入户访谈调查的优点,可以对被调查者进行启发,可以指派督导现场进行监督,以保证调查的质量。

2. 拦截访问调查的缺点

(1) 不适合内容较多、有较复杂或不能公开问题的调查。所以在问卷设计时应注意:内容不要太长,因为行人一般有其他事情要做,可能不会有太多的时间来回答你的问卷,对于拦截访问调查,问卷长度不能超过15分钟;问题最好不要涉及个人隐私,因为在大庭广众之下,这样的问题会引起反感而遭到拒访。

(2) 调查的精确度可能很低。由于所调查的样本是按非概率抽样抽取的,调查对象在调查地点出现带有偶然性,这可能会影响调查的精确度。另外,在某一固定地点调查,很难得到能够代表大部分地区的样本。

(3) 拒访率较高。因为调查对象有非常多的理由来拒绝接受调查。

3. 拦截访问调查的运用

为了获得适合于大多数消费者的研究总体样本,购物中心、广场或商业街区往往就成为街头拦截访问调查最普遍的地方。在大多数街头拦截访问调查中,市场调查人员被派到购物中心寻找可能适合于调查的人员。调查员接近被调查者,并请求他们参与现场采访。如果他们同意,调查访问开始,并且要感谢被调查者。如果他们拒绝,调查员继续寻找下一个人。

街头拦截访问调查的技巧如下。

(1) 地点选择。一般选择繁华的交通路口、户外广告牌前、商城或购物中心内(外)、展览会内(外)等。

(2) 对象选择。该环节中,调查人员必须有足够的耐心,通过运用自己所具备的知识、经验和职业素养,从过往行人的言行、举止、穿着、大致年龄段等要素应该能够大致选定符合调查目标的对象。

(3) 拦截对象。语言要求礼貌、具有一定的说服力,同时为了保证随机性,应该按照一定的程序和要求进行拦截。例如,每隔几分钟拦截一位,或每隔几位行人拦截一位等。

拦截对象:女士/先生:您好!可以打扰您一下吗?我是××公司的市场调查访问员,这是我的证件!耽误您几分钟时间,有几个问题想问您一下,可以吗?

(4) 面谈调查。征得对象同意后,在现场按照问卷内容进行简短的面谈调查。

4. 拦截访问调查的质量控制

为了保证拦截访问调查的质量,调查活动必须按照一定的规范进行。

(1) 专人现场监控。按其特点划分不同的区域开展工作,不同的区域均有专人负责现场监控。

(2) 调查督导人员随时巡查。由负责督导及复核人员共同负责巡场工作,不定时巡视,以便及时发现问题并及时解决。

(3) 确认被调查者资格。由复核人员负责现场二次甄别工作,确保被调查者符合被调查条件。根据经验布置测试室,减少被调查者间的相互干扰,便于收集更多的信息。

(4) 详细审核调查问卷。现场对问卷进行百分之百审核,审核无误后才让被调查者离开及送礼品,以便及时补充访问,以确保问卷质量。

拓展阅读 4-3

如何降低拒访率

(1) 精心准备。调查者准备包括:首先,要求调查人员衣着得体、精神饱满、言语诚恳、胆大心细、材料证件齐全;其次,做好访问前的准备工作,如培训工作、试访演练、制作证件。

(2) 按照被调查者的心理活动进行询问。①适应。开始询问非常关键,调查经验表明,如果被调查者了解了要求并回答了前三个问题,那么在一般情况下,对其他所有问题也会给予回答。②达到既定目的。首先,在回答调查问题的过程中,篇幅很大时,为了提高兴趣,可使用功能心理问题(如与女被调查者谈论服饰,与男被调查者谈论运动),问题的内容应使被调查者感到有兴趣。其次,当遇到被调查者明显不真实的答复时,调查者应该及时停止,重复提问,并通过观察被调查者的态度及客观环境来判断其答复不真实的原因,具体情况具体分析。如果确定被调查者不愿配合,只是敷衍了事,调查人员提醒后仍然如此,必须终止访问,另换一户再访。③结束询问。结束询问也比较重要。如果被调查者还未说完,还有些紧张,就要设计一些轻松的问题,有助于消除紧张状态和提供表达感情的可能。

4.2.3　电话调查

电话调查是指调查者通过电话进行语言交流来从被调查者那里获取信息的一种调查方法。直到1990年,这种方法在西方发达国家仍然较为普遍,也受欢迎。随着时间的推移,固定电话不断减少,移动电话逐渐普及,电话调查逐渐衍生出利用相关软件预测性拨号,随机自动拨打被调查者;或者利用呼叫中心,在计算机辅助下进行电话调查(CATI)。当接通被调查者电话时,调查者通过按下键盘上的一个或一系列的键来开始这一调查。这一方式已经成为今天电话调查的主流方式。

1. 电话调查的优点

(1) 效率较高。跟入户访谈调查相比,电话调查省去了花费在路途上的时间,时间短、速度快。跟邮寄调查相比,电话调查能及时收集被调查者的答案,速度快,因而是效率较高的调查方式,而且与入户访谈调查相比较,还可以访问到不易接触到的对象。

(2) 可以获得更为有效的应答。电话铃响起,一般人都会去接,这就大大降低了拒访的可能;一些比较敏感的问题如教育水平、收入、分期付款等,在入户访谈调查和拦截访问调查面对面情况下,被调查者会感到有些不自然,回答率较低,而在电话调查中,则能获得较坦诚的回答。

(3) 易于控制实施质量。调查者集中在同一房间中拨打电话,督导可以随时检查调查情况、调查技巧等,也可以随时对问题进行更改。与入户访谈调查和邮寄调查相比较,其调查质量可以大大提高。

(4) 费用较低。电话调查与入户访谈调查相比,入户访谈调查需要的调查人员多,交通费用高,所花的费用很多;电话调查相对来说,费用较低。

2. 电话调查的缺点

(1) 调查成功率受限制。电话号码的编制采用的是随机数表的方法,有些号码可能未开通,或是空号,或已经停用。另外,被调查对象如果正在忙于其他事务,或误以为是一般推销商的电话,都可能拒绝接受调查。这些原因使电话调查的成功率较低。

(2) 电话调查时间受限制。电话调查的时间一般应控制在20分钟以内,设计的问题不宜过长,以免引起被调查者的反感。

> **课堂讨论**　在我国,开展电话调查的主要障碍有哪些?移动电话的普及对电话访问有哪些影响?

(3) 电话普及率不高会影响调查。特别是边远地区和农村的电话普及率较低,从而影响了样本的代表性。

(4) 对被调查者提示受限。由于无法提供直观教具,不能对被调查者进行现场启发。

4.2.4 邮寄调查

邮寄调查是指由市场调查人员把事先设计好的调查问卷通过邮寄的方式,寄给已经联系好的被调查者,由被调查者填写完成以后再寄回,调查人员通过对问卷进行整理、分析,获取市场信息的一种调查方式。

1. 邮寄调查的优点

(1) 费用较低。邮寄调查不需要专门进行调查人员的招聘、培训、监控及支付报酬,调查的成本不是很高。

(2) 调查者的影响较小。该方式避免了由于调查人员的干扰而产生的信息失真。

(3) 调查区域广泛。该方式下被调查的对象广泛,调查面广。

(4) 应答更确切。被调查者匿名性较强,又可以有充分的时间来考虑,填写较为灵活、自由、方便。

2. 邮寄调查的缺点

(1) 问卷回收率低。调查问卷可能没有被回收或未答完就寄回。

(2) 缺乏对被调查者的控制。被调查者可以在回答任何问题前浏览和思考所有问题,所以对问题呈现的顺序无法控制,造成结果的真实度降低。

(3) 被调查者会有选择偏见。这是指那些有别于没有填完问卷就归还问卷的被调查者,他们反馈回来的问卷存在答非所问的情况。因此,通过这种方法获得的样本就不具有普遍意义上的典型性。

3. 增加邮寄调查反馈的方法

邮寄调查存在着回收率低、回收时间长等问题,并且一直是困扰市场调查人员的艰巨任务。为了提高邮寄调查的反馈率,从事市场调查的机构和个人做了许多探索,也总结出不少方法,如物质刺激、贴上回程的邮票、电话提醒等。

> **拓展阅读 4-4**
>
> **小组焦点座谈会**
>
> 在现实中,小组焦点座谈会也属于访谈方法的一种。开好座谈会要注意以下几点:
>
> (1) 要选择好对象。参加调查会的人数不要太多,一般参加人数以 6~12 人为宜;参加成员要有代表性、典型性;参加者在学历、经验、家庭背景等各方面的情况尽可能相近。事先要了解一下与会者的个人问题,避免触及个人隐私而造成被动局面。
>
> (2) 拟定好问题。问题设计要具体,如有可能,可事先将发言讨论提纲发给每个人,让他们事先做好准备,并约定好开会时间和地点。临开会前应追发一条通知。
>
> (3) 中心议题要集中。座谈会要按计划进行,目的明确,中心议题要集中。视具体情况,也可根据调查课题的需要临时提出提纲上没有的问题,让与会者作答。
>
> (4) 重要的是要创造畅所欲言的气氛。讨论中若发生争执,如果争执有利于课题的深入,支持继续争执;如果争执与结论无关,要及时引导大家到问题中心上来。主持人一般不参加争论,以免堵塞与会者的思路。主持人应以谦虚平等的态度、诙谐亲切的语言,争取与

会者的合作。

课 堂 小 结

任 务 指 标	表 现 要 求	已达要求	未达要求
(陈述性)知识	掌握重要概念、特征和意义		
(实践)技能	能进行职业操作活动		
对课程内容的整体把握	能概述并认知整体知识与技能		
与社会实践的联系程度	能描述知识与技能的实践意义		
其他			

 ## 4.3 实 验 调 查

4.3.1 实验调查的含义

实验调查是将自然科学中的实验求证理论移植到市场调查中,在给定的条件下,对市场经济活动的某些内容及其变化加以实际验证,通过调查分析获得市场资料。

1. 实验调查的概念

实验调查既是一种实践过程,也是一种认知过程,它将实践与认知统一为调查研究过程。调查者经常通过改变某些因素(自变量),测试对其他因素(因变量)的影响,通过实验对比分析,收集市场信息资料。

重要概念 4-3	实验调查法

> 实验调查法是指从影响调查问题的许多因素中选出一个或两个因素,将它们置于一定条件下进行小规模的实验,然后对实验结果进行分析,研究是否值得大规模推广的一种实地调查法。

实验调查属于因果关系研究的范畴。例如,产品的品质、价格(自变量)等改变后,企业产品销售量、市场份额(因变量)有什么样的变化。

2. 实验调查的特点

实验调查是一种具有实践性、动态性、综合性的直接调查方法,它具有其他调查方法所没有的优点,同时也有自身的局限性。

(1) 实验调查的优点。①能够揭示市场变量之间的因果关系,从而采取相应的营销措施,提高决策的科学性;②能够控制调查环境和调查过程,而不是被动、消极地等待某种现象的发生;③能够提高调查的精确度。

(2) 实验调查的缺点。①在实验过程中,经常会出现随机的、企业不可控的因素和现象,这些因素和现象会在市场上产生作用,并对实验进程产生影响,进而影响实验效果;②调查的时间较长;③调查的风险较大,费用也相对较高;④实验调查法的应用在实施时需要专业人员操作,难度较大。

4.3.2 实验调查的运用

实验调查的应用范围很广,如改变商品包装、改变产品价格、改进商品陈列及进行新产品实验等,均可以用到。

1. 实验调查的基本要素

实验调查有三个基本要素:①实验者,实验者是进行实验调查的有目的、有意识、有计划的行动主体;②实验对象,实验对象是实验调查所要认知、分析、研究的客体;③实验环境,实验环境是实验对象所处的各种条件的总和。实验调查的过程,就是实验者控制这些条件——使一些条件发生变化,另一些条件不发生变化,或使某几个条件相互作用、相互影响的过程。

2. 实验调查的实施程序

实验调查的实施程序如图 4-2 所示。

图 4-2 实验调查的实施程序

3. 实验调查的主要方法

(1) 实验前后无控制对比实验。这种实验方法是指通过对实验单位在实验前和实验后的情况进行测量、对比和分析,引入实验因素(自变量和因变量),了解实验效果的一种方法。

某品牌手机制造商为了扩大销售,计划将手机的 Android 8.0 操作系统升级到 Android 9.0。但对手机操作系统的提升会不会大幅度提高销量没有把握,因此决定采用实验前后无控制对比实验的方法进行调查。具体操作步骤如下。

① 选定实验对象,即将该企业 A、B 两种规格的手机作为实验单位。
② 对其实验前一段时间,如一个月内的手机销售额进行统计。
③ 再销售提升了功能的手机。
④ 统计相同时间段内新功能手机的销售额。
⑤ 检测实验效果,如表 4-2 所示。

第4章 原始数据收集

表 4-2　××型号手机销售统计表　　　　　　　　　　　单位：元

实验单位	实验前销售额 Y_1	实验后销售额 Y_2	前后变化 $Y_2 - Y_1$
A	35 600	54 600	+19 000
B	18 900	25 800	+6 900
合计	54 500	80 400	+25 900

通过表 4-2 的数据，实验变量效果为 $Y_2 - Y_1$，可以看出手机操作系统功能的提升使销售额增加了。经分析，在手机销售额上升的过程中，无其他因素影响或影响甚少，可以判定是操作系统功能的提升带来了销售量的扩大，可以作出提升手机操作系统功能的决策。

(2) 实验前后有控制对比实验。这种实验方法是指为了消除实验期间一些外来因素的影响(如季节变化、供求关系等)，提高实验结果的准确性，在同一时间周期内，随机抽取两组条件相似的单位作为实验单位，一组为实验组，另一组为参照组或对比组，也称控制组。在实验时，要对这两组分别进行实验前测量和实验后测量，一般将实验前实验组的销售量或销售额设定为 X_1，控制组设定为 Y_1；实验后实验组的销售量或销售额设定为 Y_2，控制组设定为 X_2。然后进行事前、事后对比，得出实验结论，为营销决策提供依据。

$$实验变量效果 = (X_2 - X_1) - (Y_2 - Y_1)$$

某食品销售企业为了扩大市场份额，与对其主要产品某品牌的巧克力进行包装调整，但对广告公司提供的包装设计样品没有太大把握。于是公司决定在市区内选择 6 家市场规模及消费水平非常接近的超市作对比测试。其中，A、B、C 为实验组，销售改换包装后的巧克力；E、F、G 为控制组，继续销售未改换包装的巧克力，实验期为一个月。

具体销售数据如表 4-3 所示。

表 4-3　××牌巧克力销售统计表　　　　　　　　　　　单位：元

组　别	实验前 1 个月的销量	实验后 1 个月的销量	变动量
A、B、C 实验组	$X_1 = 2\,400$	$X_2 = 3\,100$	700
E、F、G 控制组	$Y_1 = 2\,400$	$Y_2 = 2\,600$	200

从表 4-3 中可以看出，实验组和控制组在实验前的销售额都是 2 400 元；实验组在实验后销售额为 3 100 元，控制组为 2 600 元。实验前后对比，实验组销售额增加了 700 元；控制组销售额增加了 200 元。

实验变量效果 = $(X_2 - X_1) - (Y_2 - Y_1) = 700 - 200 = 500$(元)。该企业设计的新型外包装使巧克力销售额增加了 500 元，可以判断，外包装的改变对销售有促进作用，企业便可作出改换外包装的决策。

(3) 实验组与控制组连续对比实验。在实际生活中，控制组与实验组的条件是不相同的，往往会影响实验结果。为了消除非实验因素的影响，可以采用控制组与实验组连续对比实验。控制组在实验前后均经销原产品，实验组在实验前经销原产品，实验期间经销新产品，然后通过数据处理得出实验结果。

例 4-7

某食品厂为了检测某种巧克力糖果新包装的市场效果,选择了三家商场作为实验组,再另选三家商场作为控制组,实验期为 1 个月,其销售量统计如表 4-4 所示。

表 4-4 ××牌巧克力新包装销售测试统计表　　　　　　　　单位:吨

组　别	实验前 1 个月的销量	实验后 1 个月的销量	变动量
A、B、C 实验组	6.5(原包装)	9.8(新包装)	3.3
E、F、G 控制组	6.38(原包装)	7.5(新包装)	1.12

实验组的新包装巧克力比原包装巧克力在实验前后销售量增加了 3.3 吨,扣除控制组增加的 1.12 吨,以及实验前两组的差异 0.12 吨,实验结果表明,新包装巧克力比原包装巧克力扩大销售 1.96 倍,改进后的新包装市场效果十分明显。

课 堂 小 结

任 务 指 标	表 现 要 求	已达要求	未达要求
(陈述性)知识	掌握重要概念、特征和意义		
(实践)技能	能进行职业操作活动		
对课程内容的整体把握	能概述并认知整体知识与技能		
与社会实践的联系程度	能描述知识与技能的实践意义		
其他			

本章小结

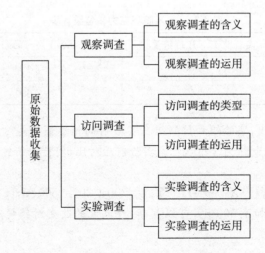

重要概念

观察调查　访问调查　入户访谈调查　实验调查

课后自测

一、选择题

1. 观察调查具有的类型有（　　）。
   A. 结构观察与非结构观察　　B. 公开观察与非公开观察
   C. "神秘顾客"　　　　　　　D. 人员观察与机器观察
2. 入户访谈调查的优点有（　　）。
   A. 信息获取的直接性　　　　B. 调查组织的灵活性
   C. 调查过程的可控制性　　　D. 调查数据的准确性
3. 拦截访问调查的缺点有（　　）。
   A. 不适合内容较多、较复杂或不能公开的问题的调查
   B. 调查的精确度可能很低
   C. 拒访率较高
   D. 问卷长度不能超过 15 分钟
4. 邮寄调查的优点有（　　）。
   A. 费用较低　　　　　　　　B. 调查者的影响较小
   C. 调查区域广泛　　　　　　D. 应答更确切
5. 降低拒访率的方法有（　　）。
   A. 调查者要衣着得体、精神饱满
   B. 调查者要言语诚恳、胆大心细
   C. 调查者要材证齐全
   D. 调查者要依据被调查者的心理活动过程进行访谈
6. 网络调查方法除网上问卷调查外，还有（　　）。
   A. 网上讨论法　　　　　　　B. 网上实验法
   C. 网上观察法　　　　　　　D. 网页站点法

二、判断题

1. 实地调查是收集二手资料的方法之一。　　　　　　　　　　　　　　（　　）
2. "神秘顾客"是非公开观察的方法之一。　　　　　　　　　　　　　　（　　）
3. 实地调查采用的方法不同，所必需的费用也不同。　　　　　　　　　（　　）
4. 在面对面访谈调查活动中，调查人员应该灵活变通、因地制宜，以求随时掌控访谈进程，取得较好的调查效果。　　　　　　　　　　　　　　　　　　　　　　（　　）
5. 邮寄调查不需要专门进行调查人员的招聘、培训、监控及支付报酬，调查的成本不是很高。　　　　　　　　　　　　　　　　　　　　　　　　　　　　　　（　　）
6. 实验调查能够揭示市场变量之间的因果关系，从而采取相应的营销措施，提高决策的科学性。　　　　　　　　　　　　　　　　　　　　　　　　　　　　（　　）

三、简答题

1. 为什么要进行实地调查？
2. 入户访谈调查前应该做好哪些准备？
3. 结构观察、非结构观察各指什么？二者有哪些区别？

4. 简述拦截访问调查的程序。
5. 简述实验调查法的原理。

案例分析

案例1 观察的效力

美国恩维罗塞尔市场调查公司有个叫帕科·昂得希尔的人,是著名的商业密探。在进行调查时,他一般会坐在商店的对面,静静地观察来来往往的行人,与此同时,他的同事也正在商店里进行着调查工作,他们负责跟踪在商品架前徘徊的顾客,其主要调查目的是找出商店生意好坏的原因,了解顾客走进商店以后如何行动,以及为什么许多顾客在对商品进行长时间挑选后还是失望地离开。通过他们的详细工作,使许多商店在日常经营过程中作出了多项实际的改进措施。

有一家音像商店由于地处学校附近,大量青少年经常光顾。通过恩维罗塞尔市场调查公司调查,发现这家商店把磁带放置过高,身材矮小的孩子们往往拿不到,从而影响了销售。昂得希尔指出应把商品降低18英寸放置,结果销售量大大增加。

还有一家叫伍尔沃思的公司发现商店的后半部分的销售额远远低于其他部分,昂得希尔通过观察拍摄现场解开了这个谜:在销售高峰期,现金收款机前顾客排着长长的队伍,一直延伸到商店的另一端,妨碍了顾客从商店的前面走到后面。针对这一情况,商店专门安排了结账区,结果使商店后半部分的销售额迅速增长。

阅读材料,回答以下问题。
1. 一般音像店的磁带应该怎样摆放,才能尽可能地"暴露"在各年龄段的消费者面前?
2. 为了减缓人们排长队结账而产生的无聊情绪,商店还可以怎样做?

案例2 小红书用户观察分析

小红书是一款内容电商类产品,产品目前主要有笔记内容和电商两个模块:笔记内容是基于UGC的生活笔记;电商部分以自营为主,以第三方入驻商家为辅。

1. 用户画像

小红书的用户以女性居多,男女比例3:7左右。女性用户对购物、美食、时尚这类话题无法抗拒,她们更愿意分享这类生活内容,比较容易形成传播效应。用户年龄分布主要集中在18~35岁,约占70%。其中,18~23岁用户是最大使用人群,说明小红书越来越受"95后"欢迎。

在一组极光大数据关于大学生群体App行为观察报告中,大学生人群网络购物App偏好指数(指数与目标用户应用渗透率TGI正相关)排行榜中,小红书的偏好指数最高。

现在的大学生群体,正值18~23岁。可以看出,小红书上涌入越来越多的"95后"们,还爱上了在小红书上购物。

在地域分布上,小红书的用户主要集中在北、上、广、深、江、浙、沪等经济比较发达地区,其中广东省的用户最多。

从消费能力上看,小红书用户中,中等消费者占比36.49%,环比增加5.31%;高消费者占比29.38%,环比增加16.91%;中高消费者占比23.05%,环比减少19.71%。小红书的受众更多是中等消费及以上人群,该类人群总和占比将近90%。这可能与社区早期内容主要以出境购物有关。出境购物消费用户的经济水平相对偏高,出境购买的奢侈品等高价商品偏多。出境购物之后,通过把购物体验及商品评价等通过笔记的形式分享在社区里,这些笔记内容又吸引更多相似消费水平的用户前来。

2. 用户使用场景及用户类型

(1) Abby,女,21岁,在广州上大学。平时喜欢在网上购物,日常生活中需要购买某款新的洗面奶,会先去小红书上搜索该款洗面奶的笔记,看看其他人是如何评价该款洗面奶的,自己是否适合。另外,再看下福利社是否可以购买该款洗面奶。

(2) 露露,女,27岁,在上海工作,兼职网红。平时上班内容枯燥,喜欢在网上晒自己平时的穿搭打扮,通过在网上社区中他人的认可获得满足感,并积攒粉丝。下班后,会在小红书上更新自己的一些穿搭打扮笔记,笔记以图文形式为主。另外,还会与小红书上的粉丝互动留言,回复其他用户的一些问题。通过高质量的笔记累积收藏数,获取更多粉丝,吸引商家注意,进行合作接广告。

(3) Sophia,女,25岁,在杭州工作,白领。闲暇时间,喜欢在小红书上看其他博主推荐分享的笔记。通过笔记,学着化妆,自制健康营养便当,查看去东南亚旅游的攻略等。

(4) 小羽,女,23岁,在北京工作,小透明(网络用语,意指小粉丝)。平时喜欢追星,在小红书上关注范冰冰、小S、胡歌等明星,购物喜好比较偏向相信明星口碑,购买明星发布笔记推荐的产品。

阅读材料,回答以下问题。
1. 小红书为什么能够对用户进行画像?
2. 通过用户观察分析,企业可以获得哪些市场机会?

实训项目

实训名称:实地调查。

实训目的:通过实训项目的演练与操作,初步认知实地调查方法的应用。

实训内容:学生分组,自己当一回"用心的顾客",观察一些小的零售商店、超市,看看能发现什么问题,针对问题提出改进建议,并在一定时间后总结观察的效果。

实训组织:学生分组,实施调查。

实训总结:学生交流活动结果,教师根据观察结论、PPT演示、讨论分享中的表现分别给每组进行评价打分。

学生自我学习总结

通过学习本章,我能够作以下总结。
1. 主要知识点

本章的主要知识点有:
(1)
(2)

2. 主要技能

本章的主要技能有：
(1)
(2)

3. 主要原理

访问调查的基本要领是：
(1)
(2)

4. 主要相关知识点

本章涉及的主要相关知识点有：
(1) 观察调查、实验调查与调查主题的关系有：
(2) 访问调查中人际交往的基本要求有：

5. 学习成果检验

完成本章学习的成果：
(1) 学习本章的意义有：
(2) 学到的知识有：
(3) 学到的技能有：
(4) 我对实地调查的初步印象是：

第 5 章 网络调研

互联网是影响人类未来生活30年的3 000米长跑,你必须跑得像兔子一样快,又要像乌龟一样耐跑。

——马 云

导 语

随着技术的发展,互联网人工智能与大数据在深刻改变着我们的生活。越来越多的人接入互联网、应用互联网,给世界各国带来了新的商业机会。互联网在不断给人们的情感理念、价值取向、道德标准、思维方式、行为习惯等施加影响的同时,也给企业充分了解消费者提供了许多便利。

学习目标

知识目标

(1) 认知网络调研的含义。

(2) 认知网络调研的特征。

(3) 认知网络调研的程序。

(4) 认知网络调研的趋势。

技能目标

(1) 能进行网络二手数据的收集。

(2) 能说明网络调研的具体方式。

(3) 能结合实际进行移动端调研。

调查故事

2015年"3·15"前夕,《解放日报》社会调查中心联合第一调查网,进行一项名为"E时代,您遭遇过哪些消费陷阱"的调查。

这次调查采取在线调查方式,样本总数1 000份。在样本选择时,考虑到各个年龄层次的消费群体,从18岁到55岁以上分5个年龄段:18~25岁、26~35岁、36~45岁、46~55岁和55岁以上各200份。

调查数据显示,有66.9%的被调查者表示有遭遇过消费陷阱;认为在E时代,消费陷阱较以往多了的被调查者,占比55.4%,超过了半数。调查结果显然与人们的惯有认知略有差异。通常情况下,人们会把老年人想象为消费时容易被"忽悠"入坑的群体;但数据却推翻了这一固有思维——消费时,年轻"潮人"们反而容易"入坑";老年人则排在了第二。奇怪吗?

一位被调查者表示"并不奇怪"。因为不同年龄层次的消费者,其消费行为和习惯均有所不同。年轻人消费时往往表现为"三多"——网购多、冲动型多、跟风者多。网购就不去说了,E时代,没有几个年轻人会跑实体店购物;遇到诸如"双十一""双十二"之类的购物节,不管需不需要,狂欢最重要,先抢回一堆东西再说,此乃冲动;好闺密一起玩,Mary买了健身卡我不买,不丢份吗?于是也一起买买买,此乃跟风……正是有了这"三多",让年轻人的消费容易不理智,因此遭遇陷阱多也就不足为怪。

启示:E时代的特征之一,就是无论什么领域的消费,基本上都可在PC端或手机终端完成,同时,也为在线调研的开展提供了一个绝佳的平台。

5.1 网络调研概述

随着信息技术的发展,网络越来越频繁地深入人们的生活中。于是,在传统的面对面市场信息采集基础上衍生出了一种新兴的调查方式——网络调研。利用网络进行市场调查,不仅扩大了调查涉及的人群及地域度,让更多的人能够参与到该活动中,同时也节省了大量的人力、物力,还能够使该调查数据更符合现今的市场状况。

5.1.1 网络调研的含义

网络调研以技术创新为突破口,缩短了数据采集周期,也加快了企业应对市场变化高效决策的进程。网络调研也降低了项目成本,使市场调查从数十万元甚至数百万元的"奢侈品",变成了成长型企业也能买得起、用得好的科学管理工具,降低了市场调查的门槛,加速扩大了市场调研行业的规模。

1. 网络调研的概念

传统调研活动中,一般都存在着调研样本数据采集困难、费用昂贵、周期过长、调研环节监控滞后等一系列问题。随着互联网的不断发展,网民数量不断递增,网络调研将从一股新生形式向主流形式发展,并将最终取代传统的入户访谈和拦截访问等调查方式。

> **重要概念 5-1　　　　　　　　网　络　调　研**
>
> 网络调研是指利用 Internet 技术进行调研的一种方式,主要表现为针对特定营销问题进行简单调查设计、收集资料和初步分析。其大多应用于企业内部管理、商品行销、广告和业务推广等商业活动中。

利用互联网进行市场调查,这项活动开展得比较好的是日本和美国。我国起步比较晚,但近年来有了长足发展,不少网络在线调研公司特别注重理论和技术应用研究。2009年8月12日,国内首个"在线调查联盟"在北京正式成立,来自全国30个省市地区的近50家调研机构共同签署了承诺书。这是中国网络调研领域的第一个行业性组织,"在线调查联盟"的成立,预示着我国网络调研行业将步入一个新的阶段。业界比较有名的调研组织有问卷星、第一调查网、横智网络调查、易调网、集思网、盖洛特市场研究有限公司、数字100市场研究公司、英德知网络调查、Insight.cn(51POINT)、积沙调查、新秦调查、尼尔森、My Survey ASIA、我要调查网等。2017年,中国市场信息协会调查分会报告显示,越来越多的公司开始重视网络调研的应用。

2. 网络调研的特点

可以充分利用Internet作为信息沟通渠道的特性,使网络调研具有传统调查方式所不具备的一些独特的特点与优势。

(1) 网络调研信息收集的广泛性。与受区域制约的传统调查方式相比,互联网没有时空、地域限制。如果利用传统调查方式在全国范围内进行市场调研,需要各个区域代理的配合。

(2) 网络调研信息的及时性和共享性。在数字化飞速发展的今天,网络调研较好地解决了传统调查方式所得的调研结果都存在时效性这一难题。只要轻轻一点,世界上任何一个角落的用户都可以加入其中,从用户输入信息到公司接收,只不过几秒钟的时间。利用计算机软件整理资料,马上可以得出调研的结果。而被调查者只要单击"结果"键,就可以知道现在为止所有被调查者的观点所占的比例,使用户了解公司此次的调研活动,加强参与感,提高满意度,实现了信息的全面共享。

(3) 网络调研的便捷性和经济性。在网络上进行市场调研,无论是调查者还是被调查者,只需拥有一台计算机、一个调制解调器、一部电话(或一台多媒体电视机和一部电话)就可以进行。若是采用问卷调研的方法,调查者只要在企业站点上发出电子调查问卷、提供相关的信息,然后利用计算机对被调查者反馈回来的信息进行整理和分析。这不仅十分便捷,还会大大地减少企业市场调研的人力和物力耗费,缩减调研成本。

(4) 调研结果有较高的准确性。调查者不与被调查者进行任何的接触,可以较好地避免来自调查者的主观因素的影响;被调查者接受询问、观察,均是处于自然、真实的状态;站点的调查者一般都具有一定的文化知识,易于配合调查工作的进行;企业网络站点调查者一般都是对企业有一定的兴趣,不像传统方式下单纯为了抽号中奖而被动回答,所以,网络市场调研结果比较客观和真实,能够反映市场的历史和现状。

5.1.2 网络调研的方式

网络调研的适用范围很广,这一点会随着国际互联网应用的普及逐渐显现出来。网络调研已经取代计算机辅助调研,成为21世纪应用领域最广泛的主流调查方式。

1. 实际调研

实际调研主要包括在线询问、计算机辅助电话询问系统(CATI)、E-mail问卷方式等。

(1) 在线询问。通过Java编写的网站应用程序,随机选择被调查者,并弹出问卷窗口,邀请其参加调查。在线询问与传统询问相似,只是调查人员可以根据计算机显示器上读出的问题,同时向多个被调查者提问,并将他们回答的数据直接输入计算机。此法可在同一时间里与40个人进行询问,且具有较高的经济性。同时,也可以消除从询问表到输入计算机的大量工作和差错。

(2) 计算机辅助电话询问系统(CATI)。计算机辅助电话询问系统以前在美国十分普及,它不仅加强了电话询问在时间和成本方面的优势,同时也突出了方法上的优势。当利用这种方式进行调研时,系统可以根据随机数抽样得出电话号码并拨号,每一位调查者都坐在一台计算机终端或个人计算机前,当被调查者电话接通后,调查者通过一个或几个键启动机器开始提问,需要提出的问题及备选答案便立即出现在屏幕上。同时,计算机系统还会根据被调查者对前面问题的回答,自动显示与被调查者个人有关的问题或直接跳过去选择其他合适的问题。

另外,计算机还能帮助整理问卷,省略了数据的编辑及录入工作。当访谈完成时,有关问卷输入的答案随之消失,因为数据已全部输入计算机。CATI 的另外一个优点便是统计工作可以在任何时候进行,这是用纸笔进行统计无法做到的。

(3) E-mail 问卷方式。调研问卷就是一份简单的 E-mail,并按已选好的 E-mail 地址发出。被调查者回答完毕后将问卷回复给调研机构。一般有专门的程序进行问卷准备,列制 E-mail 地址和收集数据。

2. 虚拟商店

虚拟商店这种市场调研技术是在三维计算机图形技术发展基础上出现的。通过此项技术,市场营销人员可以快速而廉价地在计算机上模拟一个真实的零售商场环境,显示产品及服务、处理订购及询问、处理付款交易、透过网络传送产品及服务等。同时,可以通过客户浏览数据了解客户的购买习性,并创造合适的环境以便在网络上提供产品及服务、了解客户,从而使生意再度上门,并结合客户回馈的意见调整商店。

虚拟商店调研要想追求较高的成功率,必须创造知名度以吸引消费者上网。知名度高,一方面,表示消费者知道这个网站的存在,当有需求时,自然较会成为浏览目标;另一方面,知名度高可增加消费者的信赖,而较易上网进行各种交易。另外,还需建立网上消费者的忠诚度。如网站内容或服务项目契合顾客需要、随时更新数据,以保持各项服务或活动同步进行,同时也可建立和顾客较密切的关系、主动将新信息传达给客户、避免消费者看到过时的数据等。

5.1.3　网络调研的程序

网络调研是企业主动利用 Internet 获取信息的重要手段。与传统调研类似,网络调研必须遵循一定的程序进行,网络调研活动一般包括以下步骤。

1. 确定调研目标

Internet 作为企业与顾客有效沟通的渠道,企业可以充分利用该渠道直接与顾客进行沟通,了解企业的产品和服务是否满足顾客的需求,同时了解顾客对企业潜在的期望和改进的建议。在确定网上直接调研目标时,需要考虑的是被调查对象是否上网、网民中是否存在被调查群体、规模有多大。只有网民中的有效调查对象足够多时,网上调查才可能得出有效结论。

2. 确定调研方式

网络调研主要采用在线询问方式,因此设计网上调查问卷是网上直接调查的关键。由于互联网交互机制的特点,网上调查可以采用调查问卷分层设计。这种方式适合过滤性的调查活动,因为有些特定问题只限于一部分调查者,所以可以借助层次的过滤寻找适合的被调查者。

同时,网络调研大部分是被动调查,即将调查问卷放到网站等待被调查对象自行访问和接受调查,如 CNNIC 每半年进行一次的"中国互联网络发展状况调研"就是采用这种方式。因此,吸引被调查者参与是调查的关键,为提高受众参与的积极性,可提供免费礼品、调查报告等。另外,必须向被调查者承诺并且做到有关个人隐私的任何信息不会被泄露和传播。

3. 分析调研结果

分析调研结果是市场调研能否发挥作用的关键,可以说与传统调研的结果分析类似,也要尽量排除不合格的问卷,这就需要对大量回收的问卷进行综合分析和论证。目前,国际上较为通用的分析软件有 SPSS、SAS、BMDP、MINITAB 和电子表格软件。

4. 撰写调研报告

撰写调研报告是网络调研的最后一步,也是调研成果的体现。撰写调研报告主要是在分析调研结果的基础上,对调研的数据和结论进行系统说明,并对有关结论进行探讨性说明。

课 堂 小 结

任 务 指 标	表 现 要 求	已达要求	未达要求
(陈述性)知识	掌握重要概念、特征和意义		
(实践)技能	能进行职业操作活动		
对课程内容的整体把握	能概述并认知整体知识与技能		
与社会实践的联系程度	能描述知识与技能的实践意义		
其他			

5.2 网络调研的应用

网络调研相应也有两种方式:一种是利用互联网的媒体功能,从互联网收集二手资料,一般称为网上间接调查;另一种是利用互联网直接进行问卷调查等方式收集一手资料,这种方式一般称为网上直接调查。

5.2.1 网络收集二手资料

我们在第 3 章曾提到,二手资料在营销调研前期发挥着非常重要的作用。它能够使问题更明确,并进一步指明解决问题的方向。通过互联网收集二手资料主要包括以下几个方面。

1. 二手资料检索

利用所有的相关关键词和常用的搜索引擎进行一系列的互联网检索,是搜索竞争者信息的首选方法。寻找全球性竞争对手的信息,可以通过 Yahoo、Altavista、Infoseek、Excite、Hotbot、Webcrawler、Lycos、Planetseareh 等进行;收集国内竞争对手的信息,可以通过百度、360 搜索、新浪、搜狗等进行。此外,访问竞争者的网站、收集竞争者网上发布的信息、从其他网上媒体获取竞争的信息等,都是发现竞争者信息的重要途径。

2. 网上论坛调研

网上论坛调研是指通过 BBS 和新闻组对企业的产品进行网上调研。为了弥补网上问卷调研的不足,许多企业设立 BBS 以供调查者对企业产品进行讨论,或者与某些专题的新闻组进行讨论,深入调研获取有关资料。及时跟踪、参与新闻组和公告栏,有助于企业获取一些问卷调研无法发现的问题。因为问卷调研是从企业角度出发考虑问题,而新闻组和公告栏是用户自发的感受与体会,他们传达的信息也往往是比较客观的,网上论坛调研的缺点是信息不够规范,需要专业人员进行整理和挖掘。

3. 博客调研

网络博客传统定义就是经常更新的、充满大量个人观点的发表物或网站链接。企业现在也使用博客与顾客或其他企业进行直接沟通。今天,市场调研人员已经开始利用博客进行品牌维护、事态跟踪、描述顾客、识别未被满足的需求,在大规模调研的探索性调研阶段,博客的作用越来越明显。随着自动发布系统的引入而流行起来的博客,能够发布想象范围之内的无数话题,已经成为相关信息的重要来源。

5.2.2 网络定性调研

定性调研通常围绕一个特定的主题取得有关定性资料,比如,用来考察消费者的态度、感觉、动机、反应,或者用来了解问题的性质及发展的方向。网络焦点小组座谈会、网络深度访谈和网络社区调研是定性调研的三种主要方式。

1. 网络焦点小组座谈会

网络焦点小组座谈会又称焦点团体座谈会,也称座谈会方法,是将一组被调查者集中在调查现场,让他们对调查的主题(如一种产品、一项服务或其他话题等)发表意见,从而获取调查资料的方法。网络焦点小组座谈会是指调查者根据被调查者数据库,找出符合条件的个人,利用电子邮件等方式向他们发出邀请,要求他们在特定的时间登录特定的网站接受访谈。这种方法适用于收集与研究课题有密切关系的少数人员的倾向和意见。

2. 网络深度访谈

网络深度访谈是指调查者从登录网站的上网者中挑选合适的人员进行访谈,也可以从被调查者数据库中选择合适的人员作为调查对象。借助网络的聊天室,调查者和被调查者就调查内容进行交流。

网络深度访谈是一次只有一名被调查者参加的特殊的定性研究。深度访谈技术也暗示着要不断深入被调查者的思想中,努力发掘他人行为的真实动机。网络深度访谈属于一种无结构的个人访问,调查人员运用大量的追问技巧,尽可能让被调查者自由发挥,表达他的想法和感受。

网络深度访谈常用于动机研究,如消费者购买某种产品的动机等,以发掘受访者非表面化的深层意见。这一方法最易于研究较隐秘的问题,如个人隐私问题或较敏感的问题,如政治性的问题。对于不同人之间观点差异极大的问题,应当采用深度访谈法。

网络深度访谈另一个主要应用场合是一些复杂产品(如药物)的使用效果评价,这类评价如果通过最终的消费者(患者)进行,限于缺乏足够的知识,根本达不到目的。只有通过对临床大夫这类专业人士进行深度访谈,才能了解复杂产品的各种性能、表现和缺陷。换言之,网络深度访谈也有调查内容本身具有相当深度的意思。

3. 网络社区调研

网络社区主要是指网上论坛、电子公告板或聊天室等。网络社区调研是指在网上论坛、电子公告板或聊天室与人谈论看法或者倾听与调研项目有关的内容,从而了解人们对调查内容的看法。

拓展阅读 5-1

网上定性调研的优缺点

网上定性调研可以邀请到世界各地的被调查者,无须占用任何场地,组织工作方便、快捷;并且被调查者彼此互不见面,没有群体的压力,没有面对面的尴尬,得到的回答较为真实。与传统的定性调研相比,网上定性调研组织起来时间短、成本低,省去了被调查者或是调查者在路途上花的时间和精力,较好地节约了调查的时间和费用。但是由于没有面对面交流的机会,无法通过调查者的面部表情、肢体语言、语调和行为的变化来判断被调查者的动机与态度,辨别他们回答的真实程度。同样也无法借助调查者表情、语气和肢体语言的改变使被调查者身心放松,更好地参与调查。

5.2.3 网络调研运用的局限

利用互联网进行调查的确具有很多优点,比如、快速、方便、费用低、不受时间和地理区域限制等。另外,由于不需要和用户进行面对面的交流,也避免了当面访谈可能造成的主持人倾向误导,或者被调查者顾及对方面子而不好意思选择不利于企业的问题。尽管网上调查有其优越的一面,但在实际应用中也有一定的局限,主要表现在调查表的设计、样本的数量与质量、个人信息保护等方面。

1. 调查表的设计

无论采取什么调查方式,设计相应的调查表并预先进行测试,在大多数情况下是必不可少的,而且调查表设计水平的高低直接关系到调查结果的质量。由于在线调查占用被调查者的上网时间,因此在设计上应该简洁明了,尽可能少占用填写表单的时间和上网费用(如果一份问卷需要 10 分钟以上的时间,相信多数人没有这种耐心),避免被调查者产生抵触情绪而拒绝填写或者敷衍了事。

2. 样本的数量与质量

样本数量难以保证是在线调查最大的局限之一。如果没有足够数量的样本,调查结果就不能反映总体的实际状况,也就没有实际价值,足够的访问量是一个网站进行在线调查的必要条件之一。

由于网络调研的对象仅限于上网的用户,从网民中随机抽样取得的调查结果可能与消费者总体之间有误差。另外,用户地理分布的差别和不同网站拥有特定的用户群体也是影响调查结果不可忽视的原因。

3. 个人信息保护

为了尽量在人们不反感的情况下获取足够的信息,在线调查应尽可能避免调查最敏感的资料,如住址、家庭电话、身份证号码等。此外,被调查者提供信息的真实性直接影响在线调查结果的准确性。所以,对于网上被调查者的某些信息(尤其是个人信息)的真实性和准确度要大打折扣。

课 堂 小 结

任务指标	表现要求	已达要求	未达要求
(陈述性)知识	掌握重要概念、特征和意义		
(实践)技能	能进行职业操作活动		
对课程内容的整体把握	能概述并认知整体知识与技能		
与社会实践的联系程度	能描述知识与技能的实践意义		
其他			

5.3 网络调研的发展

如前所述,互联网作为一种特殊的媒体和信息沟通渠道,非常适合进行各种网上调研活动。大多数企业现在都在网络上实施调研活动,网络调研也被看作网络时代企业进行市场调研的主要手段。随着世界范围内互联网用户的增多,一个国家居民的性格特点和互联网用户的性格特点正趋于同化。由此,网络调研必将迎来更新、更大的发展。

5.3.1 商业在线专家小组

目前,许多调研人员通过求助商业在线专家小组(commercial online panels)来推进其市场调研活动,如将问卷托管在那些提供商业在线专家小组的网站上,由小组成员协助完成市场调研。

重要概念 5-2	商业在线专家小组

商业在线专家小组是指一些提供市场调研服务的企业通过招募数量众多的行业人士,组成在线调研小组,当服务对象有调研需求时,这些行业人士可以参与不同主题的在线问卷回答的一种调研方式。

商业在线专家小组不是专门为某一个公司或某个项目设立的,是为了许多不同公司的综合项目设立的。这些公司需要投资一些钱用于提前招募那些愿意参与在线市场调研的人。有的在线小组的成员数量成千上万,专门从事某一行业的调研,如建筑、医疗或技术产业,而一些大的商业在线专家小组则包括数百万人,可以参加不同主题的在线问卷调查。当人们加入专家小组时,他们要填写大量含有个人信息的问卷,包括人口统计信息、生活方式和心理情况等。这样,专家小组提供者就能记录每个成员的细节信息,也就能很好地将小组成员与调研目标进行匹配。

商业在线专家小组调研确实能够有效降低调研成本和时间,但其调研的质量却取决于小组的管理水平。影响商业在线专家小组调研的因素包括成员招募方式、小组成员的参与度、小组的管理等。

1. 成员招募方式

采用何种方法招募专家小组成员对于调研结果至关重要。如果某项调研是针对该产品的普通消费群体进行的,评估小组成员招募方式的标准就是其样本能否代表普通大众消费者。同样,如果调研项目需要商务人士,小组招募就要采用适当的方法从商务人士的范畴挑选成员。理想情况下,一个在线专家小组应该能够很好地代表调研的目标人群。从本质上看,招募在线专家小组成员主要有两种方式:公开招募和邀请招募。

(1)公开招募。公开招募是指通过广告吸引正在上网的人们。在线专家小组公开招募允许任何有网络资源的人"自我选择"并加入小组。这样做的好处是能够利用网上冲浪并被在线广告所吸引的人快速建立起一个网络在线专家小组。

这种招募最大的缺点是对于被招募对象的身份无法控制。公开招募可能会吸引上百万拥有相似特征的网络用户,但很可能这是一些对网络广告反应灵敏,或者利用搜索引擎寻找加入专家小组机会的人,有时不能很好地代表普通大众。

(2)邀请招募。邀请招募是指只邀请那些经过再次验证或已分享已知信息的个人加入小组。"只通过邀请"的方式使小组调研人员可以招募到符合某种人口特征的人,可以作为委托人所调研人群的代表性样本,或者满足委托人的某种具体需求。例如,为了确保充足的小组成员,小组服务商可能要从高级零售商的顾客中招募。要招募青少年时,就要瞄准主营青少年服装市场的零售商;要招募经营决策者,要从服务于商人的公司着手,如航空公司、酒店、汽车租赁公司和商业出版物的订阅者。

"只通过邀请"的方式能很好地控制谁会被邀请,从而很好地解决专业调研接受者的问题。需要特别注意的是,小组的组成取决于接收到邀请的人,这一组成可能因为某一作为招募来源的客户而有倾向性。因此,"只通过邀请"的小组需要与不同领域的许多公司合作,从而获得大量多样化的招募来源,确保小组能够很好地代表目标人群。

2. 小组成员的参与度

为了使无应答偏差最小化,必须提高小组成员的参与度,这对于调研的成功是至关重要的。因此,了解如何管理商业在线专家小组、采取何种激励手段非常重要。在线问卷的响应率有时变化很大,有的群体回答率仅5%,而有的则可达到近30%,有时在提前筛查过的群体中回答率甚至超过60%。随着电话访谈的回答率逐渐降低,商业在线专家小组调研将发挥出越来越重要的作用。

参与度的高低受几个因素的影响,包括小组成员对调研过程产生的兴趣,他们参加问卷调查和焦点小组访谈的总体经验,以及调研的题目等。当然,其中一个主要的驱动因素是激励机制。

一般来说,在线小组使用两种激励模式:抽取奖励式和全部奖励式。抽取奖励式为问卷参与者提供参加抽奖的机会,通常是大笔现金,但得奖的概率非常低;全部奖励式是指对完成问卷的每个参与者均给予小额的奖励,作为对他们所付出时间的报酬。

选择合适的激励模式是非常重要的。合理的激励模式不仅影响问卷回答率,对小组成员的维持率也产生影响——通过小组成员的基本资料,可以在需要时快速锁定某一类型的参与者,因此保持小组成员的稳定很重要。当小组成员觉得自己付出的时间和努力没有得到应有的回报时,就不那么愿意参加问卷调查了。

3. 小组的管理

除了有效的小组招募和小组成员的参与外,在线小组提供者必须有效地持续管理他们的小组,确保高水平的质量,要保证小组成员每次参与问卷调查的经历都是积极的。良好的小组管理包括频率控制,即控制小组成员参加问卷的次数不要过多或过少。小组成员应该获得足够的机会参与问卷调查,使他们能够有效地融入调研过程,但也要避免给他们过多问卷而造成负担。其他因素还包括保证参与者的隐私、保护个人信息、防止试图利用在线问卷作为销售渠道的假冒问卷调查("假市场真推销"——以市场调研做掩饰的销售)。

小组提供者要持续不断招募新成员以满足持续增长的在线样本需求,或者当有成员退出时能够及时补充。即使是小组维持率很高的情况下,也会出现一些成员对待问卷积极性下降的情形。此外,通过招募新成员还有助于接触到一些难以接触的细分群体,并且平衡小组成员的构成,最大限度地代表所有群体。

此外,小组管理还包括确保小组信息的更新。随着小组成员的变化,他们的信息资料要随之更新。更新的个人资料确保小组提供者能够持续地为调研提供合格的人群。

5.3.2 移动网络调研

《中国移动互联网2018年度大报告》资料显示,截至2018年年底,中国移动互联网活跃用户规模达到11.3亿,移动互联网月人均单日使用时长突破341.2分钟。随着网络的不断发展,移动电话已经成为许多消费者进行沟通的首选方式。移动电话具备了4种传统调研方式的特点——面对面调查、邮寄调查、电话调查和网络调研,同时又具备地理位置与及时获取结果的优越性。随着移动应用支持设施的增加,移动端调研活动已经成为未来市场调研活动的主流形式之一。

1. 移动网络调研的优点

传统的调研活动中,调研人员经常要求消费者回忆他们的经历和感受。智能手机既可以让调研人员通过地理定位、地理围栏技术或移动分析观察被调查者所在的地点,也能够在移动调研中询问他们的实时反馈。当一个使用智能手机的人跨越了一个地理围栏时,就会引发一个特定位置的调查。例如,一个顾客可能要离开王府井百货,就会被要求回答关于购物体验的一些问题。此外,还可能问到一些对每个产品的位置、店内促销效率的关注程度及购买意图。

除了可以定位消费者以外,移动网络调研还有以下优点:回答率更高且速度更快、调查便利性更强、调查面更广、被调查者配合度更高、调研内容更丰富、能够即时收到反馈、成本更节约。

2. 移动网络调研的运用

移动网络调研行业的重心已经转移到了通过 WAP 协议或者为特定的运行系统(如苹果手机或安卓设备)设计的调研应用来实施调研,调查应用能被嵌入已经存在的应用中。"移动调研通"就是央视市场研究(CTR)开发运营的一款在智能手机终端上进行移动网络调研的手机应用。用户可以利用自己的碎片化时间在移动网络调研通过 App 做调查问卷获得支付宝现金、微信现金或金豆奖励,金豆也可兑换成现金。用户通过问卷表达的观点,将用于产品研发、商业决策,对未来产品和服务的优化改进提供事实依据。

3. 移动网络调研问卷设计

移动网络调研问卷设计有以下要求。

(1) 移动网络调研问卷必须短小精悍,10 个问题或更少一些最好。这是因为用户界面和数据传输速率的限制使问卷传到移动设备上需要更长的时间。

(2) 移动网络调研问卷必须将页数降到最少。因为每一次翻页时,被调查者都必须等待,会导致被调查者耐心不足。

(3) 问题的类型要简单。单维度的复选框或选择题要比多维度的网络问题更好,因为后者在小屏幕下很难完成。尽量不使用开放式问题,因为它需要被调查者打字输入。

(4) 所有的无关内容都应该降到最少。屏幕上出现的任何东西都需要额外的加载时间和虚拟内存,甚至一个进度条都增加了加载时间且需要垂直滚动。

课 堂 小 结

任 务 指 标	表 现 要 求	已达要求	未达要求
(陈述性)知识	掌握重要概念、特征和意义		
(实践)技能	能进行职业操作活动		
对课程内容的整体把握	能概述并认知整体知识与技能		
与社会实践的联系程度	能描述知识与技能的实践意义		
其他			

本章小结

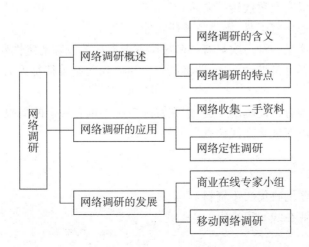

重要概念

网络调研 商业在线专家小组

课后自测

一、选择题

1. 网络实际调研主要包括（　　）。
   A. 在线询问 B. 计算机辅助电话询问系统（CATI）
   C. E-mail 问卷方式 D. 系统抽样
2. 网络定性调研的主要方式包括（　　）。
   A. 网络焦点小组座谈会 B. 网络深度访谈
   C. 网络社区调研 D. 线下访谈
3. 网络社区调研是指在（　　）与人谈论看法或者倾听与调研项目有关的内容。
   A. 网上论坛 B. 电子公告板
   C. 聊天室 D. 线下
4. 一般来说，在线小组使用的两种激励模式是（　　）。
   A. 抽取奖励式 B. 全部奖励式
   C. 物质奖励式 D. 现金奖励式
5. 招募在线专家小组成员主要的两种方式是（　　）。
   A. 公开招募 B. 邀请招募
   C. 随机招募 D. 判断招募
6. 移动网络调研优点包括（　　）。
   A. 回答率更高且速度更快
   B. 调查便利性更强、调查面更广
   C. 被调查者配合度更高、调研内容更丰富
   D. 能够即时收到反馈、成本更节约

二、判断题

1. 网络调研可以完全替代传统调研。（　　）
2. 企业博客只是广宣工具，不具备调研功能。（　　）
3. 网络深度访谈是一种一次只有一名被调查者参加的特殊的定性研究。（　　）
4. 网络调研大部分是被动调查，即将调查问卷放到网站等待被调查对象自行访问和接受调查。（　　）
5. 尽管网上调查有其优越的一面，但在实际应用中也有一定的局限。（　　）
6. 样本数量难以保证是在线调查最大的局限之一。（　　）

三、简答题

1. 网络调研有哪些特点？
2. 怎样运用互联网收集二手资料？
3. 如何运用商业在线专家小组？

4. 移动网络调研的优点有哪些？

5. 移动问卷设计应该注意哪些问题？

案例分析

案例　AB集团的网络营销调研

AB集团是我国酒类行业的大型企业，其主要产品是伏特加（Vodka）酒及分析级无水乙醇。其中，无水乙醇的销量占全国的50%以上，主要出口俄罗斯等国家。但是，随着这些国家经济形势的日趋恶化，出口量逐年减少。AB集团决定从2018年的下半年开始通过互联网进行网络营销调研，并在此基础上开辟广阔的欧美市场。

AB集团确定了营销调研的三个方向。

（1）价格信息。包括生产商报价、批发商报价、零售商报价、进口商报价。

（2）关税、贸易政策及国际贸易数据。包括关税、进口配额、许可证等相关政策，进出口贸易数据，市场容量数据。

（3）贸易对象，即潜在客户的详细信息。包括贸易对象的历史、规模、实力、经营范围和品种、联系方法等。

AB集团制定了信息收集途径。

（1）价格。主要有两种：一种是生产商报价，包括厂方站点、生产商协会站点、讨论组和Trade-Lead（有两种方式：按国家分别检索、常用站点每周例行检索）；另一种是销售商报价，包括销售商站点、政府酒类专卖机构和商务谈判信息。

（2）关税、贸易政策及国际贸易数据。主要包括检索大型数据库、向已经建立联系的各国进口商发送E-mail、相关政府机构站点和新闻机构站点查询。

（3）贸易对象的详细信息。主要包括目录型、数量型、地域型搜索引擎，黄页，专业的管理机构及行业协会站点和各国酒类专卖机构站点。

AB集团开始组织价格信息的收集。

1. 价格信息的收集

对价格信息的收集从以下几个方面入手。

（1）生产商的报价。收集生产商的报价从以下几个方面入手：①搜索厂方站点。这种方法的关键是如何查找到生产商的互联网站点，找到了厂商的站点也就找到了报价。有的站点还提供最新的集装箱海运的运价信息，也有很高的参考价值。搜寻厂商站点，常用的方法是利用搜索引擎，即依靠利用关键字进行数据检索。②利用生产商协会的站点。这类站点也可通过搜索引擎查询到。通常，生产商协会的网站上都列出了该生产商协会所有会员单位的名称及联系办法，但是一般都没有列出这些会员单位自己的网站。主要原因是这类协会的网站建立时，绝大部分的协会会员还没有建立网站。③利用讨论组。讨论组中的报价也大都是生产企业的直接报价。从事国际贸易的企业一般是加入Business中的进出口组，在这个专业的讨论组中可以发现大量关于进出口贸易的信息，然后输入关键字进行查询，可以寻找到所需要产品的报价。

（2）销售商的报价。收集销售商的报价可以从几个方面入手：①销售商站点中的报价。找到销售商的站点，也就找到了它们的报价。也可利用各种搜索引擎的关键词来查找销售商站点。②政府酒类专卖机构的价格。在某些国家或地区,政府的酒类专卖机构是唯一的进口商和批发商。③在商务谈判中定价。商品的最终价格往往要通过商务谈判才能确定,这种方式非常复杂,耗费的时间和金钱也最多,但它却是现阶段商业定价的最重要的方法,也最能体现供需双方的信息。

2. 关税及相关政策和数据的收集

(1) 通过大型数据库检索。互联网中包含大量的数据库,其中大型的数据库有数百个,与国际贸易有关的数据库至少有几十个,其中有的收费,有的免费。

(2) 向已建立联系的各国进口商询问。这是一种非常实用、高效而且一举两得的方法,不但考察了进口商的业务水平,确认其身份,而且可以收集到最直接有效的信息。

(3) 查询各国相关政府机构的站点。随着互联网的高速发展,很多政府机构都已经上网,建立了独立的网站。用户可以针对不同的问题去访问不同机构的站点,许多问题都可以得到非常详尽的解答。

(4) 通过新闻机构的站点查询。世界上各大新闻机构的站点是宝贵的信息库,特别是国际上著名的几家新闻机构(如 BBC、CNN、Reuter 等),其每天 10 万字以上的新闻是掌握实时新闻和最新信息的捷径。

3. 各国进口商的详细信息的收集

(1) 利用 Yahoo 等目录型的搜索引擎。Yahoo 的优势在于其分类目录把信息按主题建立分类索引,按字母顺序列出了 14 个大类,可以按照类别分级向下查询。

(2) 利用数量型的搜索引擎。数量型的搜索引擎都支持关键词的检索,对于支持布尔逻辑搜索的引擎,还可以把词义相近的词语组合起来进行一次性的查询。

(3) 通过地域型的搜索引擎。互联网上的 URL 浩如烟海,各大搜索引擎所能收集的毕竟是少数。这就要求检索者学会利用各种地域型的、规模较小的搜索。

(4) 通过 YellowPage 等商业搜索引擎。比较著名的搜索引擎都提供商业黄页服务。一般来说,这些商业黄页服务都不是自成一体的,都链接着某一个专业的商业搜索引擎。

阅读材料,回答以下问题。

1. 该集团运用到了哪些网络调研方法?
2. 你还可以提出哪些建议?

实训项目

实训名称:网络调研。

实训目的:认知互联网二手资料收集。

实训内容:

(1) 自行设定市场调查主题(2018 年我国对外贸易状况、国民经济运行状况等),进行网络资料收集。

(2) 尝试整理资料,并编写成一份报告。

实训组织:学生分小组,根据不同主题进行资料收集,并尝试运用多个资料来源渠道相互佐证,找到权威、真实的二手资料。

实训总结：学生小组交流不同设计成果，教师根据二手资料收集方案的设计、对资料收集的权威程度、PPT 演示、讨论分享中的表现分别给每组进行评价打分。

 学生自我学习总结

通过学习本章，我能够作以下总结。

1. 主要知识点

本章的主要知识点有：
(1)
(2)

2. 主要技能

本章的主要技能有：
(1)
(2)

3. 主要原理

网络调研在市场调查活动中的地位与作用是：
(1)
(2)

4. 主要相关知识点

本章涉及的主要相关知识点有：
(1) 网络调研与市场调查成本的关系是：
(2) 网络调研的优点有：
(3) 网络调研待解决的问题有：

5. 学习成果检验

完成本章学习的成果：
(1) 学习本章的意义有：
(2) 学到的知识有：
(3) 学到的技能有：
(4) 我对网络调研的初步印象是：

第 6 章

抽样调查

抽样使我们能从总体具有代表性的部分样本中获取数据,从而可以得到关于整个总体的有效结论。

——[英]托尼·普罗科特

导 语

你一定听说过"事半功倍"这个成语。在调查活动中,你不想放过任何蛛丝马迹,这种职业精神值得肯定。可是,你想过没有：如果你想尽览浩如烟海的市场信息,显然费时、费力。通过运用抽样的办法,选择有代表性的样本来替代市场总体,就是一种非常好的办法。

学习目标

知识目标
(1) 认知抽样调查的含义。
(2) 认知抽样调查的特征。
(3) 认知抽样调查的程序。
(4) 认知抽样调查的意义。

技能目标
(1) 能选择抽样方式。
(2) 能说明抽样误差及其影响。
(3) 能结合实际进行简单抽样。

调查故事

一家陶瓷制品企业为了检验最新一批产品的抗震性,总会从中选取几只,然后打碎来推断出这一批产品的整体质量水平,而非全部打碎进行验证。这就是生活中最常见的抽样调查。

20世纪30年代早期,美国有位名叫盖洛普的学者制订了一套抽样方案。他举例说,有7 000个白豆子和3 000个黑豆子十分均匀地混在一起,装在一只桶里。当你舀出100个豆子时,你大约可以拿到70个白豆子和30个黑豆子,而且你失误的概率可以用数学方法计算出来。他将这套方法运用于民意测验。1932年,一家广告代理商邀请他去纽约创立一个评估广告效果的调查部门。同年,他利用他的民意测验法帮助他的岳母竞选爱荷华州议员。这使他确信他的抽样调查方法不仅在数豆子和报纸读者调查方面有效,并且有助于选举人。只要你了解到的抽样范围具有广泛性：白人、黑人、男性、女性、富有、贫穷、城市、郊区、共和党、民主党。只要有一部分人代表他们所属的总体,他就可以通过采访相对少的一部分人来预测选举结果或反映公众对其关心问题的态度。盖洛普证实,通过科学抽样,可以准确地估测出总体的指标。同时,在抽样过程中,也可节省大量资金。

启示:通过数豆子发明了抽样调查,这就是现代抽样方法的先驱——盖洛普的经历。今天,抽样调查已经成为比较科学的一种调查方式,发挥着越来越重要的作用。

6.1 抽样调查概述

上海市一家玻璃制品企业为了检验最新一批产品的质量,总会从中选取几只,进行挤压、踩踏来测试其抗压、抗震性能。需要注意的是,只打碎几只,就可以推断出这一批产品的整体质量水平,而不是全部打碎进行验证。这就是最常见的抽样调查。

根据对象的涵盖面大小,市场调查可分为全面调查和非全面调查。全面调查是指通过对总体中的每个个体信息进行调查,并汇总得到其特征的一种调查方式,其具体形式主要是普查。我国以 2010 年 11 月 1 日零时为标准时的全国第六次人口普查就属于全面调查。非全面调查是指调查范围只包括调查对象中一部分单位的调查方式,即只对总体的部分单位进行登记或观察,具体的形式包括非全面统计报表、重点调查、典型调查、抽样调查等。

在实际调查活动中,抽样调查是非全面调查的主要形式。出于节约人力、物力与财力,缩短调查周期的考虑,抽样调查的应用范围也非常广泛。

6.1.1 抽样调查的含义

作为一种非全面调查,抽样调查是从全部调查研究对象中抽选一部分单位进行调查,并据以对全部调查研究对象作出估计和推断的一种调查方式。其目的在于取得反映总体情况的信息资料,因而,也可起到全面调查的作用。

1. 抽样调查的概念

作为目前国际通行的一种比较科学的现代调查方式,抽样的理论基础是概率论;在实践中,科学、合理设计的抽样调查也具有其他调查方式无法比拟的优点。

> **重要概念 6-1   抽 样 调 查**
>
> 抽样调查也称抽查,是指从所要调查的总体中挑选出一部分个体作为样本,对样本进行调查,并根据抽样所得到的结果推断总体的一种专门性的调查活动。抽样调查的使用非常广泛,且作用很大。

广义上,抽样调查是一种专门组织的非全面调查,包括随机抽样与非随机抽样;狭义上,抽样调查就是指随机抽样。日常生活中所说的抽样调查大多是指随机抽样调查。

2. 抽样调查的特点

作为一种非全面调查,抽样调查具有以下优点。

（1）费用低，较易广泛采用。样本容量只是总体中的一小部分，确定合理的样本容量既可以把调查对象降低到较少的程度，又能保证调查的有效性，减小调查工作量，降低费用开支。同时，由于抽样调查只需较少的人力、物力、财力，企业易于承担，容易组织和实施。

（2）质量可控，可信度高。由于抽样调查是建立在科学的数理统计分析基础之上的，因此，只要能够按照科学合理的程序进行抽样，就可以排除个人主观因素的影响，保证样本的代表性，将误差控制在一定的范围内，确保获取信息资料的可靠性和准确性。同时，由于调查样本的数量较少，可以最大限度地减少工作性误差，从而提高调查的质量。

（3）时间短，收效快。对市场营销预测和决策来说，要求相关信息在较短的时间内得到，特别适合用抽样方式来调查部分总体，从而使企业迅速适应市场的变化。

当然，抽样调查也有缺点。抽样技术方案设计比较复杂，对于设计人员的要求较高。如果抽样技术方案设计存在比较严重的缺陷，将会导致整个调查工作的失败。

课堂讨论 抽样调查的依据是什么？

6.1.2 抽样调查的基本术语

为了进一步理解抽样调查的含义，我们还应该理解以下基本术语。

1. 总体与抽样总体

总体又称全及总体、母体，是指所要调查对象的全体，有有限和无限之分。有限总体的数量可以确定，无限总体的具体数值则无法准确确定。抽样总体又称为样本量或样本，是指从总体中抽取出来所要直接观察的全部单位。每一个被抽到的个体或单位就是一个样本。

例 6-1

某高职院校想要了解全校大学生的手机使用情况，按照抽样理论，可以从全体学生中抽取部分学生进行分析。其中，全校大学生是总体，抽取出来的部分学生是抽样总体。

2. 样本容量与样本个数

样本容量又称样本数，是指一个样本的必要抽样单位数目。必要的样本单位数目是保证抽样误差不超过某一给定范围的重要因素之一。样本个数是指从一个总体中可能抽取的样本数目。当样本容量一定时，样本的可能数目便由抽样方法决定。

3. 抽样框

抽样框就是所有总体单位的集合，是总体的数据目录或全部总体单位的名单，是抽样调查中的基础工作。抽样框往往只是我们脑海中的理想情况，多数情况下，这种理想状况是不存在的，调查者只能寻找一些事物来代替，如现成的电话簿、企业名录、企事业单位职工名单、工商局企业数据库、行业年鉴等。

在可供选择的抽样框中，选取一个尽可能与理想的完整抽样框相近的抽样框，应具备以下两个条件：①包含尽可能多的样本单位，而且总体是清晰的、易确定的。②所有样本单位出现在这一集合中的概率相等，即在这一抽样框中每个样本单位出现的机会相同。当以上条件难以在现实中得到满足时，可以按照一定原则方法进行人为的假定。

4. 抽样单元

为了方便抽样,人们常常将总体划分成互不重叠且又有限的若干部分,每个部分称为一个抽样单元。

例 6-2

某高职院校为了解学生的手机使用情况,在进行抽样时,可以先按照年级把全校学生划分为一年级、二年级、三年级,作为一级抽样单元,再按照学院(系部)划分为二级抽样单元,还可以再按照专业进一步细分为三级抽样单元。

5. 重复抽样与不重复抽样

按抽取样本的方式不同,抽样可以分为重复抽样和不重复抽样。

重复抽样又称放回式抽样,是指每次从总体中抽取的样本单位,经检验之后又重新放回总体,参加下次抽样,这种抽样的特点是总体中每个样本单位被抽中的概率是相等的。

不重复抽样也叫作"不放回抽样""不回置抽样",是从全及总体中抽取第一个样本单位,记录该单位有关标志表现后,这个样本单位不再放回总体中参加下一次抽选的方法。

可见,不重复抽样时,总体单位数在抽选过程中是在逐渐减少,各单位被抽中的可能性前后不断变化,而且各单位没有被重复抽中的可能。

6.1.3 抽样误差的确定

抽样调查的基本原理就是用少量样本去推断总体,而在这一过程中,抽样误差是衡量抽样调查准确性的一个重要指标,抽样误差越大,表明抽样总体对全及总体的代表性越小,抽样检查的结果越不可靠;反之,抽样误差越小,表明抽样总体对全及总体的代表性越大,抽样检查的结果越准确可靠。

1. 抽样误差的概念

要了解抽样误差的含义,我们应该首先认知市场调查活动中引发抽样误差的其他一些概念或术语,并理解它们之间的关系。

(1) 统计误差。统计误差是指调查结果所得的统计数字与调查总体实际数量之间的离差。如对某市的工业增加值进行调查的结果为 94 亿元,而该市工业增加值实际为 93 亿元,那么,统计误差就是 1 亿元。

(2) 登记性误差与代表性误差。根据产生原因的不同,统计误差可分为登记性误差和代表性误差。①登记性误差是由于主观原因引起的登记、汇总或计算等方面的错误而发生的误差,不管是全面调查或是非全面调查都会产生登记性误差。②代表性误差只有非全面调查中才有,全面调查不存在这类误差。非全面调查由于只对调查现象总体的一部分单位进行观察,并用这部分单位计算出的指标来估计总体的指标,而这部分单位不能完全反映总体的性质,它与总体的实际指标会有一定差别,这就发生了误差。

(3) 偏差与随机误差。代表性误差又可以分为偏差与随机误差。①偏差是指抽样过程中违反随机原则或抽样方式不恰当而产生的误差。②随机误差是指抽样过程中由于按照随机从总体中抽取部分单位作为样本,这一活动本身就具有一定的随机性与偶然性,因此样本和总体在结构上就不可能一致,据此计算的样本指标数值与总体指标数值之间存在误差。

（4）实际误差与抽样平均误差。随机误差又可以分为实际误差与抽样平均误差。实际误差是指某一次抽样结果所得的样本指标数值与总体指标数值之间的差别,一般无法获知。抽样平均误差是指一系列抽样可能结果的样本指标的标准差,即通常所说的抽样误差。它反映了样本统计量与相应总体参数的平均误差程度,也表示用样本统计量推断总体的精准程度。

（5）抽样误差。抽样误差是指因抽样的随机性而引发的样本指标与全及总体指标之间的平均误差。

2. 抽样误差的影响因素

（1）被调查总体各单位标志值的差异程度。被调查总体各单位标志值的差异程度越大,即总体的方差和均方差越大,抽样误差也就越大;反之,抽样误差越小。如果被调查总体各单位标志值之间没有差异,抽样指标和总体指标相等,那么抽样误差也就不存在了。

（2）抽取的调查个体数目。在其他条件不变的情况下,抽样单位数越多,抽样误差就越小;反之,抽样误差就越大。当抽样单位数大到与总体单位数相同时,也就相当于全面调查,抽样误差也就不存在了。

（3）抽样调查的组织方式。抽样误差也受到抽样调查的组织方式的影响。通常,按照系统抽样和分层抽样方式组织抽样调查,由于经过排队或分类可以缩小差异程度,因而在抽取相同数目样本的情况下,其抽样误差要比用简单随机抽样方式小一些。

案例 6-1

样本设计带来的误差

1936 年,美国正从经济大萧条中复苏,全国仍有 900 万人失业。当年的美国总统大选,由民主党员罗斯福与共和党员兰登进行角逐。《文学文摘》(*Literary Digest*)杂志对结果进行了调查预测。他们根据当时的电话号码簿及该杂志订户俱乐部会员名单,邮寄 1 000 万份问卷调查表,回收约 240 万份。工作人员获得了大量的样本,对此进行了精确的计算,根据数据的整理分析结果,他们断言:在总统选举中,兰登将以 370∶161,即以 57% 对 43%,领先 14 个百分点击败罗斯福。与之相反,一个名叫乔治·盖洛普的人,对《文学文摘》调查结果的可信度提出质疑。他也组织了抽样调查,进行民意测验。他的预测与《文学文摘》截然相反,认为罗斯福必胜无疑。结果,罗斯福赢得了 2 770 万张民众选票,兰登得到 1 600 万张民众选票;罗斯福赢得了除缅因州、佛蒙特州以外 48 个州的民众选票,获得选举团 523 张选票的 98% 以上,而兰登的选票低于 2%(8 张)。最终,罗斯福以 63% 对 37% 压倒性地大胜兰登。这一结果使《文学文摘》销声匿迹,而盖洛普则名声大振。

在 1936 年,能装电话或订阅《文学文摘》杂志的人,在经济上都相对富裕。而《文学文摘》杂志忽略了许多没有电话及不属于任何俱乐部的低收入人群。因当时政治与经济分歧严重,收入不太高的大多数选民选罗斯福,占投票总数比例较小的富人则倾向选兰登,所以选举结果使《文学文摘》大跌面子。

评析:《文学文摘》的教训告诉我们,抽样调查时,既要关注样本的多少,又要关注样本的代表性。

课 堂 小 结

任 务 指 标	表 现 要 求	已达要求	未达要求
（陈述性）知识	掌握重要概念、特征和意义		
（实践）技能	能进行职业操作活动		
对课程内容的整体把握	能概述并认知整体知识与技能		
与社会实践的联系程度	能描述知识与技能的实践意义		
其他			

6.2 抽样调查的实施

不同的抽样工作人员由于多种原因，会带来抽样误差。与此同时，不同的抽样组织形式，抽样误差的大小也是不同的。

6.2.1 抽样调查的准备

抽样误差尽管是客观存在的，但却是可以控制的，而且也必须控制在一定范围内。为了减小误差，可以从以下几个方面着手做好准备工作。

1. 选择正确的抽样组织形式

为了减小抽样误差，在抽样之前，可以将抽样组织形式分类或排队，以便对误差加以控制。如在概率抽样下，首先根据调查经验，按有关标志排队的等距抽样方式的误差最小；其次是类型抽样（也称分层抽样）的误差；再次是按无关标志排队的等距抽样；最后是简单随机抽样的误差，整群抽样的抽样误差最大。

> **重要概念 6-2　　　　　　　　概 率 抽 样**
>
> 概率抽样也称为随机抽样，是指按照随机的原则从总体中抽取一定数量的单位作为样本进行调查分析。这种方式下，每个单位都具有同等被选为样本的可能性。

2. 确定恰当的样本数

通常情况下，样本数量与抽样误差之间是一种反方向变动关系，即样本数目越多，抽样误差越小；反之亦然。因此，确定样本数目时，应该在调查的经济性前提下，尽可能使样本数目多一些。

3. 保证人员的专业性

为了保证抽样调查的质量，减少误差，一般应由专门的市场调查人员负责抽样工作，并严格按照规范操作,尽可能地减少由于抽样系统本身引起的误差和人员因素造成的误差。

6.2.2 抽样调查的程序

市场抽样调查,特别是随机抽样,有比较严格的程序,只有按一定程序进行调查,才能保证调查顺利完成,取得应有的效果。通常,抽样调查的程序包括以下环节,如图6-1所示。

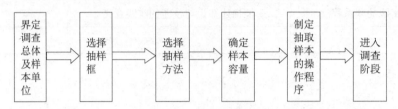

图6-1 抽样调查的程序

1. 界定调查总体及样本单位

为了满足调研目的,应该详细说明和描述提供信息或与所需信息有关的个体或实体所具有的特征,确定调查范围及总体单位。

调查总体是指市场调查对象的全体。它可以是一群人、一家企业、一个组织、一种情形或一项活动等。调查总体界定不准确,轻则使调研无效,重则误导调研。调查总体的界定就是确定在实施抽样时哪些对象应包括在内,哪些对象不应包括在内。调查总体应根据个体、抽样单位、范围和时间来界定。

样本单位是总体中互不相交的各个部分,也就是说,总体中的每一个个体应该属于而且只属于一个单位。样本单位是抽样的基本单位,有时是个人,有时是家庭或公司等。假设某公司想了解其目标消费者群"25周岁以下的青年人"对某新型移动电话的评价,一种选择是直接对25周岁以下的青年人进行抽样调查,此时样本单位与个体相同;另一种选择是对所有包含25周岁以下青年人的家庭抽样,然后再访问18周岁以下的青年人,这里的样本单位是家庭,范围是指地理界线。

> **拓展阅读6-1**
>
> **调查总体描述**
>
> 调查总体通常可以从以下几个方面进行描述。
>
> (1) 地域特征。地域特征是指总体单位活动的范围或区域,可能是一个城镇、一个城市、整个国家或是许多国家。有时是指总体单位的户籍所在地或长期居住地。如在向山西推介北京的房地产前进行的市场调查,山西即为此次调查活动的地理区域。
>
> (2) 人口统计学特征。考虑到调查目标和企业产品的目标市场,我们要着重考虑人口统计学变量方面具有某些特征的总体单位。如在调查卷烟市场时,被调查者主要为男性,而其中18岁以上50岁以下被调查者的意见是最关键的,其他年龄段被调查者意见相对意义不大(许多国家的法律规定,未成年人是不允许吸烟的)。

(3) 产品或服务使用情况。同质产品的共同特征通常根据产品或服务使用情况来定义。如调查本企业产品的满意程度时，被调查者应该是其产品的使用者，甚至还要根据其使用本产品的行为如频率与次数的描述来判断和确定。

(4) 对产品或服务的认知度。企业在传递其产品信息时，所采取的方式有很多种而企业总是想了解每一种方式传递信息的效果如何、消费者对产品的理解状况等。

2. 选择抽样框

如前所述，理想状态下的完整抽样框是很难获得的，往往需要其他的事物代替，如果无可替代物，可由调查人员自行编制。

需要注意的是，在这些可选择的替代物中有的可能包括部分非总体单位，调查人员仍然可以使用它，但是要注意应对样本按照确定的总体单位特征进行过滤。

抽样框的作用是准确、方便地抽样。通常，总体和抽样框之间不一定完全一致，某些情况下，这种不一致性可以忽略不计，但大多数情况下，调查人员必须处理抽样框误差。这里介绍两种处理方法。

(1) 根据抽样框重新界定总体。如果抽样框是电话簿，则家庭成员总体可以被重新界定为指定区域内被正确地列入电话簿中的那部分家庭的成员。

(2) 筛选个体。在数据收集阶段，通过筛选被调查对象来解释并说明抽样框误差。可以依据人口统计特征、产品的使用习惯特征等筛选被调查者，该做法的目的是剔除抽样框中不适当的个体。

3. 选择抽样方法

抽样方法的选择取决于调查研究的目的、调查问题的性质及调研经费和允许花费的时间等客观条件。调查人员应该掌握各种具体抽样方法，只有这样才能在各种环境特征和具体条件下及时选择最为合适的抽样方法，以确定每一个具体的调查对象。

有多种抽样方法可供选择。可以在放回抽样和无放回抽样中选择，也可以在非随机抽样和随机抽样中选择。放回抽样是一种完全重复抽样方法，在放回抽样中，工作人员先将一个个体从抽样框中抽出，并记录有关的数据，然后再将该个体放回抽样框。这种抽样方法不能避免某一个体被多次抽中的情境。在无放回抽样中，一旦一个个体被抽中，它将从抽样框中永久地消失。抽样技术从大的范围可分为随机抽样和非随机抽样。非随机抽样依据的是调查人员的主观判断，即由调查人员确定哪些个体应包括在样本中。非随机抽样有时可以对总体特征作出较好的估计。但是，由于每一个个体被抽中的概率未知，所以不能估计抽样误差。经常采用的非随机抽样包括方便抽样、判断抽样、配额抽样和滚雪球抽样。

随机抽样的抽样单位是按照已知概率随机抽取的，所以可以应用统计方法来估计抽样误差。当抽样资料的有效性需要用统计方法去验证时，应该尽量使用随机抽样。经常采用的随机抽样包括简单随机抽样、系统抽样、分层抽样和整群抽样等。

4. 确定样本容量

对于一个特定的抽样调查，当样本容量达到一定数量后，即使再有增加，对提高调查的统计准确度起不了多大的作用，而现场调研的费用却成倍地增加。因此，在选择好抽样方法以后,就要确定合适的样本容量。对于随机抽样,我们需要在允许误差的目标水平(抽样结果与总体指标的差异绝对值)、置信水平(置信区间的概率值,置信区间是样本结果加减允许误差形成的一个能涵盖总体真实值的范围)和研究对象数量特征波动水平下计算样本容量。而对于非随机抽样,通常只依靠预算、抽样原则、样本的大致构成等来主观地决定样本容量。总之,样本容量确定的原则是控制在必要的最低限度,但要能够尽可能准确和有效地推断总体特征,获得调研信息。

样本容量的确定较复杂,要从定性、定量的双重角度考虑,一般来说,决策越重要,需要的信息量就越大,信息的质量要求也应更高,此时就需要较大的样本容量。但是,样本容量越大,单位信息的获取成本就越大。此外,调研的性质对样本容量的确定也有影响。探索性调研所需的样本容量较小,而描述性调研则需要较大的样本容量。同样,当变量较多时,或需要对数据详细分析时,也需要较大的样本容量。

> **课堂讨论** 确定样本容量应该考虑哪些因素?

5. 制定抽取样本的操作程序

为保证抽样资料的可靠性,必须在具体操作过程中对调查者的行为进行规范,所以只有制定明确的操作程序,才能保证抽样调查结果的可信度。对于随机抽样,这一程序显得尤为重要。

在实施抽样计划前,应先对其进行充分的研究。在调查现场,要完全熟悉抽样背景、抽样区域,然后再进行抽样。遇到特殊情况不能拿定主意时要多问,还要把取样的详细情况清楚地记录下来,以在保证调查实施时能够有据可查。

案例 6-2

调查方式取胜

英国一家房产代理商为了了解其顾客心理,决定发布广告,通过招投标的形式聘请一家市场调查公司来为其进行顾客心理调查。

AB调查公司通过竞标击败了其他调研公司,并最终获得了这份合同。分析原因发现,AB调查公司所出的标价大约只有竞标最低标价的50%左右。AB调查公司之所以敢这样做,主要原因在于其所选择的抽样方法。在调查项目建议书中,该公司说明他们可以雇用大学生来收集调研数据,并称它将在全英国范围内随机地选择20所大学,然后与每一所学校的商业或管理系的系主任进行联系,并要求每个系主任提供有兴趣做调研同时还愿意打工赚钱的10位学生的名单,然后该公司的高级顾问再与每一位学生进行接触,确定调查事宜。

很显然,这家调查公司的报价和做法赢得了企业的信任。

评析:抽样方法的合理性、科学性可以保证调查结论的科学性。在校大学生是一个相对较负责任的市场信息收集群体,且要求报酬也较低。因而,AB调查公司能够中标。

课 堂 小 结

任 务 指 标	表 现 要 求	已达要求	未达要求
(陈述性)知识	掌握重要概念、特征和意义		
(实践)技能	能进行职业操作活动		
对课程内容的整体把握	能概述并认知整体知识与技能		
与社会实践的联系程度	能描述知识与技能的实践意义		
其他			

6.3 抽样调查方式

如前所述,抽样调查活动中,不同抽样调查方式的选用关系到所抽取样本的代表性,进而影响到整个调查结论的准确性。从大的角度分,抽样调查方式可以分为随机抽样与非随机抽样两大类,每一类又可以进一步细分为若干具体的调查方式,如图 6-2 所示。

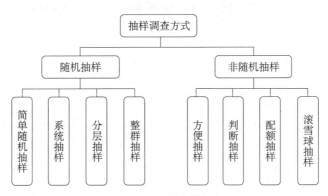

图 6-2 抽样调查方式

6.3.1 随机抽样

随机抽样也称概率抽样,是指按照随机的原则,保证总体中每个单位都有同等机会被抽中的原则抽取样本的方法。这种方法最大的优点是在根据样本资料推论总体时,可用概率的方式客观地测量推论值的可靠程度,从而使这种推论建立在科学的基础上。因此,随机抽样在社会调查和社会研究中应用较广泛。常用的随机抽样方法包括简单随机抽样、系统抽样、分层抽样和整群抽样等。

1. 简单随机抽样

简单随机抽样也称为单纯随机抽样,是指从总体 N 个单位中任意抽取 n 个单位作为样本,使每个可能的样本被抽中的概率相等的一种抽样调查方式。简单随机样本是从总体中逐个抽取的,是一种无放回抽样。

其概率公式为

$$抽样概率＝样本单位数(n)\div总体单位数(N)$$

简单随机抽样是抽样技术中最简单,也是最完全的随机抽样,这种方法一般应用于调查总体中各个个体之间差异程度较小的情况,或者调查总体数量不太多的情形。如果市场调查的范围较大,总体内部各个个体之间的差异程度较大,则要与其他概率抽样技术结合使用。

简单随机抽样方式常用的有直接抽取法、抽签法、随机数表法。

(1) 直接抽取法。直接抽取法即从总体中直接随机抽取样本。例如,从货架商品中随机抽取若干商品进行检验;从农贸市场摊位中随意选择若干摊位进行调查或访问等。

(2) 抽签法。先将调查总体的每个个体编上号码,然后将号码写在卡片上混合均匀,任意从中选取,抽到一个号码,就对上一个个体,直到抽足预先规定的样本数目为止。此方法适用于调查总体中的个体数目较少的情况。例如,从全班学生中抽取样本时,可以利用学生的学号、座位号等。总体数目较少时,多采用这种方法抽取样本。

(3) 随机数表法。随机数表法也称为乱数表法,是指含有一系列级别的随机数字的表格,一般利用特制的摇码设备摇出随机数字,也可以用电子设备自动产生随机数字。随机数表是这样形成的:对0~9这10个数字进行重复抽样,记录每一次的结果,进行成千上万次后,就形成了一个庞大的数表,数表中数字的排列是随机的,毫无规律可言,因而也称为乱数表,如表6-1所示。

表6-1 随机数表

39657	64545	19906	96461	20263	63162	58249	71493
73712	37090	65967	01211	31563	41919	47837	55133
72204	73384	51674	79719	98400	71766	23050	95180
75172	56917	17952	17858	24334	57748	69818	40929
37487	98874	63520	63430	01316	01027	35077	97153
02890	81694	85538	32995	56270	92443	21785	50982
87181	57007	37794	91238	48139	35596	41924	57151
98837	17015	89093	95924	00064	14120	14365	92547
10085	80704	76621	64868	58761	71486	59531	15221
47905	63731	71821	35041	27551	02492	28046	75344
93053	10307	34180	45235	74133	93522	68952	39235
21891	14799	11209	94518	76519	48486	13799	33755
95189	40697	27378	32871	79579	51391	09618	72521
97083	15573	10658	19259	77316	19546	20449	03264
69268	88613	59717	41732	48387	59329	73373	20405
41471	02503	87639	39517	81838	30449	77458	55051
91941	46362	08617	45169	92794	38979	29189	45123
80065	41847	08528	50840	48403	59422	72657	10886
67727	76399	89858	44606	64710	62166	89372	07001
59402	41375	42297	22319	06947	61008	81301	53914

例 6-3

随机数表法操作:以表 6-1 为例,从 300 人中抽取 10 人。用随机数表法,如何抽取?

分析:总体单位数目为 300,样本单位数目为 10。利用随机数表法进行抽样,其程序如下。

第一步,给总体各单位编号,号码的位数要一致,都是三位,不够位的在前面加 0,总体各单位编号是 001~300。

第二步,以随机数表中第 8 行、第 13 列的数字 0 作为起点,往后取两位数字,构成一个与总体所有单位具有相同位数的号码 093 作为起始号码。

第三步,从起始号码开始,从左到右依次抽取 10 个不重复的 001~300 的号码,分别是 093,240,006,120,143,254,008,216,115,221。这 10 个号码对应的 10 个人就是抽取的样本。

课堂讨论 随机抽样的优点有哪些?

2. 系统抽样

系统抽样又称等距抽样,它根据一定的抽样距离从母体中抽取样本,抽样距离是由母体总数除以样本数而得的。系统抽样经常作为简单随机抽样的替代方式。

(1) 系统抽样的操作。在系统抽样中,先将总体从 1~N 相继编号,并计算抽样距离 $K=N/n$(式中,N 为总体单位总数;n 为样本容量)。然后在 1~K 中抽一随机数 k_1,作为样本的第一个单位,接着取 k_1+K,k_1+2K,…,直到抽够 n 个单位为止。

例 6-4

某市东社区有便利店 110 户,社区拟采用等距抽样方法抽取 11 户作为调查对象。如何抽取?

第一步,将调查总体(110 户便利店)进行编号,即从 1 号编至 110 号。

第二步,确定抽样间隔。已知调查总体 $N=110$ 户,要求的样本数 $n=11$ 户,则抽样间隔为 110÷11=10(户)。

第三步,确定抽样起点号数。可以从 1~10 号 10 张卡片中随机抽取出 1 张卡片,卡片数即为抽样起点号数。假设抽取出的是 3 号,3 即为起点号数。

第四步,抽取样本。从 3 号开始,按照抽样间隔抽取,分别为 3,13,23,33,43,53,63,73,83,93,103 这 11 家便利店。

(2) 系统抽样的特点。①系统抽样最主要的优势就是其经济性,方便简单,省去了一个个抽样的麻烦,适用于大规模调查,还能使样本均匀地分散在调查的总体中,不会集中于某些层次,增加了样本的代表性。②最大的缺陷在于总体单位的排列上。一些总体单位数可能包含隐蔽的形态或者是"不合格样本",调查者可能疏忽,把它们抽选为样本。由此可见,只要抽样者对总体结构有一定了解,充分利用已有信息对总体单位进行排队后再抽样,则可提高抽样效率。

3. 分层抽样

分层抽样方法是一种优良的随机调查组织形式。它将总体按其属性不同划分为若干层次(或类型),然后在各层次(或各类型)中随机抽取样本的技术,也称分类抽样。例如,常见分析标志为年龄、收入、职业等,其实质是科学分组与抽样原理的结合。

分层抽样的方式一般有等比例分层抽样与非等比例分层抽样两种。

(1) 等比例分层抽样。等比例分层抽样是按各层次(或各类型)中的个体数量占总体数量的比例分配各层的样本数量。

例 6-5

某城区共有居民 20 000 户,按经济收入高低进行分类,其中高收入居民为 4 000 户,中等收入居民为 12 000 户,低收入居民为 4 000 户。要从中抽取 400 户进行购买力调查,采用等比例分层抽样,如何抽取?

分析:因为购买力是与家庭的收入水平密切相关的,所以以收入水平作为分层变量是合适的。按此变量将总体分为高收入户、中等收入户和低收入户三层。具体的抽样程序如下。

第一步,计算各层在总体中的比例。

$$高收入户:4\,000 \div 20\,000 \times 100\% = 20\%$$
$$中等收入户:12\,000 \div 20\,000 \times 100\% = 60\%$$
$$低收入户:4\,000 \div 20\,000 \times 100\% = 20\%$$

第二步,各层在总体中所占的比例与各层在样本中所占的比例是一样的。因此,计算样本在各层中的具体分布数目。

$$高收入户:400 \times 20\% = 80(户)$$
$$中等收入户:400 \times 60\% = 240(户)$$
$$低收入户:400 \times 20\% = 80(户)$$

第三步,在各层中采取等距抽样方法抽取样本单位。

这种方法的优点:简便易行,分配合理,方便计算,误差较小,适用于各类型之间的个体差异不大的分类抽样调查。但如果各类型之间的个体差异过大,则应采用非等比例分层抽样。

(2) 非等比例分层抽样。非等比例分层抽样不是按照各层中个体数占总体数的比例分配样本个体,而是根据其他因素,如各层平均数或成数均方差的大小、抽取样本的工作量和费用大小等,调整各层的样本数。结果表现为:有的层可能会多抽些样本个体,有的层可能会少抽些样本个体。此方法能够适用于各类总体的个数相差悬殊的情况。

拓展阅读 6-2

分层抽样的应用

(1) 分层抽样的程序:①找出突出的与所调查项目相关的分类特征,如人口统计学特征;②按照所选定的特征,把总体各单位分成两个或两个以上的相互独立的完全的层(组),其中分层所用的标志,一般根据常识来判断;③在每个层中进行简单随机抽样,在同一层的所有个体被抽取的概率要相同;④各层中抽出的子样本共同构成调查样本。

(2) 分层抽样的优点:①该方法相对于简单随机抽样等其他方法更为精确,能够通过较少的抽样单位调查,得到比较准确的推断,总体越大、越复杂,其相对优越性越大;②分层抽样在对总体进行推断时,还可以对每一层进行推断。

(3) 分层抽样的局限:①关于分层抽样中的分组工作并不容易,尤其是选择适当的标志要有一定的经验,还需收集许多必要的信息,耗时、耗力;②分层抽样要求每层的大小都是已知的,当它们不精确时,就需估计,必然会增加抽样设计的复杂性,从而带来新的误差。

4. 整群抽样

整群抽样也称为分群抽样,是指当总体所在基本单位自然组合为或被划分为若干个群后,从中随机抽取部分群并对抽取的群内全部或部分单位进行调查的一种抽样组合方法,如图 6-3 所示。

图 6-3 分群抽样后的各群

(1) 整群抽样的操作。在整群抽样中,目标整体被无遗漏且无重复地划分成若干个部分或群,每个群内的个体差异较大,而群体与群体之间的差异性较小。在进行抽样时,不是一个一个地抽取个体,而是一次抽取一个群体或几个群体,对于每个被抽取到的群体,内部所有的个体都包含在样本中。

例 6-6

分群抽样操作:某校有学生 2 000 名,计划从中抽取 160 名进行调查。可将学生宿舍作为抽样单位。假设该校共有学生宿舍 250 个,每个宿舍住 8 个学生。我们可以从 250 个宿舍中随机抽取 20 个,其中男生宿舍 10 个,女生宿舍 10 个,对抽中的每个宿舍的所有学生进行调查,这 20 个宿舍共 160 名学生就是此次抽样的样本。

(2) 整群抽样的特点。①与以前的抽样方式相比,整群抽样主要是为了便于调查,节省人力、时间和费用,提高抽样的效率;②缺点是往往由于不同群之间的差异较大,样本分布面不广、样本对总体的代表性相对较差,由此而引起的抽样误差往往大于简单随机抽样。

(3) 整群抽样的适用。整群抽样常用于两种情况:①调查人员对总体的组成很不了解;②调查人员为省时、省钱而把调查局限于某一地理区域内,如对北京市区的家庭进行调查,可把北京市按行政区域分为几个群体,东城区、西城区、丰台区、海淀区、朝阳区、石景山区等,或将各个区进一步按居委会分群,抽取所需样本数进行调查。

整群抽样是假定样本群中单位特征与总体特征一样存在着差异性,其可靠程度主要取决于群与群之间的差异大小,各群之间的差异性越小,抽样调查的结果越精确,所以,当进行较大规模的市场调查时,群体内个体间的差异性越大,而各群之间的差异性越小时,最适合用整群抽样方式。

6.3.2 非随机抽样

在实际市场调查中,出于某种原因,常常要用到非随机抽样,往往是基于以下原因:受客观条件的限制,无法进行严格的随机抽样;为了快速得到调查的结果;调查对象不确定或其总体规模无法确定;调查人员比较熟悉调查对象,且有较丰富的经验,据此快速推断,做到快、准、省。

1. 方便抽样

方便抽样又称为便利抽样、任意抽样或偶遇抽样,是根据调查者的方便与否(随意性原则)去选择样本的抽样方式。任意抽样的基本理论依据是,认为被调查总体的每个单位都是相同的,因此把谁选为样本进行调查,其调查结果都是一样的。而事实上并非所有调查总体中的每一个单位都是一样的。只有在调查总体中各个单位大致相同的情况下,才适宜应用方便抽样。

常用的形式有拦截访问、利用客户名单访问等,被调查者一般与调查者比较接近。

(1) 方便抽样的操作。运用任意抽样技术进行抽样,一般由调查人员从工作方便出发,在调查对象范围内随意抽选一定数量的样本进行调查。①"街头拦人法"是在街上或路口任意找某个行人,将他(她)作为被调查者,进行调查。例如,在街头向行人询问对市场物价的看法,或请行人填写某种问卷等。②"空间抽样法"是对某一聚集的人群,从空间的不同方向和方位对他们进行抽样调查。例如,在商场内向顾客询问对商场服务质量的意见;在劳务市场调查外来劳工打工情况等。

(2) 方便抽样的特点。方便抽样的优点是对于调查条件要求低、难度小、简便易行;接受调查的成功率较高,容易得到被调查者的配合;省时、省力,且对调查的进度容易控制。方便抽样的不足之处:由于没有概率论作为理论基础,所以无法推断总体,且代表性差,偶然性强。

2. 判断抽样

判断抽样也称为目的抽样,主要凭借调查者的主观意愿、经验和知识,从总体中选取具有代表性的个体样本作为调查对象的抽样方法。要求调查者对总体的有关特征有相当程度的了解。

判断抽样广泛应用于商业市场调查中,特别是样本量小且不易分类时,更具优势。它方便快捷、成本低,只是需要调查者较强的知识、经验和判断力,结果的可靠性不易控制。

判断抽样的做法通常有以下两种。

(1) 典型调查。选择最能代表普遍情况的调查对象,常以"平均型"和"多数型"为标准。如了解一国的民风,应该入乡随俗,和当地最普通的人生活一段时间。

(2) 重点调查。对那些占被调查总体内较重要的个体进行抽取调查,如调查消费者满意度时,对大客户或在贵宾进行调查。

3. 配额抽样

配额抽样也称定额抽样,是指调查人员将调查总体样本按一定标志分类或分层,确定各类(层)单位的样本数额,在配额内任意抽选样本的抽样方式。

配额抽样和分层抽样既有相似之处,也有很大区别。配额抽样和分层抽样有相似的地方,都是事先对总体中所有单位按其属性、特征分类,这些属性、特征我们称为"控制特性"。例如,市场调查中消费者的性别、年龄、收入、职业、文化程度等。然后,按各个控制特性分配样本数额。但它与分层抽样又有区别,分层抽样是按随机原则在层内抽选样本,而配额抽样则是由调查人员在配额内主观判断选定样本。

按照配额抽样的要求不同,可分为独立控制配额抽样和交叉控制配额抽样两种。

(1) 独立控制配额抽样。根据调查总体的特性不同,对具有某个特性调查样本分别规定单独分配额,因此,调查人员有较大的自由去选择总体中的样本。如在购买电视机时,按收入、年龄、性别三个属性分别规定三者之间的关系。每种属性控制下的配额都不必考虑其他因素的影响,简单易行,调查人员选择余地大,需要注意不要过多抽取某一种属性的样本。

例 6-7

某家电销售企业组织洗衣机消费者需求调查,确定样本量 400 名,选择年龄、性别、月收入三个标准进行分类。采用独立控制配额抽样,其各个标准样本配额比例及配额数列如表 6-2 所示。

表 6-2 独立控制配额抽样分配表

(a)		(b)		(c)	
年龄	人数	性别	人数	月收入	人数
18~30 岁	80	男	200	2 000 元以下	40
31~45 岁	120	女	200	2 001~3 000 元	100
46~60 岁	140	合计	400	3 001~5 000 元	140
60 岁以上	60			5 000 元以上	120
合计	400			合计	400

从表 6-2(a)、(b)、(c) 中可以看出,依据年龄、性别、月收入三个分类标准分别规定了样本数量,而未规定三者之间的关系。因此,抽样设计人员在抽取样本时,只需考虑其中一种标准,而无须顾及其他。

(2) 交叉控制配额抽样。交叉控制配额抽样是对调查对象的各个特性的样本数额交叉分配,也就是任何一个配额者会受到两个以上的控制属性的影响,从而提高了样本的代表性。

控制配额的目的是以相对较低的成本来获取有代表性的样本,成本低且调查者可根据每一配额方便地选择个体。其缺点是:选择偏见问题严重,也不能对抽样误差进行估计。

例 6-8

某家电销售企业组织洗衣机消费者需求调查,确定样本量 400 名,选择年龄、性别、月收入三个标准进行分类。采用交叉控制配额抽样,就必须针对这三项特性同时规定样本数,如表 6-3 所示。

表 6-3　交叉控制配额抽样分配表

月收入 性别 年龄	2 000 元以下		2 001～3 000 元		3 001～5 000 元		5 001 元以上		合计
	男	女	男	女	男	女	男	女	
18～30 岁	4	4	10	10	14	14	12	12	80
31～45 岁	6	6	40	12	20	32	2	2	120
46～60 岁	20	2	6	8	24	14	6	60	140
60 岁以上	10	4	4	10	16	6	6	4	60
合　计	40	16	60	40	74	66	26	78	400

从表 6-3 可以看出，交叉控制配额抽样对每一个控制特性所需分配的样本数都做了具体规定，抽样设计人员必须按规定在总体中抽取调查单位，由于每个特性都得到了控制，从而克服了独立控制配额抽样的缺点，提高了样本的代表性。

4. 滚雪球抽样

滚雪球抽样又称推荐抽样，是指先随机选择一些被调查者并对其实施调查，再请他们提供另外一些属于所研究目标总体的调查对象，根据所形成的线索选择此后的调查对象。

例 6-9

滚雪球抽样：对劳务市场中的保姆进行调查，因为总体总处于不断流动之中，难以建立抽样框，研究者因一开始缺乏总体信息而无法抽样，这时可先通过各种方法，如街坊邻居或熟人介绍、家政服务公司、街道居委会等，找到几个保姆进行调查，并让他们提供所认识的其他保姆的情况，然后再去调查这些保姆，并请后者如是也引荐自己所认识的保姆。以此类推，可供调查的对象越来越多，直到完成所需样本的调查，如图 6-4 所示。

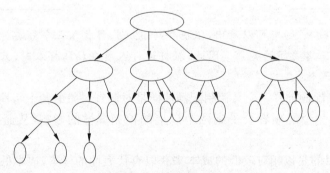

图 6-4　滚雪球抽样

市场调查人员可以先找到一个符合条件的被调查者，在对其进行调查后，再请其推荐或介绍其他符合条件的被调查者。充分利用同一类人通常有着某种联系这个因素，快速找到足够的样本进行调查。

推荐抽样的主要目的是估计在总体中十分稀有的人物特征。其优点是可以大大增加接触总体中所需群体的可能性，便于有针对性地找到被调查者，并且大大降低调查费用，其抽样误差也较低。其局限性主要表现在要求样本单位之间必须有一定的联系,并且愿意保持和提供这种关系,否则,将会影响这种调查方式的使用和结果。

课 堂 小 结

任 务 指 标	表 现 要 求	已达要求	未达要求
(陈述性)知识	掌握重要概念、特征和意义		
(实践)技能	能进行职业操作活动		
对课程内容的整体把握	能概述并认知整体知识与技能		
与社会实践的联系程度	能描述知识与技能的实践意义		
其他			

 本章小结

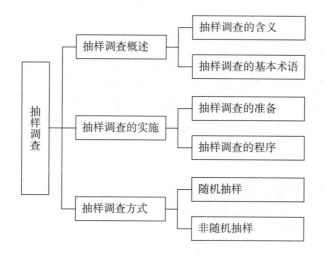

 重要概念

抽样调查　样本容量　概率抽样　整群抽样

 课后自测

一、选择题

1. 随机抽样包括(　　)。
   A. 简单随机抽样　　　　　　　　B. 分层抽样
   C. 整群抽样　　　　　　　　　　D. 系统抽样
2. 非随机抽样包括(　　)。
   A. 判断抽样　　　　　　　　　　B. 方便抽样
   C. 配额抽样　　　　　　　　　　D. 滚雪球抽样

3. 抽样误差的影响因素有（　　）。
   A. 被调查总体各单位标志值的差异程度
   B. 抽取的调查个体数目
   C. 抽样调查的组织方式
   D. 抽样时间
4. 样本设计误差的产生原因有（　　）。
   A. 抽样框误差   B. 调查对象范围误差
   C. 抽选误差   D. 回答误差
5. 简单随机抽样方法常用的有（　　）。
   A. 直接抽取法   B. 抽签法
   C. 随机数表法   D. 判断抽样法
6. 分层抽样的方式一般有（　　）。
   A. 等比例抽样   B. 非等比例抽样
   C. 等距抽样   D. 配额抽样

二、判断题
1. 抽样调查的结果是从抽取样本中获取的信息资料中推断出来的。（　　）
2. 对于那些有必要进行普查的调查项目，运用抽样调查一样可以达到目的。（　　）
3. 样本数量在一般情况下与抽样误差呈正比例关系。（　　）
4. 随机抽样调查是对总体中每一个个体都给予了平等的抽取机会。（　　）
5. 使用非随机抽样调查的主要不足是可以判断其误差的大小。（　　）
6. 放回抽样是一种完全重复抽样方法。（　　）

三、简答题
1. 抽样调查可以分为哪些类型？各有哪些特点？
2. 怎样运用简单随机抽样技术进行抽样？
3. 如何运用分层抽样法？
4. 什么是抽样误差？影响误差大小及数量多少的因素有哪些？
5. 抽样调查的实施包括哪些程序？

 案例分析

案例1　百货店的调研

杰罗姆的客户是中等或中等以上收入的群体，商店以经营质量上乘、耐穿而不太时尚的服装著称。该商店同时也出售流行的化妆品，像所有声誉良好的百货店一样，该商店有各种各样的商品，从瓷器、珠宝到软家具与陈列品等。该商店还一度销售过主要的家用电器，但是由于竞争太激烈，商店最后决定从该市场撤离出来。

在过去的12个月，该商店经历了服装销售的缓慢下滑。管理层感到也许是由于该店所提供的服装对潮流不是很敏感，于是，该店决定进行市场调查，以确定是否应在男士、女士、儿童服装部多储备一些服装。该商店计划在消费者家中进行调查访谈，调查将持续一个半小时左右。杰罗姆计划向调查对象展示所能增加的许多潜在产品线，包括服装设计师的服装样板及相关信息。调查成本是管理层关心的问题,因此,管理层特别关注应该进行的调查数量,因为这将显著影响调查的整体成本。

(资料来源:托尼·普罗克特.市场调研精要[M].吴冠之,等译.北京:机械工业出版社,2004.)

阅读材料,回答以下问题。
1. 杰罗姆如何着手进行市场调查?
2. 该公司可以采用哪种抽样方式?

案例2　错误的抽样

市场营销教师给他们的学生布置了一项任务:想出一种新产品的创意,然后对此进行市场调研。学生们可以使用任何一种看起来可行的调研方法,但是在设计他们一手调研计划之前,希望学生们进行二手调研。大多数学生发现,一方面,想出产品创意很有趣,但市场调研却很困难;另一方面,他们很珍惜把自己的一些想法付诸行动的机会。

共计有42项关于新产品的创意,但是有些在技术上不可行,或不能获利。然而,有些想法却是可行的。无论如何,作业是有关调研的,而不是产品的技术设计,因此产品的可行性或其他因素与调研无关。

学生们进行了必要的二手调研,然后设计了自己的一手调研计划。大多数使用问卷调查方式,极少数使用了深入面谈、观察、实验或其他技术。

在某种程度上让学生自行想办法,目的是让学生从自己的错误中发现市场调研的陷阱。在大多数情况下,学生竭力想获得相当好的调研结果,但是很明显,他们中的一些人犯有严重的错误。

结果表明,问卷调查是导致更多困难的调研方法之一。除了设计问卷的问题外,大多数学生犯了最基本的抽样错误。以下是一些摘自学生书面报告的实例。

- 我们星期六上午在街头拦截行人,做了一个购物者的随机抽样。(新型购物筐)
- 为了探明年轻人的观点,我们访问了大学的23名志愿者。(广播电台)
- 我们调查了10名女士和10名男士。喜欢该产品的女士比男士多20%左右,有60岁以上的人喜欢该产品。总计,40%的调查对象喜欢该产品。(园艺用具)
- 对100个调查对象的电话调研表明,32%的调查对象将会购买屋顶密封帆布。遗憾的是,进一步的调查显示,8个人是家中成年的孩子而不是房屋的主人。(应急屋顶密封帆布)
- 我们在调查中碰到的主要问题是大多数人太忙,没有时间停下来接受我们的访问,无论如何,最终我们努力完成了70份有效的问卷。(银行服务)
- 在托儿所进行了调研。在母亲接孩子的时候,我们给她们分发了问卷,我们将在第二天进行回收。不幸的是,我们只回收了一半问卷,但这足以使我们得出某些结论。

焦点小组的结果好多了,但仍然有很多明显的问题。

- 我们的小组由6个男孩和2个女孩组成,年龄为18~20岁。我们向他们展示了产品的模型,并要求他们对模型进行评论。一开始,他们好像说的并不是很多,但经过一些鼓励之后,他们便开始自由地讨论了。(汽车真空吸尘器)
- 当我们向他们展示产品时,他们中的大多数人感到很迷惑。一组有6个家庭主妇,所有的人都来自早上聚在一起喝咖啡的朋友群体。(割草机安全装置)

• 我们组常常偏离主题。我们有一个具有代表性的样本,其中有3个青少年(1个男生,2个女生)、2个中年人和3个退休的老年人。(地毯清洁装置)

虽然学生们(大多数情况下)能弄清楚在哪儿出现了问题,但是,他们并不能知道如何把事情做好。

意味着,教师需要花费大量的时间与他们在一起更正错误的概念,并帮助他们理解在调研中出现的问题。

但是尽管如此,所有的参与者,包括教师和学生,仍感觉到这种实习对市场调研提供了有益的指导。

(资料来源:托尼·普罗克特.市场调研精要[M].吴冠之,等译.北京:机械工业出版社,2004.)

阅读材料,回答以下问题。
1. 你认为这里面的抽样方式存在哪些错误?
2. 你认为学生们应该怎样做?
3. 在以后的调查中如何避免这些抽样误差?

实训项目

项目名称:抽样设计。
实训目的:认知抽样设计的原理。
实训内容:
(1) 自行设定市场调查主题,进行抽样设计。
(2) 尝试运用抽样原理。

实训组织:学生分小组,观察班级、学院(系部)同学的手机使用情况,并尝试运用抽样调查中的某一种方式,设计抽样方案,并以样本指标推断总体指标,描述同学的手机使用情况。

实训总结:学生小组交流不同设计成果,教师根据抽样的设计、对回答问题的分析、PPT演示、讨论分享中的表现分别给每组进行评价打分。

学生自我学习总结

通过学习本章,我能够作以下总结。

1. 主要知识点

本章的主要知识点有:
(1)
(2)

2. 主要技能

本章的主要技能有:
(1)
(2)

3. 主要原理

抽样设计在市场调查活动中的地位与作用是：
(1)
(2)

4. 主要相关知识点

本章涉及的主要相关知识点有：
(1) 抽样调查与市场调查成本的关系是：
(2) 抽样调查的科学原理有：
(3) 抽样调查解决的特定问题有：

5. 学习成果检验

完成本章学习的成果：
(1) 学习本章的意义有：
(2) 学到的知识有：
(3) 学到的技能有：
(4) 我对抽样设计的初步印象是：

第 7 章
问卷设计

一份优秀问卷应该能够提供必要的决策信息,考虑到应答者的情况,满足后期编辑和数据处理的需要,服务于众多的管理者。

——[美]小卡尔·迈克丹尼尔

导　语

在开展实地调查活动时,为了向被调查者收集第一手资料,需要事先将相关问题设计出来,编辑成一份完整的调查表。这就是我们常常用到的调查问卷。问卷是进行调查资料收集的重要载体,也是许多不同调查方式都需要借助的工具之一。

学习目标

知识目标
(1) 认知问卷设计的含义。
(2) 认知问卷设计的原则。
(3) 认知问卷设计的程序。
(4) 认知问卷设计的意义。

技能目标
(1) 能进行问卷问题设计。
(2) 能对问卷进行有效编排。
(3) 能结合实际进行问卷评价。

调查故事

我们走在街头,经常会被一些调查人员拦住并问及若干问题,如"您用某某产品吗?某某产品怎么样"等;我们在家休息,会有调查人员电话来访,会问"您在晚上 7 点至 9 点常看哪些电视节目"等;我们买了一些书,书后面会附一些连邮票都事先贴好的"读者调查表"或"读者反馈卡";买了一些小型电子消费品,会有这样的问题,如"您希望再增添哪些功能"……这就是我们最常见的问卷调查。问卷调查被广泛应用于入户访谈调查、电话调查、邮寄调查等,如果不考虑市场调查的内容,问卷所用的方法非常相似。问卷调查看似简单,但实施起来却需要有艺术性。

有一家肉类经销商拟对肉类销售市场进行调查,在设计好问卷后,派营销调查人员进行了街头拦截调查。一位调查人员将调查地点选在了一个商业闹市区,正巧迎面走来了四个人,其中一个是意大利人、一个是南非人、一个是韩国人、一个是墨西哥人。调查人员马上上前问道:"对不起,打扰一下,您能谈谈对目前肉类供应短缺的看法吗?"结果四人的回答让人啼笑皆非。意大利人说:"短缺是什么?"南非人说:"肉是指什么?"韩国人说:"什么是看法?"墨西哥人说:"什么是打扰一下?"这个例子说明了在实施问卷调查时,在问卷的设计、问题的提出等环节必须充分运用一定技能的重要性及必要性。在市场调查活动中,询问调查的每一种方法都用到了问卷。问卷几乎成为调查者收集市场信息、进行数据分析处理的基本思路和重要载体。调查人员经过努力工作,设计出一份规范而富有创造性的问卷,既可以提高调查数据的质量,也可以提高调查分析结论的准确性。

启示:问卷调查是目前国际上市场营销管理活动中常用的一种调查方式,也是近年来我国发展最快、应用最广的一种调查方式。有效地设计并实施问卷调查,是获取市场信息的重要手段。

7.1 问卷设计概述

问卷调查是目前调查作业中广泛采用的调查方式,调查机构根据调查目的设计各类调查问卷,然后采取抽样的方式(随机抽样或整群抽样)确定调查样本,通过调查人员对样本的访问,完成事先设计的调查项目,并经统计分析后得出调查结果的一种调查方式。

7.1.1 问卷的含义

问卷调查源于中国古代和古埃及以课税和征兵为目的所进行的调查。现代意义上的问卷调查始于20世纪30年代美国新闻学博士乔治·盖洛普的美国总统选举预测调查。也正是这一事件之后,问卷调查开始迅猛发展,被应用于多个领域。我国自20世纪80年代引入问卷调查,目前已有了长足的发展。

1. 问卷的概念

问卷调查中,调查者依据心理学原理,将精心设计的各种问题全部以询问的形式在问卷中排列出来,许多问题还给出了多种可能的答案,提供给被调查者进行选择。这种方式提高了调查的系统性和准确性。

> **重要概念 7-1　　　　　　　　　　　　问　　卷**
>
> 　　问卷是指调查者事先根据调查的目的和要求所设计的,由一系列问题、说明及备选答案组成的调查项目表格,所以又称调查表。

2. 问卷的作用

问卷的诞生使市场调查得到质的飞跃,使问题的用语和提问的程序实现了标准化,大大降低了统计处理的难度。具体作用表现如下。

(1) 使调查活动简单易行。问卷提供了标准化和统一化的数据收集程序,使问题的用语和提问的程序标准化。每一位调查人员询问完全相同的问题,每一个被调查者看到或听到相同的文字和问题。只要被调查者有一定的文化水平和语言表达能力,就能完成问卷。由于此种方式简单易行,因此问卷调查的适用面非常广泛。

如果不用问卷,由调查者和被调查者进行口头交流,随感而问,那么,被调查者的回答可能受到调查者语调、语速和用词的影响,而不同调查者的提问方式也会不同,导致的结果是所收集的资料精度下降。这会严重影响调查报告的质量。另外,如果问卷设计得不好,那么所有精心设计的抽样方案、训练有素的调查者、合理的数据分析技术、资料的编辑和编码都将是资源的浪费。

(2) 方便调查资料的统计分析。问卷调查的结果统计可以用计算机将每一个被选择的答案进行汇总、归类,大大地方便了数据资料的整理和分析。通过提问和回答的方式,问卷将消费者实际的购买行为体现出来,同时也揭示出了消费者的态度、观点、看法等定性的认知,并将其转化为定量的研究,这样就使调查人员既了解了调查对象的基本状况,又对与调查对象有关的各种现象可以进行相关分析。如果不用问卷,对不同被调查者进行比较的有效基础就不存在了。从统计分析的角度看,收集到一大堆混乱的数据也难以处理。所以说,问卷在这里是一种作用非常大的控制工具,它使数据资料的收集、整理和分析工作变得有章可循。

(3) 节约调查时间,提高作业效率。经过调查人员的工作,许多项目被设计成由被调查者以备选答案的形式回答的问题,调查者对调查问卷只需稍作解释,说明意图,被调查者就可以答卷。而且一般不需要被调查者再对各种问题作文字方面的解答,只需对所选择的答案做上记号或标识即可。因此,可以节省大量时间,使调查者能在较短的时间内获取更多有用的信息,而且不需要做大量记录,在加快调查进度的同时,调查的内容就会更全面、更准确、更能反映出被调查者的意愿。

7.1.2 问卷的类型

根据不同的分类标准,市场调查问卷可以分为以下类型。

1. 自填式问卷和访问式问卷

(1) 自填式问卷。自填式问卷是指向被调查者发放,并由被调查者自己填写答案的问卷。这种问卷适用于面谈调查、邮寄调查、网络调研及媒体发放的问卷调查。

(2) 访问式问卷。访问式问卷是指向被调查者进行询问,由调查者根据被调查者的回答代为填写答案的问卷。这种问卷适用于面谈调查、座谈会调查和电话调查。

2. 结构式问卷和开放式问卷

(1) 结构式问卷。结构式问卷也称封闭式问卷,是指问卷中不仅设计了各种问题,还事先设计出一系列各种可能的答案,让被调查者按要求从中进行选择。这种问卷适用于规模较大、内容较多的市场调查。如请选择两者中其一作为回答。如您家有汽车吗?回答只能是有或没有。

课堂讨论 结构式问卷与开放式问卷有哪些区别?

(2) 开放式问卷。开放式问卷又称为无结构式问卷,是指问卷中只设计了询问的问题,不设置固定的答案,被调查者可以自由地用自己的语言来回答和解释有关想法。这种问卷适用于小规模的深度访谈调查或试验性调查。如您为什么喜欢某产品的广告？

3. 传统问卷和网络问卷

（1）传统问卷。传统问卷是指目前在一些传统方式（如面谈调查、邮寄调查、电话调查、媒体刊载问卷及书籍后附问卷）进行的调查中仍在大量使用的纸质问卷。

（2）网络问卷。网络问卷是指随着计算机和互联网技术的发展而出现的，网络调研所用的无纸化问卷。

7.1.3 问卷的结构与内容

1. 问卷的结构

从结构来讲，问卷主要包括三个部分：介绍部分、问卷主体部分和基础数据部分。

（1）介绍部分。介绍部分的主要作用是使调查活动获得被调查者的认同，被调查者的资格得到确认，调查活动得以有效展开。因此除了必须具有说服力外，还要提一些识别合格被调查者的问题，也称过滤性问题。

（2）问卷主体部分。问卷主体部分包括各种问题，这些问题中蕴含着大量用以解决市场营销中存在问题的信息，问题的具体内容应与被调查对象所具备的知识背景相一致，主要目的是提高调查结论的有效度。

（3）基础数据部分。基础数据主要是指被调查者的重要信息。基础数据部分的主要作用是了解被调查者的人口统计特征及有关生活方式和心理测量方面的问题，以方便后期分析。

2. 问卷的内容

市场调查问卷通常由标题、说明词、填表说明、问题与备选答案、被调查者的背景资料、编码、调查作业记录等项内容组成。

（1）标题。问卷的标题是对调查主题的大致说明。跟我们写论文一样，题目应该醒目、吸引人。问卷的标题就是让被调查者对所要回答的问题先有一个大致的印象，能够唤起被调查者积极参与调查的兴趣。问卷的标题要开门见山，直接点明调查的主题和内容。

例 7-1　　　　　　　　　　　问卷标题的举例

　A. 关于智能手机系统升级需求的调查

　B. 肯德基外卖市场需求状况调查

　C. 2018 年中国汽车市场消费状况调查

（2）说明词。说明词主要用来说明调查目的、需要了解的问题及调查结果的用途。有些问卷还要有问候语，以引起被调查者的重视。同时还要向被调查者介绍调查组织单位，请求被调查者合作，向被调查者表示感谢等。说明词在问卷调查中非常重要，它可以消除被调查者的顾虑，激发他们参与调查的意愿。

例 7-2　　　　　　　　　　　调查问卷的说明词

女士/先生：您好！我是××的市场调查员，目前，我们正在进行一项有关北京市郊区旅游需求状况的问卷调查,希望从您这里得到有关消费者对郊区旅游需求方面的市场信息,请您协助我们做好这次调查。本问卷不记名,回答无对错之分,请您如实回答。

下面我们列出一些问题,请在符合您情况的项目旁的( )内打√。占用了您的宝贵时间,向您致以深切的谢意!

操作要点:语气应礼貌、热情、诚恳;内容简要介绍调查目的、需了解的问题及调查结果的用途;对涉及被调查者的隐私或商业机密作保密承诺,以争取被调查者的积极参与。这样才能提高调查的有效性,降低调查成本。

(3) 填表说明。填表说明的目的在于规范和帮助被调查者对问卷的回答。填表说明可以集中放在问卷前面,也可以分散到各有关问题之前。尤其对自填式问卷,填表说明一定要详细、清楚,而且格式位置要醒目。否则,即使被调查者理解了题意,也可能回答错误,引起数据偏差或误差。例如,可能造成单选题回答成多选题,排序题回答成选择题,该跳答处没有跳答,要求填写的数量单位是"克"却回答成"盒"等。填表说明如果是仅针对问卷中个别的复杂问题,则要紧跟该问题之后列出;如果是针对问卷中全部的问题和答案,可以单独作为问卷的第三部分,在说明词后列出。如专门用来识别合格应答者,即问卷的甄别部分。

例 7-3 　　　　　　　　**自填式问卷的填表说明**

A. 凡符合您的情况和想法的项目,请在相应的括号内打√;凡需要具体说明的项目,请在横线上填写文字。

B. 每页右边的阿拉伯数字和短横线是计算机汇总资料用的,不必填写。

C. 请回答所有问题。如有一个问题未按规定回答,整个问卷会作废。

操作要点:填表说明是为了帮助和规范被调查者对问卷的回答,应该做到格式位置醒目、内容详细清楚;语言表述要求通俗易懂,忌用生僻的、过于专业的词或语句。

例 7-4

在过去 6 个月内,您是否接受过市场调查公司的访问?

A. 是　中止访问

B. 否　继续访问

(4) 问题与备选答案。问题与备选答案是问卷的主体部分,也是问卷中的核心内容。它主要以提问的方式提供给被调查者,让被调查者进行选择和回答。显然,这部分内容设计的好坏关系到整个问卷的成败,也关系到调查者能否很好地完成信息资料的收集,以实现调查目标。

问卷中所要调查的问题可分为三类:①事实、行为方面的问题,主要是了解市场中已发生或正在发生的客观现象、人们的行为和结果;②观点、态度和动机等方面的问题,主要是了解被调查者的主观认知、消费偏好等;③未来的可能行为,主要是了解被调查者未来的一种态度,而不是一种准确的行为预测。这三类问题的性质、作用不同,使用的询问方式和询问技术也不一样。

例 7-5 　　　　　　　　**问卷中的问题与备选答案**

请在您选中答案的方框内打√:

A. 您通过什么途径知道了这本书？□听别人介绍　□在书店看到　□杂志　□网络　□报纸　□培训班购买　□其他

B. 您认为这本书的质量怎么样？□好　□中　□差

C. 您的性别：□男　□女

D. 您所在单位的行业：□制造业　□咨询业　□金融业　□服务业　□机关　□教育

(5) 被调查者的背景资料。被调查者的背景资料也称问卷中的基础数据，是指被调查者的一些主要特征。被调查者的背景资料也是问卷的重要内容之一，被调查者往往对这部分问题比较敏感，但这些问题与研究目的密切相关，必不可少，如在消费者调查中，消费者的性别、年龄、婚姻状况、家庭的类型、人口数、文化程度、职业、经济情况等，单位的性质、规模、行业、所在地等，具体内容要依据研究者先期的分析设计而定；又如，在企业调查中的企业名称、企业类型、所有制性质、商品销售额、利润总额、职工人数情况等。通过这些项目，可以对调查资料进行分组、分类，以方便后期的分析。

例 7-6　　　　　调查问卷中所列的背景资料

请填写您单位的基本情况：

A. 单位名称：＿＿＿＿＿＿＿＿＿＿＿＿＿＿＿

B. 行业类型：大□　中□　小□

C. 所有制类型：＿＿＿＿＿＿＿＿＿＿＿＿＿＿＿

D. 通信地址：＿＿＿＿＿＿＿＿＿＿＿＿＿＿＿

E. 2019 年销售额：＿＿＿＿＿＿＿＿＿＿＿万元

F. 2019 年利润总额：＿＿＿＿＿＿＿＿＿＿＿万元

G. 2019 年所得税额：＿＿＿＿＿＿＿＿＿＿＿万元

H. 2019 年年末职工人数：＿＿＿＿＿＿＿＿＿＿＿

(6) 编码。编码是指问卷中事先确定了一个数字作为每一个问题及答案的代码。这是为了调查后期数据处理的方便。一般情况下，市场调查问卷都应该编码，以便分类整理，方便计算机处理和统计分析。编码工作一般在问卷设计时完成，即将代表了相应变量的阿拉伯数字标在答案的最右边，在调查结束后直接输入计算机。与此同时，问卷本身也需要进行编码，该编码除了表示问卷顺序之外，还应包括与该样本单位有关的抽样信息。

例 7-7　　　　　调查问卷中的编码

在目前的市场环境中，贵公司所追求的主要经营目标是什么？

① 完成当年的销售额和利润计划　　　　　　　　　　（　）　①＿＿＿＿＿＿

② 提升自己的社会责任感，重塑商业伦理　　　　　　（　）　②＿＿＿＿＿＿

③ 大幅度提高主要产品的市场占有率　　　　　　　　（　）　③＿＿＿＿＿＿

④ 进一步加大国际化的步伐　　　　　　　　　　　　（　）　④＿＿＿＿＿＿

(7) 调查作业记录。调查作业记录主要包括记录调查人员的姓名、调查日期、调查时间、调查地点等(如果有必要，还可以将被调查者的一系列资料也进行登记，但必须是在征得被调查者同意的情况下方可列入),其目的是核实调查作业的执行和完成情况,以便对调查人员的工作进行监督和检查。有些重要的调查还需要记录调查过程中有无特殊情况发生,以及被调查者的配合情况等,因为这些情况的发生和处理方式都将影响调查结果。

例 7-8　　　　　　　　　　**简要的作业记录**

被调查者电话：_____

调查员姓名：_____　　　调查日期：_____

调查开始时间：_____　　调查结束时间：_____

问卷审核日期：_____

课 堂 小 结

任 务 指 标	表 现 要 求	已 达 要 求	未 达 要 求
(陈述性)知识	掌握重要概念、特征和意义		
(实践)技能	能进行职业操作活动		
对课程内容的整体把握	能概述并认知整体知识与技能		
与社会实践的联系程度	能描述知识与技能的实践意义		
其他			

7.2　问卷设计程序

问卷设计具有一定的基本格式、设计原则、规范程序,一份完整合理的问卷有赖于设计者的精心构思、辛勤劳动,也有赖于设计者的知识、能力、经验和创造性思维。所以,问卷设计兼具科学性与艺术性。

重要概念 7-2　　　　　　　　　　**问 卷 设 计**

问卷设计是依据市场调查的目的,明确调查所需的信息,设计问题的格式和措辞,并以一定的格式,将其有序地排列组合成调查表(问卷)的活动过程。

7.2.1　问卷设计的原则

调查问卷设计的根本目的是设计出符合调研与预测需要及能获取足够、适用和准确信息资料的调查问卷。为实现这一目的,调查问卷设计必须遵循以下原则。

1. 目的性原则

问卷设计人员必须了解调研项目的主题,能设计出可从被调查者那里得到最多资料的问题,做到既不遗漏一个问句,以致需要的信息资料残缺不全,也不浪费一个问句去取得不需要的信息资料。因此,问卷设计必须从实际出发拟题,提问目的明确,重点突出,没有可有可无的问题。

2. 逻辑性原则

一份设计成功的问卷,问题的排列应有一定的逻辑顺序,符合被调查者的思维程序。一般是先易后难、先简后繁、先具体后抽象。只有这样才能使调查人员顺利发问、方便记录,并确保所取得的信息资料正确无误。

3. 简明性原则

问卷设计用词应该简明扼要,表述准确,使被调查者一目了然,并愿意如实回答。问卷中语气要亲切,符合被调查者的理解能力和认知能力,避免使用专业术语。对敏感性问题采取一定的技巧调查,使问卷具有合理性和可答性,避免主观性和暗示性,以免答案失真。

4. 非诱导性原则

非诱导性是指问题要设置在中性位置、不参与提示或主观臆断,完全将被调查者的独立性与客观性摆在问卷操作限制条件的位置上。如果设置具有了诱导性和提示性,就会在不自觉中掩盖事物的真实性。

5. 方便整理分析原则

成功的问卷设计除了考虑紧密结合调查主题与方便信息收集外,还要考虑调查结果的容易得出和调查结果的说服力。这就需要考虑问卷在调查后的整理与分析工作。如要求调查指标是能够累加和便于累加、指标的累加与相对数的计算是有意义的、能够通过数据清楚、明了地说明所要调查的问题等。

7.2.2 问卷设计的流程

在设计调查问卷的过程中,设计者必须注意各个环节、各个项目及内容的相关性,依据一定程序进行,才能保证问卷的科学性和易操作性。问卷设计的具体程序可分为准备阶段、主体设计阶段、验证复核阶段等步骤,如图 7-1 所示。

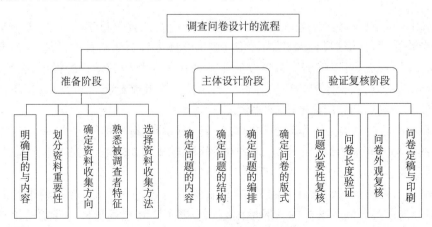

图 7-1 调查问卷设计的流程

1. 准备阶段

问卷设计的准备阶段，主要工作包括以下内容。

（1）明确目的与内容。在问卷设计之前，调查者必须明确调查课题的范围和项目，将所需的资料全部列出。为此，调查者需要首先将所要了解的信息划分类别，列出资料清单，并归纳出具体的调查项目。

（2）划分资料重要性。设计人员应该划分哪些是主要资料，哪些是次要资料，以确定调查人员分工收集资料时的着力点。

（3）确定资料收集方向。设计人员应该依据调查项目确定资料的收集方向，即解决向谁收集、从哪儿收集的问题。如要了解企业的市场营销行为，调查者需要了解市场调查、市场细分、目标市场选择、市场定位、市场拓展、市场竞争等宏观项目资料，还应该了解产品、价格、渠道、促销等微观项目资料，依据所列的调查项目，调查者就可以设计出一系列具体的需要被调查者回答的问题，从而获得所需要的信息资料。

（4）熟悉被调查者特征。在此阶段，调查者还需要区分和了解被调查者的各种特性，如被调查者的社会阶层、收入水平、行为习惯等社会经济特征；文化程度、知识结构、理解能力等文化特征；需求动机、购买心理、消费意向等心理特征，以此作为拟定问卷的出发点和基础。同时应该广泛听取有关人员意见，做到使问卷符合客观实际，以满足未来分析的需要。

（5）选择资料收集方法。市场资料可以分为原始资料和二手资料。调查目的不同，所需收集的资料也不同，调查者所选择的调查方式和方法也会随之不同。如在面谈调查中，由于可以与被调查者面对面地交谈和沟通，故可以询问一些较长和复杂的问题。在电话调查中，由于时间限制，调查者只能问一些较短和简单的问题。邮寄调查的问卷由于是被调查者自己填写的，故询问的问题可以多一些，但要给出详细的填表说明。网络调查收集资料的速度快，且多是匿名访问，故可以询问一些社会热点和敏感性问题。

2. 主体设计阶段

在确定了调查需要收集的资料和调查方法的基础之上，设计准备工作已经基本就绪。调查者就可以根据所需收集的资料，遵循设计原则开始设计问卷的初稿，即主要对提问的问题和答案进行设计并进行编排。

（1）确定问题的内容。在这一阶段，调查者首先应将调查项目细分，即把调查项目转化成具体的调查细目，并根据调查细目来确定问题的具体内容。如调查项目是"了解新生对学校的基本印象"，那么，可以将学生对学校的印象细化为对学校教学设施设备、公寓服务、餐饮服务、文娱活动设施、整体校园环境等方面的印象。在此基础上，就可以依据不同方面印象的典型特征来确定问卷问题的主要内容。

（2）确定问题的结构。问卷问题的内容决定了所需资料的提问方式，一定程度上也决定了问题的结构。问题的结构一般是指封闭式问题与开放式问题，大多数问卷以封闭式问题为主，辅以少量开放式问题。

（3）确定问题的编排。设计问卷时，应站在被调查者的角度，顺应被调查者的思维习惯，使问题容易回答。问题编排的一般原则是：①排序应注意逻辑性。问题的编排应该注意尽量符合人们的思维习惯，这样才可能使调查有一个良好的开端。②排序应该先易后难。甄别部分的问题放在最前面，一般性问题、简单易回答的问题紧随其后，逐渐增加问题的难度。③特殊问题置于问卷的最后。许多特殊问题如收入、婚姻状况、政治信仰等一般放在问卷的后面,因为这类问题非常容易遭到被调查者的拒答,从而影响回答的连续性。如果将这类问题放在后面,即使这些问题被拒答,前面的其他问题的回答资料仍有分析的价值。并且,此时被调查者与调查者之间已经建立了融洽的关系,被调查者的警惕性降低,有助于提高回答率,从而增加了获得回答的可能性。

(4)确定问卷的版式。问卷的设计工作基本完成之后,便要着手问卷的排版和布局。问卷的排版和布局总的要求是整齐、美观,便于阅读、作答和统计。

> **课堂讨论** 问卷问题编排的主要原则有哪些?

3. 验证复核阶段

一般来说,在问卷的初稿完成后,调查者应该在小范围内进行实验性调查,了解问卷初稿中存在哪些问题,以便对问卷的内容、问题和答案、问题的次序进行检测和修正。

(1)问题必要性复核。调查人员应该根据调查目的确定问卷中所列的问题是否都是必需的,能否满足管理者决策的信息要求。每个调查目的都应该有相应的提问,不能有遗漏。而且每一个问题都必须服从一定的目的,比如,过滤性、培养兴趣、过渡用的。更多问题是直接与调查目的有关;如果问题不能达成上述目的中的任何一个,就应当删除。

(2)问卷长度验证。调查人员应该通过实验来确定问卷的长度。一般情况下,对于拦截访问调查,问卷的长度应控制在 15 分钟之内,否则,应考虑适当的删减。对于电话调查,应控制在 20 分钟之内。对于入户访谈调查,如果超过 45 分钟,也应当给被调查者提供一些有吸引力的刺激物,如电影票、钢笔、铅笔盒、现金或其他小礼品等。

(3)问卷外观复核。针对邮寄问卷和留置问卷等自填式问卷,外表要求质量精美,非常专业化;适当的图案或图表会调动被调查者的积极性;正规的格式和装订、高质量的纸印刷、精心设计的封面等是很有必要的。被调查者能感觉到研究者的认真态度,也更愿意予以合作。开放式问题在问卷内部要留出足够的空间,方便提问、回答、编码及数据处理;文中重要的地方注意加以强调,以引起被调查者的注意。

(4)问卷定稿与印刷。对问卷进行了修订以后,就可以定稿并准备印刷了。在问卷定稿阶段,调查者要确定问卷说明词、填表说明、计算机编码等,再一次检查问卷中各项要素是否齐全、内容是否完备。在印刷阶段,调查者要决定问卷外观、纸张质量、页面设置、字体大小等。问卷只有做到印刷精良、外观大方,才能引起被调查者的重视,充分实现调查问卷的功能和作用。

课 堂 小 结

任 务 指 标	表 现 要 求	已达要求	未达要求
(陈述性)知识	掌握重要概念、特征和意义		
(实践)技能	能进行职业操作活动		
对课程内容的整体把握	能概述并认知整体知识与技能		
与社会实践的联系程度	能描述知识与技能的实践意义		
其他			

7.3 问卷设计技术

问卷设计主要包括问卷中问题的设计、答案的设计和态度量表的设计等。问卷设计的好坏直接关系到信息数据回收的质量。

7.3.1 问题的设计

问题是问卷的核心内容,问题的设计不仅要考虑调查目的和被调查者的类型,还要考虑访问的环境和问卷长度,最为重要的任务之一是适合被调查者或潜在的被调查者。设计者如果仅从自己设计提问角度来决定问卷形式,忽略被调查者的感受,主观假定被调查者对不同形式问题的反应无显著差异,结果必然导致计量误差。调查问卷中的问题一般涉及以下几种类型。

1. 问题的类型

(1) 直接性问题和间接性问题

直接性问题是指通过直接的提问立即就能够得到答案的问题。直接性问题通常是一些已经存在的事实或被调查者的一些不很敏感的基本情况。

例 7-9

您喜欢在什么场所购买衬衫:(可多选)
□品牌专卖店　□大型百货商场　□超市品牌专柜　□就近的商店　□大卖场品牌专柜

这种类型的问题应该是事实存在,一般不涉及态度、动机方面的问题,被调查者回复时不会感觉到有压力、有威胁。

间接性问题是指被调查者的一些敏感、尴尬、有威胁或有损自我形象的问题,被调查者往往有顾虑,不愿或是不敢真实地表达自己的意见。这类问题一般不宜直接提问,而必须采用间接或迂回的询问方式发问,才可能得到答案。通常是指那些被调查者思想上有顾虑而不愿意或不真实回答的问题。

例 7-10

您每月收入是:□3 000~4 000 元,□4 000~7 000 元,□7 000~9 000 元

如家庭人均收入、消费支出、婚姻状况、政治信仰等方面的内容,如果不假思考直接询问,可能会引起被调查者的反感,导致调查过程出现不愉快而中断。因此,应该采取间接询问的方式,获得被调查者的回复。如例 7-10 中的收入问题,可以请被调查者在相应的收入区间进行选择。

(2) 开放式问题和封闭式问题

开放式问题是指调查者对所提出的问题不列出具体的答案,被调查者可以自由地运用自己的语言来回答和解释有关想法的问题。

例 7-11 开放式问题

A. 您认为目前大学生就业难的主要原因有哪些?(自由回答法)
B. 看到"电视"您会想起什么食品?(词语联想法)
C. 请说出您所知道的智能手机品牌。(回忆法)
D. 您购买智能手机最主要的考虑是_____。(句子完成法)
E. 看到这幅图片,您最直接的感受是_____。(视觉测试法)

开放式问题的优点:①比较灵活,能调动被调查者的积极性,使其充分、自由地表达意见和发表想法;②对于调查者来说,能收集到原来没有想到或者容易忽视的资料。同时由于被调查者以自己的提问来回答问题,调查者可以从中得到启发,使文案创作更贴近消费者。这种提问方式特别适用于那些答案复杂、数量较多或者各种可能答案尚属未知的情形。

开放式问题的缺点:被调查者的答案可能各不相同,标准化程度较低,资料的整理和加工比较困难,同时还可能会因为回答者表达问题的能力差异而产生调查偏差。

封闭式问题是指事先将问题的各种可能答案列出,由被调查者根据自己的意愿选择回答。

例 7-12

您购买这款智能手机的主要原因是什么?
A. 价格便宜　　　B. 玩游戏不卡　　　C. 整机性能良好　　　D. 售后服务好
E. 外观造型别致　F. 性价比高

封闭式问题的优点主要有:①标准化程度高,回答问题较方便,调查结果易于处理和分析;②可以避免无关问题,回答率较高;③可节省调查时间。

封闭式问题的缺点主要有:①被调查者的答案可能不是自己想准确表达的意见和看法;②给出的选项可能对被调查者产生诱导;③被调查者可能猜测答案或随便乱答,使答案难以反映自己的真实情况。

(3) 动机性问题和意见性问题

动机性问题是指为了了解被调查者的一些具体行为的原因和理由而设计的问题。

例 7-13

您为什么购买某一品牌的化妆品?

动机性问题所获得的调查资料对于企业制定市场营销策略非常有用,但是收集难度很大。调查者可以多种询问方式结合使用,尽最大可能将调查者的动机揭示出来。

意见性问题主要是为了了解被调查者对某些事物的看法、想法或态度,也称态度性问题。

例 7-14

您对学校餐厅服务的总体满意程度:_____

意见性问题在营销调查中也经常遇到,它是很多调查者准备收集的关键性资料,因为意见常常影响动机,而动机决定着购买者的行为。

在实际市场调查中,几种类型的问题常常是结合使用的。在同一份问卷中,既会有开放式问题,也会有封闭式问题;甚至同一个问题,也可能隶属于多种类型。调查者可根据具体情况选择不同的提问方式,使用不同的询问技术。

2. 问题设计的用词

不管采用什么样的询问技术,最终都会归结到问题的措辞上。从语言文字表述来讲,问题的提出又有以下要求。

(1) 清晰、简明扼要。问题设计的用词要求简明扼要、直截了当,措辞通俗并为被调查者所熟悉。忌用一些技术味很重的专业术语。

例 7-15

您觉得这一品牌的饮料分销充分吗?(差的提问)

分析提示:分销是市场营销工作中的专门术语,对于一般意义上的消费者来讲,对市场营销工作本身不一定了解,对一些专业词汇可能更加陌生。如果这样设计问题,调查结果显然会出现误差。所以在决定问题措辞时,应避免使用过于专业的一些术语。

例 7-16

当您想购买这一品牌的饮料时,您是否容易买到?(好的提问)

分析提示:剔除专业术语"分销",将问题设计为消费者购买活动的切身感受,被调查者易于理解问题的意思,回答的真实性与效率都会有所提高。

(2) 意思明确。问题设计要意思明确,避免一般化、笼统化,否则,被调查者提供的答案资料没有太大的意义。一个表述清楚的问题应尽可能地把人物、事件、时间、地点、原因和方式 6 个方面的信息具体化。

例 7-17

某大学在军训结束后对新生进行了入学调研,问卷中有一个问题:您对我们学校印象如何?
□ 好　　　□ 不好　　　□ 不了解

分析提示:这样的问题提法过于笼统,意思不很明确,使刚入学的新生不易回答。因为对于新生来讲,学校的第一印象可能来自宿舍条件、就餐环境、社团生活、校园环境等方面。

例 7-18

您最常去购物的商店是哪家?(差的提问)

在最近两个月内,您最常去购物的东城区的商店是哪一家?(好的提问)

例 7-19

您通常每周锻炼多少次?(差的提问)

您在过去的一周内锻炼了多少次?(好的提问)

(3) 避免诱导性或倾向式问题。诱导性或倾向式问题是指明确暗示出答案或者揭示出调查人员的观点的问题。这样的问题设计会影响被调查者最终作答的客观性。

例 7-20

目前,大多数人认为商品房价格偏高,您认为呢?
□是　　□不是　　□不清楚

分析提示：这是一个诱导性问题,问题中已经包含了建议答案或推荐被调查者在该问题上应该采取的立场。

例 7-21

您对"韩流文化"给我国本土文化发展造成的冲击有什么看法?

分析提示：这是一个倾向式问题,这种提问已经揭示了调查人员的基本观点,对被调查者的回答有诱导作用。

(4) 不用要求评价或假设性的问题。

例 7-22

您每月在饮食方面的消费是多少?

分析提示：这是一个要求总结或评价的问题,作为消费者一般很难在短时间内精确地统计出自己每月饮食方面的消费。

例 7-23

您毕业后是否会马上进入大公司工作?

分析提示：作为在校生来讲,这是一个假设性的问题。被调查者可能会因假设不成立说不,也可能会因选择自由职业者而说不。

7.3.2　答案的设计

在问卷调查实践中,无论哪种问题类型,都要进行答案的设计,尤其是封闭式问题,必须进行全面、系统、详尽的设计,才可以将调查内容信息准确地传输给被调查者,取得对方的充分合作,使其不带偏见地去回答有关问题。一般较常用的答案设计方法有以下类型。

1. 两项选择法

两项选择法也称是非法,是指所提出的问题只有两种对立、互斥的答案可供选择,被调查者只能从两个答案中选择一项。

例 7-24

"您已经购买了人身保险吗?"答案只能是"是"或"否"。

分析提示：这样的答案设计态度明朗，有利于选择，可以得到明确的回答，能迫使倾向不定者偏向一方，能够在较短的时间内得到答案，统计处理方便；缺点是不能反映意见的差别程度，调查不够深入，由于取消了中立意见，结果有时不准确。

2. 多项选择法

多项选择法是指所提出的问题有两个以上的答案，让被调查者在其中进行选择。多项选择时，要求答案尽可能包括所有可能的情况，避免被调查者放弃回答或随意回答。

例 7-25

您在毕业后选择就业时考虑的主要因素是什么？（应注明选项数量）

　　A. 工资福利　　　　B. 经济发达城市　　　C. 有利于自身今后发展
　　D. 专业对口　　　　E. 才能得以施展　　　F. 积累社会经验
　　G. 其他

分析提示：多项选择法的优点是可以缓和两项选择法强制选择的缺点，应用范围广，能较好地反映被调查者的多种意见及其程度差异，由于限定了答案范围，统计比较方便。缺点是回答的问题没有顺序，且答案太多，不便归类，对问卷设计者的要求较高。

3. 顺序法

顺序法又称排序法，是指提出的问题有两个以上的答案，由被调查者按重要程度进行顺序排列的一种方法。在实践中，顺序法主要有两种：有限顺序法和无限顺序法。

例 7-26

请按重要程度排列出您在购买文具用品时考虑的前三位的影响因素：

　　A. 价格　　　　　　B. 品牌　　　　　　　C. 包装　　　　　　D. 使用方便
　　E. 商场促销　　　　F. 同学推荐　　　　　G. 其他

例 7-27

请按重要程度排列出您在购买文具用品时考虑的全部影响因素：

　　A. 价格　　　　　　B. 品牌　　　　　　　C. 包装　　　　　　D. 使用方便
　　E. 商场促销　　　　F. 同学推荐　　　　　G. 其他

分析提示：顺序法不仅能够反映出被调查者的想法、动机、态度、行为等多个方面的因素，还能比较出各因素的先后顺序，既便于回答，又便于分析。但是在实践应用中应注意：被选答案不宜过多，以免造成排序分散，加大整理分析难度；调查内容必须要求对备选答案进行排序时再使用。

4. 比较法

比较法是指采用对比的方式，由被调查者将备选答案中具有可比性的事物进行对比作出选择的方法。

例 7-28

请比较下列每一组不同品牌的彩色电视机,哪一种您更喜欢使用?(每一组中只选一种)
A. 长虹海信　　　B. 创维海信　　　C. TCL海信
D. 长虹创维　　　E. TCL创维　　　F. TCL长虹

分析提示:这种方法采用了一一对比方式,具有一定的强制性,使被调查者易于表达自己的态度。但在实际应用时应注意:比较项目不宜过多,否则会影响被调查者回答的客观性,也不利于统计分析。

7.3.3 态度量表的设计

在市场调查工作中,经常需要对被调查者的态度、意见或感觉等心理活动进行测定和判别,这些工作需要借助各种数量方法进行度量。量表就是对定性资料进行量化的一种度量工具。

> **重要概念 7-3　　　　　　　　态 度 量 表**
>
> 通过一些事先确定的用语、记号和数字来测量被调查者的态度、意见或感觉等心理活动的程度的度量工具。它可以对被调查者回答的强度进行测量和区分,而且将被调查者的回答转化为数值以后,可以进行编码计算,便于进行深入的统计分析。

1. 量表的类型

(1) 类别量表。类别量表又称"名称量表""名义量表",是根据被调查者的性质分类的,用来测量消费者对不同性质问题的分类。类别量表中所列答案都是不同性质的,每一类答案只表示分类,不存在比较关系,被调查者只能从中选择一个答案,而不必对每个答案加以比较。

例 7-29

您来自我国以下哪一地理区域?
①东部　　　　　②中部　　　　　③西部

例 7-30

您喜欢大学城的新校区吗?
①喜欢　　　　　②无所谓　　　　③不喜欢

类别量表中所列答案都是不同性质的,每一类答案只表示分类,不存在比较关系,被调查者只能从中选择一个答案,而不必对每个答案加以比较,如是、否等。表中的数字分配,仅仅是用作识别不同对象或对这些对象进行分类的标记。

(2) 顺序量表。顺序量表又称"等级量表""位次量表"或"秩序量表",是比较性量表,是将许多研究对象同时展示给受测者,并要求他们根据某个标准对这些对象排序或划分等级。

例 7-31

以下是一些手机品牌名称,请将它们按您所喜好的程度排序(其中1表示您最喜欢,5表示您最不喜欢)。

联想( )　　小米( )　　华为( )　　中兴( )　　OPPO( )

在测量过程中,顺序量表根据事物某一特点,将事物属性分成等级,用数字表示。这种测量水平,不但能区分不同类别,而且能排出等级或顺序,如胖瘦、大小、高矮、上中下、名次等。

(3) 等距量表。等距量表也称"区间量表",用于测量消费者对于喜欢或不喜欢某种商品次序之间的差异距离。等距量表中相邻数值之间的差距是相等的,1和2之间的差距就等于2和3之间的差距。有关等距量表最典型的实际例子是温度计。在市场调查活动中,给一个产品外观设计打分,某产品得9分与6分之间的差距和7分与4分之间的差距也是相同的。需要注意的是,等距量表不能计算测量度之间的比值,如某同学数学考试成绩为0分,并不能简单地说他没有数学知识。利用评比量表得到的态度数据一般经常作为等距数据来处理。

(4) 等比量表。等比量表又称"比率量表",是既具有类别、等级、等距特征,也具有绝对零点的量表。根据测量的不同水平及测量中使用的不同单位和参照点,测量量表从低到高可分为命名量表、顺序量表、等距量表、比率量表4种类型,比率量表具有类别量表、顺序量表、等距量表的一切特性,并有固定的原点,如在物理测量中,长度、重量、开氏温度量表(绝对温度量表)等。在市场调查活动中,销售额、生产成本、市场份额、消费者数量等变量都要用等比量表来测量。

2. 市场调查常用量表

目前,市场调查中常用的量表主要有以下几种。

(1) 评比量表。评比量表是比较常用的一种定序量表,调查者在问卷中事先拟定有关问题的答案量表,由被调查者自由选择回答。

例 7-32

您觉得大学园区的新校区整体环境怎么样?

1. 很好　　2. 较好　　3. 一般　　4. 较差　　5. 很差

评比量表用不同的数值来代表某种态度,目的是将非数量化的问题加以量化,而不是用抽象的数值随意排列。一般情况下,选项不应超过5个,否则普通被调查者可能会难以作出选择。评比量表的优点:省时、有趣、用途广,可以用来处理大量变量。

(2) 等级量表。等级量表是顺序量表的一种,就是让被调查者对评价对象的不同等级予以区分,也就是说,以被调查者自己心目中的评价方式给出某种顺序的相对分值。在调查品牌偏好、广告片效果比较、形象和地位评选等方面的问题时,可以使用这种方法。

例 7-33

在您的心目中,您认为自己对下列5种电视机品牌的喜欢顺序依次为(顺序由1标到5)。

长虹_____　　康佳_____　　海尔_____　　TCL_____　　海信_____

例 7-34

下面有 4 张广告图片,请您评选出 1、2、3、4 名并把序号写在括号里。

图片 A( )　　　图片 B( )　　　图片 C( )　　　图片 D( )

(3) 矩阵量表。矩阵量表也称语义差异量表,是用成对的反义形容词测试被调查者对某一事物的态度。在市场调查中,它主要用于市场与产品、个人与集体之间的比较,人们对事物或周围环境的态度的研究。具体做法:在一个矩阵的两端分别填写两个语义相反的术语,中间用数字划分为 7 个等级,由被调查者根据自己的感觉在适当位置画上记号。

(4) 李克特量表。李克特量表是李克特于 1932 年提出的,也是运用非常广泛的量表。它要求被调查者表明对某一表述赞成或否定,回答者将赞成和不赞成分成若干等级,以区别它们的态度。

课 堂 小 结

任 务 指 标	表 现 要 求	已达要求	未达要求
(陈述性)知识	掌握重要概念、特征和意义		
(实践)技能	能进行职业操作活动		
对课程内容的整体把握	能概述并认知整体知识与技能		
与社会实践的联系程度	能描述知识与技能的实践意义		
其他			

 **本章小结**

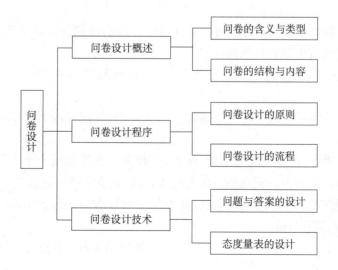

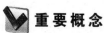 **重要概念**

问卷　问卷设计　量表

课后自测

一、选择题

1. 自填式问卷是指向被调查者进行询问，由被调查者自己填写答案的问卷。这种问卷适用于(　　)时使用。
   A. 面谈调查　　　　　　　　　　B. 邮寄调查
   C. 网络调研　　　　　　　　　　D. 电话调查

2. 问卷中所要调查的问题可分为(　　)。
   A. 事实、行为等方面的问题　　　　B. 观点、态度等方面的问题
   C. 未来的可能行为　　　　　　　　D. 动机方面的问题

3. 在问卷设计实践中，往往要求设计者注意(　　)。
   A. 用词必须清楚、简洁
   B. 选择用词应避免对被调查者的诱导
   C. 应考虑被调查者回答问题的能力
   D. 应考虑被调查者回答问题的意愿
   E. 避免所提出的问题跟答案不一致

4. 你认为在今后人民币的升值幅度将：□加快　　　　□趋缓
   以上问题属于(　　)。
   A. 开放式问题　　　　　　　　　　B. 多项选择法问题
   C. 两项选择法问题　　　　　　　　D. 比较式问题

5. 量表可以测量消费者的(　　)。
   A. 态度　　　B. 意见　　　C. 感觉　　　D. 行为

二、判断题

1. 问卷中问题与答案的设计应该生动、新颖，以吸引被调查者的注意，有时为了使其配合调查，可以将问句偏离调查目的与内容。(　　)

2. 为了保证收集到重要资料，问卷设计一定要面面俱到。时间控制在至少30分钟。(　　)

3. 问卷中的一些词汇，如"经常""通常"等已经成为人们有较大共识的词语，可以在设计时大量采用。(　　)

4. 在现实生活中，许多人认为年龄、收入、受教育程度等都属于个人隐私，不愿意真实回答，所以在设计问卷时可以把这些问题省略，以免影响整个回答的真实性。(　　)

5. 对于被调查者不清楚的某些问题，调查人员可以适当加以提示，以引导被调查者完成调查来迅速达到调查目的。(　　)

6. 量表可以作为一种独立的手段，对客观、具体的消费者行为进行测试。(　　)

三、简答题

1. 简述问卷的基本结构。
2. 问卷设计的步骤有哪些？
3. 问卷中问题的排序应注意什么？

4. 问卷的外观设计有哪些要求？其主要目的是什么？

5. 为什么对严格按照程序设计好的问卷还要进行检测与修正？可不可以省略？

案例分析

案例1　读者基本情况调查问卷

我们期待您填写的登记卡，您的回答将严格保密并进入读者数据库。届时，您可在邮购图书时得到优惠（不仅可免邮寄费，更可享受书价9折优惠）。您对所购书籍有任何意见，请另附纸张一并寄给我们公司，我们将十分感谢！

请在您选中答案的方框内打√，或将您的答案填在横线上。

1. 姓名：_____

2. 性别：□男　　　□女

3. 年龄：_____岁

4. 您所在单位的行业：□制造业　□咨询业　□金融业　□服务业　□商业　□机关　□教育　□其他

5. 您的职位：□总经理　□营销总监　□部门经理　□职员　□教师　□公职人员　□学生　□其他

6. 您单位的(成)员工数：□100人以下　□100~500人　□501~1 000人　□1 001~5 000人　□5 000人以上

7. 您的收入：每月_____元人民币

8. 文化程度：□高中　□高职　□本科　□硕士　□博士

9. 通信地址：_____　邮政编码：_____

10. E-mail 地址：_____

11. 您购买的书名是：_____

12. 您每月购书消费：_____元

13. 您是怎样知道这本书的？□别人介绍　□在书店看到　□杂志　□网络　□报纸　□培训班购买　□其他

14. 您认为这本书怎么样？□好　□中　□差

15. 请在以下几个方面予以评价：

	很好	好	一般	不太好	差
(1) 理论、专业水平的角度	5	4	3	2	1
(2) 实用、可操作性的角度	5	4	3	2	1
(3) 内容新颖、创新的角度	5	4	3	2	1
(4) 文笔、案例生动的角度	5	4	3	2	1
(5) 印刷、装帧质量的角度	5	4	3	2	1

以上是我们最常见的问卷，仔细阅读后回答以下问题。

1. 问卷中问题的排序有无不当之处？

2. 问卷中一些问题的措辞有无不当的地方？怎样改正？

案例2 北京市中高档商品房需求调查表

被调查者电话：_____

调查员姓名：_____ 调查日期：_____

调查开始时间：_____ 调查结束时间：_____

问卷审核日期：_____

被调查者所在区：☐东城区　☐西城区　☐丰台区　☐海淀区　☐朝阳区　☐石景山区

过滤性问题：

请问我能否和您或您家里任何30岁以上的成年人通话吗？

☐可以　　　　　继续访问

☐不可以　　　　停止访问

请问您的配偶是否购买了有完全产权的中高档商品房？

☐是　　　　　（跳至Q16）

☐不是　　　　停止访问

请问您是否在两年内计划购买具有完全产权的中高档商品房？

☐是　　　　　继续访问

☐不是　　　　停止访问

问卷主体：

(提请调查员注意：Q1~Q14是对意向购买者的提问，Q15之后是对已购者的提问)

Q1：北京的房地产公司中您听说过的有哪些？（请说出至少三个）

☐_____

☐_____

☐_____

Q2：下面是北京一些较知名的商品房小区名单，请问您听说过的都有哪些？

☐今典花园

☐万泉新新家园

☐嘉慧园

☐曙光花园

☐冠城园

☐现代城

☐京华豪园

☐其他：_____（请注明）

Q3：您是通过何种渠道了解商品房消息的？

☐报纸

☐杂志

☐互联网

☐朋友介绍

☐电视

☐房展会

☐广播

☐其他：_____（请注明）

Q4：目前已推出的商品房对您的购买力来说：
☐很高
☐有些高
☐适中
☐有些低
☐很低

Q5：您认为商品房价格趋势将会怎样？
☐会上升
☐变动不大
☐会下跌
☐说不清楚

Q6：您购房所能承受的总价格是_____万元。

Q7：您希望选择的付款方式：
☐一次性付款
☐分期付款
☐小于5年的银行贷款
☐5年的银行贷款
☐10年的银行贷款
☐15年的银行贷款
☐15年以上的银行贷款

Q8：您若购房，最希望选择的地段是：
☐东城区
☐西城区
☐丰台区
☐海淀区
☐朝阳区
☐石景山区

Q9：您心目中预期购买商品房的总建筑面积是_____平方米。

Q10：您预期购买商品房的户型是：_____室_____厅_____卫。

Q11：您预期购买的商品房楼型是：
☐多层
☐高层
☐复式结构
☐别墅式

Q12：您购房的目的是：
☐投资
☐自用
☐为家人购买
☐其他：_____（请注明）

Q13：您购置商品房所考虑的前三位最重要的因素是：

第一因素_____

第二因素_____

第三因素_____

Q14：您在购买商品房时所希望的装修标准是：

☐毛坯房

☐初装修

☐厨卫精装

☐全部精装

Q15：您购买商品房所期望的是：

☐期房

☐现房

（提请调查员注意：意愿购房者回答完 Q15 后跳至 D1 个人部分，Q16～Q26 仅对已经购置商品房者提问）

Q16：您目前所在的商品房小区是_____。

Q17：您当时购置商品房所考虑的前三位最重要的因素是：

第一位因素_____

第二位因素_____

第三位因素_____

Q18：您购买商品房的总价格是_____万元。

Q19：您购置的商品房付款方式：

☐一次性付款

☐分期付款

☐小于 5 年的银行贷款

☐5 年的银行贷款

☐10 年的银行贷款

☐15 年的银行贷款

☐15 年以上的银行贷款

Q20：您购买商品房的总建筑面积是_____平方米。

Q21：您家的房屋户型是：_____室_____厅_____卫。

Q22：您购买商品房的楼型是：

☐多层

☐高层

☐复式结构

☐别墅式

Q23：您购房的目的是：

☐投资

☐自用

☐为家人购买

☐其他：_____（请注明）

Q24：您在最近的两年内会不会再购买商品房？
☐会
☐不会

Q25：您对您小区的物业管理满意度：
☐很满意
☐满意
☐稍满意
☐无所谓
☐稍不满意
☐不满意
☐很不满意

Q26：您所购买的商品房房价相对您的购买力来说：
☐很高
☐有些高
☐适中
☐有些低
☐很低

Q27：您认为商品房今后两年的价格趋势将会怎样？
☐会上升
☐变动不大
☐会下跌
☐说不清楚

个人及家庭背景

D1：您的年龄是_____岁。

D2：您的性别：
☐男
☐女

D3：您的婚姻状况：
☐已婚
☐未婚
☐离婚
☐分居
☐丧偶
☐其他

D4：您的家庭有几口人？
☐一人
☐两人
☐三人
☐四人

☐四人以上

D5：您的职位是：

☐董事长

☐部门主管

☐总经理/副总经理

☐市场营销/销售总监

☐财务总监/总会计师

☐专业人士

☐行政经理/人力资源经理

☐其他：_____（请注明）

D6：您工作单位的地点是：

☐东城区

☐西城区

☐丰台区

☐海淀区

☐朝阳区

☐石景山区

D7：您的教育程度是：

☐研究生及以上

☐本科

☐高职

☐中职

☐高中

☐初中

D8：您的家庭年收入：

☐3万～5万元(含5万元)

☐5万～7万元(含7万元)

☐7万～9万元(含9万元)

☐9万～11万元(含11万元)

☐11万～13万元(含13万元)

☐13万～15万元(含15万元)

☐15万～17万元(含17万元)

☐17万～20万元(含20万元)

☐20万元以上

☐不知道/拒答

D9：您是否有供自己自由支配的汽车？

☐是

☐否

(资料来源：根据雷培莉《市场调查与预测》(经济管理出版社2004年10月出版) 改编。)

以上是一份对北京市中高档商品房需求调查的模拟问卷,仔细阅读后回答以下问题。
1. 请你概括这份问卷的调查目标。
2. 这是一份自填式问卷还是访问式问卷?
3. 你认为问卷中对调查员的提醒有必要吗?为什么?
4. 问卷中有哪些问题类型的设计?
5. 结合所学,你认为还有需要补充的问题吗?如有,请补充完整。

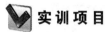

实 训 项 目

实训名称:市场调查问卷设计。
实训目的:通过实训项目的演练与操作,初步认知市场调查问卷的设计工作。
实训内容:设计一份由不同类型问题组成的问卷,调查所在学校的学生对某一品牌的笔记本电脑的态度。
实训组织:学生分组,实施调查。
实训总结:学生交流不同调查结论,教师评价。

学 生 自 我 学 习 总 结

通过学习本章,我能够作以下总结。
1. 主要知识点

本章的主要知识点有:
(1)
(2)

2. 主要技能

本章的主要技能有:
(1)
(2)

3. 主要原理

问卷的主要原理是:
(1)
(2)

4. 主要相关知识点

本章涉及的主要相关知识点有:
(1) 调查问卷与市场信息载体的关系是:
(2) 问卷编排与心理学的关系有:

5. 学习成果检验

完成本章学习的成果：
(1) 学习本章的意义有：
(2) 学到的知识有：
(3) 学到的技能有：
(4) 我对问卷设计的初步印象是：

第 8 章 市场调查的组织

不管努力的目标是什么,不管他干什么,单枪匹马总是没有力量的。合群永远是一切善良思想的人的最高需要。

——[德]歌德

导 语

在实地调查收集资料时,人就成了主要因素。这里的人是指组建的市场调查工作小组和对市场调查项目的管理与协调。如果说,前面的一系列策划工作是由调查公司经理层面的人来完成的,那么,根据项目大小,收集数据资料这项工作还需要一支工作小组团队完成。

学习目标

知识目标
(1) 认知市场调查实施过程。
(2) 认知实施主管和督导职责。
(3) 认知调查员培训内容与方式。
(4) 认知市场调查组织的意义。
技能目标
(1) 能进行调查员培训组织。
(2) 能对调查过程进行有效控制。
(3) 能结合实际对调查技巧进行评价。

调查故事

有一天,一位师父带着习武的小徒弟在森林中漫步,忽然,小徒弟一声惊叫,指着远方急切地喊着:"师父,您看,一只狼在追着一只仓皇而逃的兔子。"

小徒弟问道:"师父,要不要救救那只兔子?我看它跑得好可怜。"师父笑笑说:"不急,我出个题目,你猜这只恶狼能不能追上那只兔子呢?"小徒弟想了想,回答道:"应该很快就能追上了吧!"师父正色道:"不对,追不上。"小徒弟诧异地问:"为什么?"

师父慈祥地说:"那是因为这只狼所在乎的,不过只是一顿午餐,追不上兔子,它可以转而追捕其他东西。但是对兔子而言,那就大大不同了,它若是被狼追上,自己的性命也就完蛋了,所以兔子会用尽全部力量来逃命,所以我说,狼追不上兔子,你看吧!"

果然,狼与兔子之间的距离越来越远,终于放弃了继续再追兔子。小徒弟又问:"师父,照这么说来狼永远也追不上兔子了?"师父摸着小徒弟的头,说:"只要狼群一起行动,兔子跑得再快,还是逃脱不出它们的围捕。"

人之所以能够成功,或许他正如兔子般凡事全力以赴,故而得以正确激发潜能。而有人遭遇失败,或许就如狼一般,只是为了糊口,而不愿多用心力,来让事情变得更好。如果自认已经全力以赴了,还要面临失败的恐惧,不妨学学狼的哲学,寻求帮助,依靠团队同心协力的合作,可能就会有另一番崭新的局面呈现出来。

启示:市场调查工作是一项团队合作才能完成的工作,一个项目中,从方案制订、组织实施到分析提出结论,需要多个部门、人员的配合。

市场调查的组织需要做好两方面工作。一是做好实地调查的组织领导工作;二是做好实地调查的协调、控制工作。要按照事先划定的调查区域确定每个区域调查样本的数量,调查员的人数及路线。调查组织人员要及时掌握实地调查的工作进度完成情况,协调好各个调查员间的工作进度;要及时了解调查员在访问中遇到的问题并帮助解决,对调查中遇到的共性问题,提出统一的解决办法,以保障调查活动的顺利进行。

8.1 市场调查人员的组成

在市场调查中,工作千头万绪,调查人员本身的素质、条件、责任心等参差不齐,都在很大程度上制约市场调查作业的质量,影响市场调查结果的准确性和客观性。因此,加强调查人员组织管理是市场调查中的重要工作。

市场调查活动的组织结构应包括调查领导组、调查督导和调查员三重结构,相互制约,互为监督,而一些企业在组织市场调查工作时往往只设调查负责人和调查人员两重结构,缺少对调查工作中监督一环和后期检查的措施,市场调查这种组织结构的欠缺往往造成调研数据失真、市场调查结果有偏差。

8.1.1 建立调查领导组

不同的市场调查机构,其组织结构的形式可能不同,但是在接受委托单位的委托,开始按照委托方的要求,认真组织实施各个阶段的调查工作时,为了保证项目实施的顺利,需要在公司内部先建立调查领导组,主要负责管理控制项目的实施,并及时向委托方反馈调查进程和调查工作的有关信息。

1. 组建市场调查领导组

一些社会市场调查公司内部都会根据专业分工、技术力量分布等情况,分别设置不同的调查业务部门,这些部门的主要职责就是执行市场数据资料的收集与分析工作。一般情况下,根据职责分工,专业调查公司会指派市场调查业务部门人员组成市场调查领导组。

如果受托项目规模较大,涉及各方面的工作,这时就需要调查公司内部的研究开发部、调查部、统计部、资料室等多个部门指派相关人员,一起组成市场调查领导组,以保证调查工作的顺利实施。

市场调查领导组成立之后,由项目主管负责整个项目管理,包括协调各部门的关系、起草初步计划、制定预算并监督使用情况。如果项目较大,还需根据项目具体情况,选定多名项目实施主管,分别负责一定(区域或数量)的子项目。

2. 明确项目主管职责

对于一般规模不大的市场调查项目,市场调查项目主管也可能就是项目实施主管,主要职责有以下几个方面:①深入了解调查研究项目的性质、目的及具体的实施要求;②负责选择合适的实施公司(如果需要)并与之进行联络;③负责制订实施计划和培训计划;④负责挑选实施督导和调查人员(如果需要);⑤负责培训实施督导和调查人员;⑥负责实施过程中的管理和质量控制;⑦负责评价督导和调查人员的工作。

8.1.2 选择调查督导人员

市场调查督导人员是指在数据采集过程中,负责对调查人员的工作过程进行检查、审核与验收的监督人员。监督的方式可以是公开的,也可以是隐蔽的。

1. 选出调查督导人员

督导人员实施的督导工作主要包括现场的实施、数据的编辑和编码、数据的分析等,也是市场调查活动的基础性工作。其工作成效关系到后续调查工作的成效,直至市场调查结论的科学与精准。因而,督导人员应该由对工作认真负责、业务技能精湛的市场调查机构或部门人员担当。

2. 明确调查督导人员职责

(1) 公开或隐蔽地对调查人员实行监督。对于训练有素的调查人员和动机明确的调查人员,在没有任何迹象表明其可能存在欺骗或错误的情况下,公开的监督是没有必要的。隐蔽的监督之所以有必要,是因为如果调查人员知道受到(公开的)监督时,其行为表现可能会有所差别。隐蔽的监督可以有两种方式:①在调查的名单中或在调查的现场组织一些调查人员不认识的人士,要求这些人士将受访的情况向督导报告;②在调查人员不知道的情况下对调查进行监听或录音。如果在实施的过程中有可能进行隐蔽的监督,那么一定要事先通知调查人员,说明可能会有不公开的检查监督发生。否则,如果过后调查人员发现他们受到暗中监督时,肯定会产生极大的不满。

(2) 现场指导调查人员进行调查。督导又可以分为调查现场督导和调查技术督导。实施有一个良好的开端非常重要,而且督导很有必要经常到实施现场去,以确保调查人员没有变得松懈,没有养成什么坏习惯,也没有投机取巧走捷径。例如,对于面访调查,督导应该对调查员开始进行的几个试调查实行陪访,并在整个实施的过程中有计划地进行陪访。对于电话调查,开始的几个调查应当有督导在场,督导可以通过分机聆听调查的对话,以便进行必要的帮助。

(3) 对实施情况进行检查。督导最好要求调查员每天都将当天完成的调查结果(完成的问卷)上交督导。督导对实施的情况可以一天一检查,一天一报告。发现问题,及时纠正,以保证问卷资料的完整性与有效性。

8.1.3 选择市场调查人员

调查人员是市场调查项目实施的具体执行者,因此,调查人员的自身素质是调查实施能够成功的最重要的保证。调查人员一般都是从申请者中经过认真的挑选后确定的。

1. 选择市场调查人员

社会上,专业市场调查机构一般不可能拥有太多的专职调查人员,而兼职的调查人员队伍又不太稳定。因此,调查公司常常要大量进行招聘调查人员的工作。招聘市场调查人员,可以采取书面形式,也可以采取面试形式。

在招聘过程中,调查人员主要考虑的条件应该包括以下两点。

(1) 责任感。责任感在市场调查中显得尤其重要。缺乏责任感的人,即使工作能力很强,专业水平很高,也很难把事情做好。

(2) 普通话。普通话一般人都听得懂,所以在一般情况下,尽量选择普通话标准的人作为市场调查人员,同时也要具体情况具体分析,比如说我国地方方言很多,许多地方平时习惯使用当地的方言,如果调查人员能够使用方言与被调查者交谈,容易得到被调查者的认同,降低被调查者的心理防御,提高调查的成功率。

此外,挑选调查人员还应考虑以下因素:①被调查对象的人口特征(性别、年龄、文化程度、职业等)和社会经济特征,要尽量选择能与之相匹配的调查人员;②调查人员完成调查工作的有效性和可靠性;③是否能够按照调查指南的要求去进行调查,并有持之以恒的决心;④善于交流,调查人员的工作是与被调查者进行交流,因此,能干的调查人员应该既善于向他人作有效的询问,又能细心地倾听、正确地领会和理解他人的回应。虽然一般都希望调查人员是比较合群、善于交际、性格外向、愿意并喜欢与他人接触的,但是调查人员不能过于活跃;⑤调查人员的信念和个人的道德是避免作弊的最重要的因素。所以,申请者应该具有诚实和勤奋的品质。比如,到申请者以往的雇主那儿去了解情况,包括申请者旷工的记录,最好获取一些个人的参考资料,以及其他任何能表示其个人责任感和社会责任感的有关信息。

> **课堂讨论** 市场调查公司为什么会临时招聘大量的调查人员?

2. 明确市场调查人员的素质要求

市场调查活动是一项科学细致的工作,作为一个优秀的调查人员,必须具有相应的知识和技能。

(1) 思想品德素质要求。思想品德素质是决定调查人员成长方向的关键性因素,也是影响市场调查效果的一个重要因素;一个具有良好的思想品德素质的调查人员,应该注意以下几点:①政治素质。熟悉国家现行有关的方针、政策、法规,具有强烈的社会责任感和事业心。②道德修养。具有较高的职业道德修养,在调查工作中能够实事求是、公正无私,绝不能满足于完成任务而敷衍塞责,也不能迫于压力屈从或迎合委托单位和委托单位决策层的意志。③敬业精神。要热爱市场调查工作,在调查工作中要认真、细致,要具有敏锐的观察力,不放过任何有价值的资料数据,也不错拿一些虚假的资料。凭自身业务素质,能断定哪些资料存在疑点,能够不怕辛苦,反复核实,做到万无一失。④谦虚谨慎、平易近人。调查人员最主要的工作是与人打交道。一些谦逊平和、时刻为对方着想的调查人员,往往容易得到被调查对象的配合,从而能够获得真实的信息,而那些脾气暴躁、盛气凌人、处处只想到自己的调查人员,容易遭到拒答或得到不真实的信息。

(2) 业务素质要求。业务素质的高低是衡量市场调查人员的首要条件。市场调查工作不仅需要一定的理论基础,还需要具备较强的实际经验。包括:①具有市场调查的一些基础知识。如了解调查工作中调查人员的作用和他们对整个市场调查工作成效的影响;在调查中要保持中立;了解调查计划的有关信息;掌握调查过程中的技巧;熟知询问问题的正确顺序;熟悉记录答案的方法。②具有一定的业务素质。如阅读能力,即理解问卷的意思;表达能力,即将要询问的问题表达清楚;观察能力,即能判断被调查者回答的真实性;书写能力,即能够准确、快速地将被调查者的回答原原本本地记录下来;独立外出能力,即调查人员能够独自到达指定的地点,寻找指定的被调查者,并进行调查;随机应变能力,即在调查过程中遇到的是各种各样的人,所以调查人员要能够随机应变,适应不同类型的人的特点。③身体素质。身体素质包括体力和性格两项基本素质。市场调查是一项非常艰苦的工作,特别是入户访谈调查和拦截调查,对调查人员的体力要求较高。同时,市场调查人员的性格最好属于外向型、会交际、善谈吐、会倾听,善于提出问题、分析问题和解决问题,谨慎而又机敏。

在实际调查过程中,调查工作是通过一支良好的调查人员队伍来实现的。调查人员的思想道德素质是必需的,是前提条件。而调查人员的业务素质和身体素质则可以随着调查的方法不同而有所不同。

拓展阅读 8-1

市场调查人员的选择

所谓市场调查人员,是指在市场调查过程中执行入户询问与记录的调查人员。在决定整个市场调查报告质量的诸多因素中,调查人员的表现无疑是极为重要的。正如国外市场调查专家经常援引的一句名言所言:"Rubbish In, Rubbish Out!"(垃圾进,垃圾出!)其含义就是如果调查人员采集来的第一手资料谬误百出,那么无论你的抽样技术多科学、数据处理多精确、分析水平多高超,最后得出来的结论仍将一文不值。因此,在一些国外著名市场研究公司都将调查人员的挑选培训与管理置于其整个调查工作的第一位。

课 堂 小 结

任 务 指 标	表 现 要 求	已达要求	未达要求
(陈述性)知识	掌握重要概念、特征和意义		
(实践)技能	能进行职业操作活动		
对课程内容的整体把握	能概述并认知整体知识与技能		
与社会实践的联系程度	能描述知识与技能的实践意义		
其他			

8.2 市场调查人员的培训

一般来讲,国内绝大多数中小型市场调查机构承接的调查业务在时间分布上往往是既不均匀又无规律的,有时可能一个月里同时要承接好几项大业务,而有时可能一个月连一项业务也没有,往往无法维持一支专职的调查人员队伍,而只能根据任务随时组建并培训一批业余调查人员。这样虽然能够降低调查机构的运行成本,但对于那些受聘的调查人员来说,这种不定期的工作也因此有着强烈的临时工作性质。因此,市场调查人员的培训工作意义重大。

8.2.1 人员培训工作的组织

在市场调查人员培训中,出于组织与管理的需要,市场调查公司管理部门相关人员还应该做好两项工作:其一,及时发出培训通知;其二,组织管理培训的具体运行。

1. 培训工作的通知

市场调查人员培训管理者应提前发出培训通知,让受训者能就本次培训做好相应的学习准备;提前通知培训师,也显得调查公司对培训工作的重视,为培训师的提前准备预留充足的时间;有的培训还会涉及其他部门或组织的配合,提前告知会给培训工作带来便利,从而保证培训如期举行。

2. 培训工作的运行

在人员培训工作进行中,培训组织者应该注意:①保证组织到位,要确认培训师、学员都要按时到位,培训所需的材料发放到位,座次安排、入场井然有序。②确保培训进程顺利,时间控制要严密。③收集第一手培训信息。在培训具体实施过程中,培训组织者要收集第一手培训信息,为以后的培训安排做好准备。④按时进行培训中的效果调查,及时发放效果调查表,指导学员填写。要针对调查表的具体要求实施,如针对课程的就要在课程实施前发放,课程结束后就要回收;而针对整个培训的就适宜在培训即将结束时发放并马上回收,以防时间过长丢失。⑤针对培训中可能出现的突发情况,及时应对。

8.2.2 人员培训方式的确定

对调查人员的培训主要包括三种形式:讲授、模拟、试访与陪访。

1. 讲授

讲授是指市场调查培训者用语言传达想要访问人员学习的内容。这是按照一定组织形式有效传递大量信息的成本最低、时间最节省的一种培训方式。通过讲解,可以使调查人员牢记调查项目的重要性、目的、任务,并通过训练手册,熟悉各项任务要求。讲授法能够传递大量信息,还可作为其他培训方式的辅助手段,如市场调查行为示范和技术培训。

2. 模拟

模拟是指由培训人员与有经验的调查人员分别担任不同角色,模拟进行调查活动中各种问题的处理。其主要方式包括情境模拟、问卷试填、案例分析等。为了确保调查结果的正确性,必须防范或克服因缺乏实际经验而可能产生的各种不良影响及调查人员的心理挫折。因此,在尚未派出实地调查之前,多利用模拟训练方式,可以使市场调查的从业人员增加经验,对未来可能遭遇的情况才有可能较好地化解。

3. 试访与陪访

试访与陪访是确保调查人员培训效果必不可少的一环。试访是在调查项目正式开始之前,调查人员所进行的"小试身手";陪访则是由督导人员陪同调查

> 课堂讨论 为什么要进行陪访?

人员一起进行访问。具体做法是:在课堂培训结束后,先拿出少量问卷,将调查任务分派给每个调查人员,让他们按正式要求去试访几份。与此同时,培训专家或督导人员则以旁观陪同者的身份对每一个调查人员的入户进行一次陪访,实地观察调查人员在实际工作中是否存在什么问题。在试访与陪防结束后,培训专家再对调查人员进行一次集中总结,及时纠正试访中存在的问题,并及时淘汰部分难以胜任工作的调查人员。这样,整个培训工作的效果就能得到基本保障。

8.2.3 人员培训内容的确定

根据项目需要,对调查人员的培训一般包括普通性培训和专业性培训。由于上述两类培训内容不同、所要解决的问题也不同,因此,通常必须分开进行,并由不同的培训教师分别承担。

1. 普通性培训

普通性培训是指对调查人员进行诸如自我介绍、入户方式、应变能力、工作态度、安全意识、报酬计算标准、奖惩条例、作业流程及纪律与职业道德等内容的培训。普通性培训重点针对首次应聘的调查人员,并由市场调查公司管理人员(如督导)来承担;而对于已多次参与过调查任务的老调查人员,则只需就新的规定作扼要的说明,而将培训重点放在专业性培训上,以提高培训工作的效率,并避免调查人员对培训工作产生厌倦情绪。

2. 专业性培训

专业性培训是指针对某一份具体问卷所涉及的问题,诸如怎样甄选被调查对象、如何统一理解或向被调查者解释某些专业概念与名词、如何跳问问题、如何做好笔录、如何追问及如何自查问卷等技术性问题的培训。除非是针对同一产品的同一份问卷的重复调查,否则任何专业问卷都会因为调查人员对某一产品认知深度的差异,或对某些特殊问题理解的不一致而出现调查误差。所以,专业性培训应成为每一次培训的重点内容,最好由来自委托企业的技术专家与市场调查公司的方案设计者共同完成,这样才能最大限度地保证培训效果的准确性与高效性。

拓展阅读 8-2

市场调查人员的责任

(1) 接触被调查者。按照调查实施负责人的安排,在合适的时间接触抽样计划所要求的调查对象。为了样本的代表性,不要轻易地被拒绝。另外,要确定家庭中被调查者的

资格,一个家庭只能调查一个人。如果被调查者拒绝回答,则按要求向上反映,或严格按要求寻找替代的调查对象。要切记的是,调查人员不能自作主张地调查另一个人来代替拒访者。

(2) 保密。保密是市场调查人员应该具备的职业道德。调查人员不能将被调查者的个人隐私的调查结果透露给其他人员。同时,在调查过程中如果有邻居在场,应委婉地向被调查人员说明是否要再找个时间。

(3) 提问。每次调查之前,如何向被调查者提问,调查公司都有统一规定,所以调查人员一定要按要求去提问,不要太随意。

(4) 记录。记录被调查者的回答。要求记录准确、填写清楚、整洁,以免编码时出差错。提问和记录的有关问题在访谈技巧中还要详细说明。

(5) 审查。在结束调查时,调查人员要检查整个问卷是否都准确完成,字迹、答案是否清楚,等等。

(6) 发送礼品、报酬。如果对被调查人员有酬谢,要一一放送礼品或报酬,注意不要多发或少发。

8.2.4 调查技巧的培训

调查技巧是指调查人员为了获得准确、可靠的调查资料,运用科学的调查方法,引导被调查者提供所需情况的各种方法和策略。根据调查方案的要求,调查者可能是入户访谈调查,也可能是街上拦截调查。为了保证调查过程的质量,提高调查人员的工作效率,对调查人员进行培训是非常必要的。例如,通常在入户访谈调查中,训练有素调查人员的入户成功率可达到90%,没有技巧的调查人员则只能达到10%,而后者所完成的调查,无论如何也不可能促成有效的调查。

1. 如何避免访谈开始就拒访

调查人员与被调查者最初的接触,是能否获得被调查者合作的关键步骤。最有效的开场白就是自我介绍,自我介绍要按规范的形式进行。通常在问卷设计中已精心编写了开场白(自我介绍词)。

调查人员自我介绍时,应该快乐、自信,如实表明调查目的,出示身份证明。有效的开场白可增强潜在的被调查者的信任感和参与意愿。

例 8-1

调查人员在首次面对被调查者时所使用的开场白。

您好!我叫李娟,我是中国人民大学管理学院市场营销专业的学生,这是我的学生证。我们正在做一项有关市民网上购物习惯的调查。您正好是这次调查中经过科学抽样设计选中的被调查者之一,您的观点对我们的研究非常重要,希望您能够回答以下几个问题。

例 8-2

调查人员在首次面对被调查者时所使用的开场白。

您好!我叫Sonia,我是Georgia Tech营销部的代表,这是我的证件。我们正在进行一项关于家庭对大型购物中心偏好的研究。您是经过科学选样挑选出的参与调查研究的调查对象之一。我们将高度重视您的意见,希望您能回答以下几个问题。

自我介绍的另一个原则是:不要机械地请求获得对方准许。如"我可以耽误您几分钟吗""您能抽几分钟回答我的提问吗"等,这类问话开头很容易遭到拒绝。心理学研究表明,与不请求准许的开场白相比,请求获得准许的拒访率更高。

拓展阅读 8-3

拒访的原因

主观的原因:①怕麻烦。随着市场调查越来越普及,被调查者以前有过不愉快的经历或怕麻烦而拒绝接受调查。②怕露底。由于社会治安方面的问题,担心随便让人进来会遭抢劫或让人知道了自己的财产后被盗,所以拒绝调查。③感到调查对自己没有意义。

客观的原因:①调查人员行为不当。调查人员的仪表、态度、语言、举止等令被调查者感到不舒服,因而拒绝被调查。②回答有困难。被调查者在回答问题方面有障碍,比如,语言表达不清楚、听力不好、说方言等让调查人员听不懂。③被调查者文化程度低。看不懂问卷、不理解问卷的意思、不会写字等。④有事不顺心而无法配合。比如,工作不顺心、生病等原因引起的心情不好而拒绝调查。⑤家中有客人。即调查人员拜访时正好遇到被调查者家中有客人。

2. 如何避免访谈中途拒访

通常情况下,被调查者一旦开始参与调查,就不会中途停止,除非出现一些特殊情况。

(1) 选择适当的入户访谈时间,可以减少或避免拒访的尴尬现象。一般工作日,访谈可选择在晚上 7:00—9:00 进行;双休日,可选择在 9:00—21:00 进行,但应避免吃饭时间和午休时间。

(2) 被调查者如果要拒绝调查,通常会找出许多借口,调查人员要想出不同的对策。①如果被调查者以"没有时间"拒访,调查人员要主动提出更方便的时间,如傍晚 6 点,而不是问被调查"什么时间合适"。②如果被调查者声称自己"不合格"或者"缺乏了解,说不出",调查人员应该告诉被调查者:"我们不是访谈专家,调查的目的是让每个人有阐明自己看法的机会,所以您的看法对我们很重要"或"您把您知道的说出来就可以了"等,以鼓励被调查者。③如果被调查者以"不感兴趣"而拒访,调查人员可以解释:这是抽样调查,每一个被抽到的人的意见都很重要,请您协助一下,否则调查结果就会出现偏差。

这一环节,调查人员要随时关注被调查者的理解程度与配合态度,设法调动被调查者的情绪,用眼神和神情表露出对对方的欣赏与鼓励。

拓展阅读 8-4

中途拒访的原因

(1) 问卷太长。在回答提问的过程中,被调查者发现问卷太长,完成问卷花费的时间太多,因而产生厌烦的情绪,没有了耐心。

(2) 问题不好回答。问卷上的提问是被调查者不太熟悉的领域,与被调查者的生活经历相差太远,或者有些问题需要被调查者极力去回忆等。

(3) 问题不便回答。问卷中间涉及一些不便回答的问题,如婚姻、个人收入、政治倾向等,因而被调查者拒绝回答。

(4) 其他事情的打扰。比如,有人拜访、电话打扰、突然有事需要处理等。

3. 如何合理控制环境

理想的调查应该在没有第三者的环境下进行,但调查人员总会受到各种干扰,所以,调查人员要注意控制环境的技巧。

例 8-3

如果调查时有其他人插话,应该有礼貌地说:"您的观点很对,我希望过一会儿请教您!"

调查人员应该尽力使调查在脱离其他家庭成员的情况下进行,如果调查时由于其他家庭成员的插话,调查人员得不到被调查者自己的回答,则应该中止调查。

如果周围有计算机或电视机发出很大的噪声,调查人员一般很难建议把声音关小,这时,如果调查人员有意识地降低说话声音,被调查者就注意到了噪声,就会主动关掉。

4. 保持中立

在市场调查活动中,调查人员的惊奇表情、对某个回答的赞同态度等,都会影响被调查者的应答。所以,调查人员应时刻保持冷静、中立,在访问中,除了表示出礼节性兴趣外,不要作出任何其他反应。即使对方提问,调查人员也不能说出自己的观点。同时,要向被调查者解释,他们的观点才是真正有用的。还要避免向被调查者谈及自己的背景资料。如果被调查者执意追问,调查人员应该给出一个模糊的回答,并鼓励被调查者谈他们自己和他们的见解。

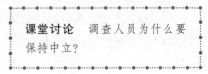

课堂讨论 调查人员为什么要保持中立?

5. 如何进行提问与追问

调查人员在调查过程中应按问卷设计的问题排列顺序及提问措辞进行提问。对于开放式问题,一般要求充分追问。追问时,不能引导,也不要用新的词汇追问,要使被调查者的回答尽可能具体。熟练的调查人员能帮助被调查者充分表达他们自己的意见。追问技巧不但给调研提供充分的信息,而且使调查更加有趣。

拓展阅读 8-5

提问的技巧

(1) 提问用词。调查问卷上的提问用词往往都是经过仔细推敲的,因此,调查人员对于每个问题都要严格按照调查问卷用词进行提问,如果提问或用词有误,就可能影响调查结果。

(2) 问题顺序。在调查问卷设计过程中,由于问题的先后次序会对问卷整体的准确性及能否顺利进行调查有重要影响,因此,调查问卷中每个问题的顺序都是经过精心编排的,调查人员在提问时,要严格按照问卷上的问题顺序提问,不要随意改变问题的顺序。

(3) 严格按要求询问。当被调查者不理解题意时,调查人员可重复提问,但不能自作解释或加上自己的意见而影响被调查者的独立思考。

(4) 调查问卷上的每个问题都应问到。调查人员在调查中要注意,不可因为调查次数多、同样的问题重复遍数多或认为某些提问不重要而自作主张,放弃应该询问的问题。

(5) 某些问卷有一些画横线的关键词,在提问时应加重语气或重复。

(6) 提问时的音量应控制在被调查者能清晰听清为宜,语速应不快不慢。

(7) 提问过程应随时根据被调查者的情绪来加以调节和控制。

在调查中,有时被调查者不能很好地全面回答提问,有时问卷本身就设定了追问问题,这时都需要运用追问技巧来达到预期的目的。

例 8-4

可以通过表 8-1 的做法来追问:重复读出问题;重复被调查者的回答;停顿、无言或使用中性追问用语。

表 8-1 调查人员的追问用语

标准调查人员用语	缩写语	缩写符号
还有其他想法吗	另因	(+?)
还有另外的原因吗	他因	(△+?)
您的意思是什么	意思	(……)
哪一种更接近您的感觉	近似	(∽)
为什么您会这样认为呢	原因	(⊙?)
重复问题	重复	(<?)
您能告诉我您的想法吗	想法	(?:)

例 8-5

开放式问题的追问技巧。

"您说得挺好、不错,指的是什么,请具体说一下""您还喜欢什么""您还有没有喜欢的呢""还有呢,还有呢"等。

6. 如何结束调查

当所有希望得到的信息都得到之后就要面临结束调查了。此时,可能被调查者还有进一步的自发陈述,他们也可能有新的问题,调查人员工作的原则是认真记录有关的内容,并认真回答被调查者提出的有关问题。总之,应该给被调查者留下一个良好的印象。最后,一定要对被调查者表示诚挚的感谢,让被调查者有良好的感觉。

调查人员要感谢被调查者抽出时间给予合作,并使被调查者感受出自己对这项调查研究作出了贡献。迅速检查问卷,看有没有遗漏,问题的答案有没有空缺;问题的答案是否有前后不一致的地方;是否有需要被调查者澄清的含糊答案;单选题是否有多选的情况等。再征求意见,询问被调查者的想法、要求,并告诉他如有可能,还要进行一次回访,希望他给予合作。离开现场时,要表现得彬彬有礼,为被调查者关好门,并跟被调查者及家人说再见告别。

课 堂 小 结

任务指标	表现要求	已达要求	未达要求
（陈述性）知识	掌握重要概念、特征和意义		
（实践）技能	能进行职业操作活动		
对课程内容的整体把握	能概述并认知整体知识与技能		
与社会实践的联系程度	能描述知识与技能的实践意义		
其他			

8.3 市场调查过程管理

市场调查活动的过程管理主要包括市场调查项目管理和市场调查人员管理。

8.3.1 市场调查项目管理

市场调查项目管理应该做好以下工作。

1. 实地调查工作的组织

实地调查是一项较为复杂烦琐的工作。要按照事先划定的调查区域确定每个区域调查样本的数量、调查人员的人数，每位调查人员应访问样本的数量及访问路线，每个调查区域配备一名督导人员；明确调查人员及调查人员的工作任务和工作职责，如何将工作任务落实到位，工作目标、责任明确。当需要对调查样本某些特征进行控制时，要分解到每个调查人员。例如，某调查项目的调查样本是 1 000 人，要求调查男性 600 人、女性 400 人，调查对象的男女比例为 3∶2，则要求每个调查人员所调查样本的男、女比例都应控制为 3∶2，从而保证对总样本中男、女比例的控制。

2. 监督调查计划的执行

调查工作计划是指为确保调查的顺利实施而拟定的具体工作安排，包括调查人员安排和培训、调查经费预算、调查进度日程等。

调查工作计划直接关系到调查作业的质量和效益。调查人员的工作能力、职业态度、技术水平等会对调查结果产生重要影响，一般要求，调查人员应具备沟通能力、创造力和想象力。调查费用因调查种类和收集资料精确度的不同而有很大差异。调查组织者应事先编制调查经费预算，制定出各项费用标准，力争以最少的费用取得最好的调查效果。调查进度日程是指调查项目的期限和各阶段的工作安排，包括规定调查方案设计、问卷、抽样、人员培训、实地调查、数据录入、统计分析、报告撰写等完成日期。为保证调查工作的顺利开展和按时完成，调查者可制定调查进度日程表，对调查任务加以具体规定和分配，并对调查进程随时进行检查和控制。

3. 实地调查工作的协调

调查组织人员要及时掌握实地调查的工作进度完成情况,协调好各个调查人员间的工作进度;要及时了解调查人员在访问中遇到的问题,帮助其解决,对于调查中遇到的共性问题,提出统一的解决办法。要做到每天访问调查结束后,调查人员首先对填写的问卷进行自查,然后由督导人员对问卷进行检查,找出存在的问题,以便在后面的调查中及时改进。

4. 调查问卷的审核

问卷的初稿完成后,调查者应该在小范围内进行试验性调查,了解问卷初稿中存在哪些问题,以便对问卷的内容、问题和答案、问题的次序进行检测与修正。试验性调查的具体方法可以是这样:选择一些有代表性的调查对象进行询问,将问卷中存在的问题尽可能表现出来,如问卷中的语言使用、问题的选项、问卷的长短等,然后依据试验性调查的结果,看问卷中所有问题是否乐意回答或能够回答,哪些问题属于多余,还有哪些不完善或遗漏的地方。发现问题,应该立即进行修改。如果预先测试导致问卷内容发生了较大的变动,调查者还可以进行第二轮测试,以使最后的定稿更加规范和完善。

5. 抽样方法的审核

抽样方法的选择取决于调查研究的目的、调查问题的性质及调查经费和允许花费的时间等客观条件。调查人员应该在掌握各种类型和各种具体抽样方法的基础上,对拟选择的抽样方法进行验证。只有这样才能在各种环境特征和具体条件下及时选择最为合适的抽样方法,确定每一个具体的调查对象,从而保证数据采集的科学性。

8.3.2 市场调查人员管理

市场调查人员所收集的被调查者的问卷是研究者重要的信息来源。但是,在实践中,由于各种原因,调查人员的问卷来源不一定真实可靠,就必须对调查人员进行适当的监控,以保证调查问卷的质量。

> **拓展阅读 8-6**
>
> **调查人员所引起的问卷质量问题**
>
> 调查人员所引起的问卷质量问题情形:①调查人员自己填写了很多问卷,没有按要求去调查被调查者。②调查人员访问的对象并不是研究者指定的人选,而是其他的人。③调查人员按自己的想法自行修改问卷的内容。④调查人员没有按要求发放礼品。⑤有些问题漏记或没有记录。⑥有的问题答案选择太多,不符合规定的要求。⑦调查人员怕麻烦,放弃有些地址不好找或家里没人的被调查者。⑧家庭成员的抽样没有按抽样要求进行。

对调查人员的监控一般利用下列措施来判断调查人员访问的真实性,然后根据每个调查人员的任务完成质量,从经济上给予相应的奖励或惩罚。

1. 现场准备

（1）编写发放调查人员手册。调查人员手册是主要的工作指南，通常包括以下内容：①一般信息，包括陈述调查的目的、数据信息的用途、调查机构收集数据的原则；②简介；③问卷说明，包括问卷调查中所用的概念和术语的定义；④问卷的审核与整理，即调查人员在访问期间或访问结束之后应立即对问卷进行现场审核；⑤单个样本单元的管理，其主要内容是对无回答的被调查者的再访，调查人员为了得到答案应尝试的次数；⑥作业管理，其主要内容是管理的细节；⑦问题与答案，手册的最后一部分列出调查人员会遇到的问题和正确的解决办法；⑧一般的调查技能和技术。

（2）编写发放督导手册。督导手册包括以下内容：①招聘和培训调查人员；②向调查人员分配任务；③质量和执行控制；④后勤服务；⑤特殊情况下替代数据的收集方法；⑥被调查者的安全和隐私保密承诺；⑦说服拒访者。

2. 现场监督

对调查人员现场监督管理的目的是要保证调查人员能按照培训的方法和技术来实施调查。要搞好对调查人员的监督管理，首先要了解调查人员在调查过程中由于自身的原因可能出现的问题；其次要掌握监控的各种方法和手段，对调查人员的工作过程和质量实施监督管理。

对调查人员的监督管理，重点在于保证调查的真实性，同时也是衡量调查人员的工作业绩、实行奖优罚劣的需要。比如，每天按15％的比例，由督导采取公开与隐蔽结合的方法，监督调查人员每天的工作。如果发现操作问题，及时纠正，必要时对调查人员进行进一步的培训。对问卷质量的监控是由督导每天回收当天完成的问卷，并且每天对每份问卷做检查，看是否所有该回答的问题都回答了，字迹是否清楚，跳答的问题是否按要求跳答了，等等。对检查中发现的问题，督导应及时对调查人员进行正面反馈。

3. 调查人员的评价和报酬支付

（1）调查人员的评价。对调查人员进行评价是一件非常重要的工作。调查人员评价的准则主要有：①费用和时间；②回答率；③访问的质量；④数据的质量。

（2）调查人员的报酬支付。调查人员的报酬主要有两种支付方式，即按完成调查问卷份数支付（计件制）和按工作的实际小时数支付（计时制）。在有些情况下，也按月支付工资或根据全部工作量付费。

4. 调查进度的监督管理

调查进度安排是否合适，直接影响调查的完成情况和调查工作的质量，而且调查进度表经双方一致认可后，市场调查公司就必须严格按照这个进度表来执行，以保证市场调查的所有工作在进度表规定的时间内完成。

调查进度与调查质量密切相关，切记要防止调查人员为了赶进度，讲求经济效益，片面追求完成问卷的数量，而忽视调查的质量。为此，很有必要对调查人员每天完成问卷的份数作出规定。进度的安排要综合考虑所有相关的因素。确定调查进度主要考虑的因素有客户的要求、兼职调查人员和督导的数量与比例、调查人员每天完成的工作量等。

5. 电话回访

根据调查人员提供的电话号码,由督导或专职调查人员进行电话回访。电话回访本身就是对调查人员作弊行为的一个"威慑",也是对调查结果的质量进行的复核。

6. 实地复访

如果电话回访找不到有关的被调查者,根据调查人员提供的真实地址,由督导或专职调查人员进行实地复访。这种方法比电话回访真实可靠,但需要花很多的时间和精力。

在电话回访和实地复访过程中,通常要根据以下几个方面来判断调查人员访问的真实性:①电话能否打通或地址能否找到;②家中是否有人接受访问;③受调查的问题是否跟该调查吻合;④调查时间是否跟问卷记录时间相符;⑤被调查者所描述的调查人员形象是否与该调查人员相符;⑥访问过程是否按规定的程序和要求执行。

拓展阅读 8-7

市场调查人员的伦理道德

(1) 注重商业信誉。商业信誉是市场调查者的行为表现和工作结果给客户与社会留下的印象。其主要包括以下内容:①不折不扣地执行国家的有关法规、方针、政策是商业信誉的首要要求;②信守合同是商业信誉的基本要求;③诚实经营是商业信誉的又一基本要求。

(2) 尊重客户和被调查者的意愿,并保护其利益。市场调查者有义务和职责尊重客户的意愿,保护客户的利益;要尊重客户的调查要求,按其要求开展调查;要注意保护客户的利益。

(3) 提供优质服务。市场调查者有义务和职责向客户及被调查者与信息提供者提供优质的服务。市场调查者要按照市场调查原理、原则的要求,遵循科学合理的程序,采用各种有效的、先进的方法和手段开展市场调查活动,向客户提供适用的、详尽的、正确的信息资料和高质量的市场调查报告。

(4) 坚持公平交易。公平交易是市场经济运行规律的体现和要求。首先要坚持公平交易,首先要坚持公平竞争,坚决反对把同行视作敌人,给予不正当对待的做法。其次要坚持平等自愿、等价交换的原则,在法律许可的范围内,参与者按照自己的意愿进行有关活动。

课 堂 小 结

任 务 指 标	表 现 要 求	已达要求	未达要求
(陈述性)知识	掌握重要概念、特征和意义		
(实践)技能	能进行职业操作活动		
对课程内容的整体把握	能概述并认知整体知识与技能		
与社会实践的联系程度	能描述知识与技能的实践意义		
其他			

本章小结

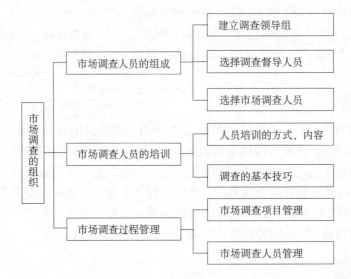

 重要概念

访谈技巧　市场调查人员管理　市场调查项目管理

课后自测

一、选择题

1. 市场调查人员的素质包括(　　)。
   A. 思想品德素质要求　　　　　　　　B. 政治素质
   C. 敬业精神　　　　　　　　　　　　D. 谦虚谨慎、平易近人
2. 市场调查人员的业务素质包括(　　)。
   A. 阅读能力,理解问卷的意思
   B. 表达能力,要求调查人员在调查过程中能够将要询问的问题表达清楚
   C. 观察能力,要具有敏锐的观察能力
   D. 随机应变能力
3. 书面训练调查人员的内容主要包括(　　)。
   A. 熟悉市场调查项目的内容和目的
   B. 熟悉并掌握按计划选择被调查对象
   C. 选择恰当时机、地点和访问对象的方法
   D. 获得访问对象合作的有关访问技巧
   E. 关于调查询问的技术
4. 对调查人员的监控一般利用(　　)来判断调查人员访问的真实性。
   A. 现场监督　　　　　　　　　　　　B. 审核问卷
   C. 电话回访　　　　　　　　　　　　D. 实地复访
5. 督导手册内容包括(　　)。
   A. 招聘和培训调查人员　　　　　　　B. 向调查人员分配任务

第8章 市场调查的组织

　　C. 质量和执行控制　　　　　　　　D. 后勤服务
　　E. 特殊情况下替代数据的收集方法
6. 调查人员评价的准则主要有(　　)。
　　A. 费用和时间　　　　　　　　　　B. 回答率
　　C. 访问的质量　　　　　　　　　　D. 数据的质量

二、判断题

1. 进行市场调查工作往往多用兼职人员，因为这些人比较稳定、业务水平高，也就不用再外聘市场调查人员。　　　　　　　　　　　　　　　　　　　　　　　　(　　)
2. 为了保证收集、分析问题全面，我们在调查时，应该进行市场调查整个项目的科学管理与控制。　　　　　　　　　　　　　　　　　　　　　　　　　　　　　(　　)
3. 一般情况下，调查企业很难再招聘到合格的市场调查人员。所以，人员招聘进来之后，都应该参加培训。　　　　　　　　　　　　　　　　　　　　　　　　　(　　)
4. 在实际中，由于各种原因，调查人员的问卷来源不一定真实可靠，就必须对调查人员进行适当的监控，以保证调查问卷的质量。　　　　　　　　　　　　　　　(　　)
5. 对调查人员的监控一般应采用一些手段来判断调查人员调查的真实性，然后根据每个调查人员的任务完成质量，从经济上给予相应的奖励或惩罚。　　　　　　　(　　)
6. 电话回访本身就是对调查人员作弊行为的一个"威慑"，也是对调查结果的质量进行的复核。　　　　　　　　　　　　　　　　　　　　　　　　　　　　　　(　　)
7. 结束调查时，给被调查者留下什么印象并不重要。　　　　　　　　　　　　(　　)

三、简答题

1. 市场调查人员培训应该注意什么？
2. 书面培训与口头培训各有哪些侧重点？
3. 市场调查人员应该明确哪些责任？
4. 访谈阶段怎样运用技巧来达到活跃气氛的目的？
5. 市场调查人员应遵循哪些伦理道德？
6. 调查人员引发的调查质量问题有哪些？

案例分析

案例　热茶、冰红茶与中国人

　　1999年，北京一家生产饮料的企业曾组织这样一场市场调查活动：在一间宽大的单边镜访谈室(也称深度访谈室，里面的人看不到外面，外面的人可以观察到里面被调查者的一举一动，以便得到被调查者更真实的反应)里，桌子上摆满了没有任何标签的杯子，有几个被调查者被请了进去，逐一品尝这不知名的饮料，并且把口感描述出来写在面前的卡片上……这场调查的目的是确定公司试图推出的新口味饮料能不能被消费者认同。
　　在这之前，大量的二手资料相关调查显示：中国人历来有喝热茶的习惯，超过60%的被调查者认为不能接受"凉茶"，他们认为中国人忌讳喝隔夜茶，冰茶更是不能被接受。该企业调查项目小组认为，只有进行了实际的口味测试，才能判别这种新产品的可行性。
　　通过现场测试，终于拿到调查的结论。经过分析后，产品研发者的信心被彻底动摇了，被测试的消费者表现出对冰茶的抵抗，一致否定了装有冰茶的测试标本。就这样刚刚试制出来的新产品在调研中被否定了。

2000年、2001年，以旭日升为代表的冰茶在中国全面旺销，这家饮料企业再想迎头赶上为时已晚，一个明星产品就这样经过详尽的市场调查与市场擦肩而过。说起当年的教训，该企业的一位当时市场调查的负责人还很是惋惜：“我们举行口味测试时是在冬天，被调查者从寒冷的室外来到现场，没等取暖就进入测试，寒冷的状态、匆忙的进程都影响了被调查者对味觉的反应。被调查者对口感温和、浓烈的口味表现出了更多的认同，而对清凉淡爽的冰茶则表示排斥。测试状态与实际消费状态的偏差让结果走向了反面。"

"驾驭数据需要系统谋划。"好在这家企业并没有从此怀疑市场调查本身的价值，"去年，我们成功组织了对饮料包装瓶的改革，通过测试，我们发现如果在塑料瓶装的外形上增加弧形的凹凸，不仅可以改善瓶子的表面应力，增加硬度，更重要的是可以强化消费者对饮料功能性的心理认同"。

北京一家知名调查公司的副总经理说：“调查失败如同天气预报给渔民带来的灾难无论多么惨痛，你总是还要在每次出海之前听预报、观天气、看海水。”

阅读材料，回答以下问题。
1. 你觉得该公司的调查组织存在什么问题？
2. 从该案例中我们可以得出哪些启示？

实训操作

2017年10月，某家电生产厂家进行了一次市场调查。调查目的：列举您会选择的电视机品牌。

该企业从市场调查部抽取了两组人员，设计了问卷，进行了街头拦截调查。收集到资料数据后，经整理分析发现：其中一组得出的结论是有15%的消费者选择本企业的电视机；另一组得出的结论却是36%的消费者表示本企业的产品将成为其购买的首选。巨大的差异让公司管理层非常恼火，为什么完全相同的调查抽样会有如此矛盾的结果呢？公司决定聘请专业的调查公司来进行调查诊断，找出问题的真相。

专业调查公司的执行小组受聘和参与调查执行的调查人员进行交流，并很快提交了简短的诊断结论：首先，第二组在进行调查执行过程中存在误导行为。调查期间，第二组的成员佩戴了公司统一发放的领带，而在领带上有本公司的标志，其标志足以让被调查者猜测出调查的主办方；其次，第二组在调查过程中，把选项的记录板（无提示问题）向被调查者出示，而本企业的名字处在候选题板的第一位。以上两个细节，向被调查者泄露了调查的主办方信息，影响了消费者的客观选择。

这家企业的老总训斥市场调查部的主管：“如果按照你的数据，我要增加一倍的生产计划，最后的损失恐怕不止千万。”

市场调查是直接指导营销实践的大事，对错是非可以得到市场验证，只是人们往往忽视了市场调查本身带来的风险。一句"错误的数据不如没有数据"，包含了众多中国企业家对数据的恐慌和无奈。

现假定学校教学管理部门要在学生中间进行一次教师教学质量、教学效果的调查活动。

调查人员组成以教务处管理人员为主,再由各系部抽调两名专业教师参与。请你模拟制作一份问卷,由学生以管理人员或教师身份担任调查人员,开始调查活动。结果会怎样?该怎样修正调查组织工作?

 实训项目

实训目的:市场调查过程管理。
实训组织:学生分组,可以以不同角色参与调查活动。
实训提示:结合材料,掌握市场调查组织过程的控制。
实训总结:各组展示,教师讲评。

 学生自我学习总结

通过学习本章,我能够作以下总结。

1. 主要知识点

本章的主要知识点有:
(1)
(2)

2. 主要技能

本章的主要技能有:
(1)
(2)

3. 主要原理

市场调查组织实施的意义有:
(1)
(2)

4. 主要相关知识点

本章涉及的主要相关知识点有:
(1) 企业员工培训的组织有:
(2) 一般项目管理的要领有:

5. 学习成果检验

完成本章学习的成果:
(1) 学习本章的意义有:
(2) 学到的知识有:
(3) 学到的技能有:
(4) 我对市场调查组织的初步印象是:

第 9 章

市场调查资料的处理

> 对市场调查资料的最佳利用,不是其字面上的内容,而是其可能暗示的内容,要看出字里行间蕴含的意义。
>
> ——[美]马克·麦考马克

导　　语

当调查活动告一段落之后,会收集到许多杂乱、零散的资料,这些资料必须经过整理与分析后,才能由半成品变为成品,才能由数据资料变为真正意义上的数据成果,以便研究人员为调查结论做准备。

学习目标

知识目标

(1) 认知资料整理的含义。

(2) 认知资料审核预编码的方法。

(3) 认知资料整理的程序。

(4) 认知资料分析的意义。

技能目标

(1) 能进行资料审核、分类。

(2) 能对资料进行图表化显示。

(3) 能对资料进行初步分析。

调查故事

互联网的明天会怎样?谷歌执行董事长埃里克·施密特在爱丁堡国际电视节上表示:"如果我们能够明确知道你是一个真实的人,而不是一条狗、一个假冒别人的人或垃圾邮件发送者,互联网会变得更美好。"这也是前 Facebook 营销总监兰迪·扎克伯格的观点——她曾断言:"网络匿名必须终结。"

在我国,有许多被称作"网络水军"的人,即有偿在线发帖和评论(主要出于营销目的)的一群人。学术研究发现,这些人正在降低互联网信息的质量。对商家而言,付费发帖是影响产品公众口碑的一种方式。如果一家公司雇用了足够多的在线用户,那么它就可以创建热点话题以获得关注。进而,这些由一群付费发帖者发布的文章或评论就很有可能获得普通用户的关注,进而影响他们的决定。

2019 年 2 月 28 日,CNNIC 发布《中国互联网络发展状况统计报告》。截至 2018 年

12月,中国网民规模达8.29亿,全年新增网民5 653万,互联网普及率为59.6%,较2017年年底提升3.8%。其中,我国手机网民规模达8.17亿,全年新增手机网民6 433万;网民中使用手机上网的比例由2017年年底的97.5%提升至2018年年底的98.6%,手机上网已成为网民最常用的上网渠道之一,中国互联网已进入移动互联网时代。由于线上的国际边界消失,充满了市场营销机会,全世界的顾客将聚集在公司的网站上。面对浩如烟海的互联网信息,该如何有效整理利用,显然是个严峻的问题。

启示:由此可以看出,网络资料纷繁复杂,信息超载。在市场调查中,资料的系统整理是为进一步的分析做好准备。运用科学的方法,对整理好的资料进行分析,以做到去伪存真、由表及里、由此及彼,最终才能为调查结果的分析形成一个良好的开端。

当实地收集数据资料的工作完成以后,呈现在调查人员面前的可能是一大堆填答完的问卷,少则几百份,多则几千份。这些数据资料总是显得杂乱无章,不容易看出市场现象之间的联系,更难直接加以利用,必须经过相应处理之后,才能揭示出这些数据的本来面目。这里的调查资料处理,主要是指市场调查资料的整理与分析。

9.1 市场调查资料整理概述

根据项目大小的不同,市场调查资料可能来自各个分散的被调查单位,这些数据须经确认、汇总后,才能为进一步的分析研究做好准备。

9.1.1 市场调查资料整理的含义

市场调查资料整理是根据市场分析研究的需要,对市场调查获得的大量原始资料进行审核、确认,或对所收集的二手资料进行再加工的过程。

1. 市场调查资料整理的概念

简单地讲,资料整理是通过一系列的操作将收集到的第一手资料或是第二手资料转变成数据结果,以便研究者了解、揭示其中的含义。在调查实践中,调查者整理的资料多为问卷资料。

> **重要概念 9-1　　　　　　　市场调查资料整理**
>
> 市场调查资料整理是指按照一定程序与科学的方法,对所收集到的资料加以整理、分析及统计运算,把庞大、复杂、零散的资料集中简化,使资料变成易于理解和解释的形式,为揭示和描述市场现象的特征、问题和原因提供初步加工信息的过程。

2. 市场调查资料整理的内容

市场调查资料整理的基本内容包括以下三个方面。

(1) 数据确认。数据确认是指对调查所收集到的原始资料或二手资料进行审核,查找问题、采取补救措施、确保数据质量。

(2) 数据加工。数据加工是指对调查问卷或调查表提供的原始数据进行分类和汇总，或者对二手数据进行再分类和调整。

(3) 数据陈示。数据陈示是指对加工整理后的调查数据用统计表、统计图、数据库、数据报告等形式表现出来。

3. 市场调查资料整理的意义

为了理解市场调查资料整理的重要性，我们可以简要总结这一环节工作的意义。

(1) 资料整理是市场调查必要的环节。市场调查的根本目的是获取足够的市场信息，为正确的市场营销决策提供依据。从市场调查的过程可知，在市场信息收集与使用之间，必然有一个加工处理环节。这是因为运用各种方法，通过各种途径收集各类信息资料，尤其是各种第一手资料，大都处于无序的状态，很难直接运用；即使是第二手资料，也往往难以直接运用，必须经过必要的加工处理。对市场信息的加工处理，可以使收集到的信息资料统一化、系统化、实用化，从而方便使用。

(2) 资料整理提高了调查资料的价值。未经处理的信息资料由于比较杂乱、分散，其使用价值有限。资料整理是一个去伪存真、由此及彼、由表及里、综合提高的过程，它能大大提高市场信息的浓缩度、清晰度和准确性，从而提升信息资料的价值。

(3) 资料整理可以引发新信息的产生。在信息资料的处理过程中，通过调查人员的智力劳动和创造性思维，使已有的信息资料相互印证，从而有可能促使一些新信息的产生。应用各种历史和现状信息资料，推测和估计市场的未来状态，这种预测信息也是一种新的信息。

(4) 资料整理可以纠正调查工作偏差。在市场调查工作的各个阶段、各个具体环节，都会出现计划不周或工作中的偏差等问题。比如，对市场调查问题的定义可能并不十分全面；对市场调查的设计可能忽视

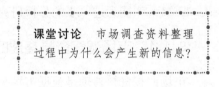

课堂讨论 市场调查资料整理过程中为什么会产生新的信息？

了某些环节；信息资料的收集可能存在遗漏或者收集方法欠缺等。这些问题有可能在实施过程中，通过检查、监督、总结等活动被发现，并加以纠正。但是，很难避免有些问题未被人们发现。在信息加工处理过程中，往往能发现一些问题，通过及时反馈，就能够采取措施，对存在的问题加以纠正，以避免造成更加不良的后果。

9.1.2 市场调查资料整理的程序

市场调查资料整理的一般程序如图 9-1 所示。

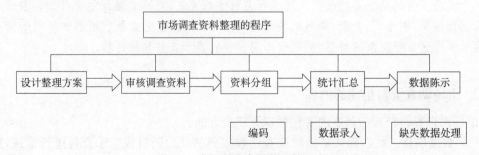

图 9-1 市场调查资料整理的程序

1. 设计整理方案

市场调查资料整理方案一般包括整理的目的与要求、资料审核、整理的内容与方式、汇总办法、整理时间、人员安排、数据管理等方面的一些设计和规定。

2. 审核调查资料

审核调查资料主要是审核调查问卷或调查表的完备性、完整性和填答的准确性，以便发现问题进行纠正、补充或删除，防止有问题的问卷或调查表进入整理的流程。或者对二手资料的可靠性、准确性、时效性、可比性等进行评估，以决定其取舍。

3. 资料分组

原始资料和二手资料审核无误后，即可进行分组处理。分组是根据研究的需要，按一定的标志或标准将总体各单位区分为若干组（类）的一种数据加工处理方法。用以划分市场现象的不同类型，揭示总体的内部结构和分布特征，显示市场现象之间的依存关系。市场调查资料分组的标准有属性、数量、时间、空间、关联性等，利用这些分类标准可以对问卷或调查表数据进行多方向、多层次的加工开发和交叉开发。

4. 统计汇总

统计汇总是在分组处理的基础上，利用手动汇总或计算机汇总技术求出各种分组的各组单位数、总体单位数、各组综合指标、总体综合指标等。其中手动汇总技术主要有过录法、折叠法、卡片法、问卷分类汇总法，等等。计算机汇总技术一般包括编码、数据录入、缺失数据处理等工作程序，它具有速度快、精度高和便于存储数据等特点，特别适合大批量的数据处理。

5. 数据陈示

市场调查资料整理的最终结果需要借助一定的形式表现出来，以供调查者和用户阅读、使用和分析研究。数据陈示的形式主要有统计表、统计图、数据库、数据报告等。

> **拓展阅读 9-1**

市场调查资料整理的原则

（1）目的性原则。市场调查资料整理要服从市场调查的目的要求，针对市场调查需要解决的问题，即用户管理决策的信息需求，有针对性地加工开发出以总括性数据与结构性（分类的）数据相结合的语法信息。

（2）核查性原则。为确保数据处理质量，市场调查资料整理应注意事前、事中和事后都必须对数据质量进行核查，以求发现问题，查找差错，确保数据的准确性和可靠性，为进一步的分析研究提供高质量的语法信息。

（3）系统化原则。市场调查资料整理不能停留在调查问卷或调查表数据的简单加工汇总上，应实行多方向、多层次的加工开发，以及调查项目之间的交叉开发，使加工开发的语法信息序列化，能最大限度地满足分析研究的需要。

（4）时效性原则。市场调查资料整理是数据处理的过程，需耗费一定的时间，如果不提高加工整理的效率，数据的时效性就会受到影响。因此，应利用计算机汇总技术、数据库技术等对数据及时进行加工处理、传输和反馈。

课 堂 小 结

任 务 指 标	表 现 要 求	已 达 要 求	未 达 要 求
（陈述性）知识	掌握重要概念、特征和意义		
（实践）技能	能进行职业操作活动		
对课程内容的整体把握	能概述并认知整体知识与技能		
与社会实践的联系程度	能描述知识与技能的实践意义		
其他			

9.2 市场调查资料整理

从大的角度划分，市场调查资料整理可以分为实地调查获取的原始资料整理和文案调查获取的二手资料整理。

9.2.1 原始资料整理

原始资料整理是指对问卷或调查表提供的原始数据进行加工整理和开发，即对经过审核的问卷或调查表中的原始数据进行分类和汇总，使数据系统化、综合化和条理化，得出能够反映所研究现象总体数量特征的综合资料，并用数据表的形式反映出来。在制订整理方案的基础上，原始资料整理的基本程序如图 9-2 所示。

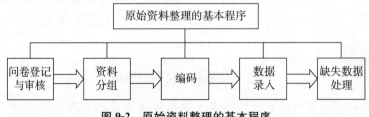

图 9-2 原始资料整理的基本程序

1. 问卷登记与审核

市场调查问卷回收之后，为了避免信息损失及评价调查人员的工作成绩，要先对资料进行登记分类。分类的标准可以是时间、地区、调查人员等。在登记过程中，分别记录各地区、各调查人员交回的问卷数量、交付时间、实发问卷数量、丢失问卷数量等情况。在此基础上，对数据资料进行审核，以免不合格、有差错的问卷或调查表进入分类汇总作业流程。

（1）审核的内容。原始资料审核主要是对市场调查活动的真实性、被调查者条件、调查过程是否符合标准、回收的问卷或调查表的齐备性、完整性、准确性、时效性和真伪性进行分类汇总前的审核，如表 9-1 所示。

表 9-1　问卷审核的内容

问卷属性	审核的内容
齐备性	问卷或调查表的份数是否齐全,是否达到了调查方案设计的样本量的要求
完整性	问卷或调查表填答的项目是否完整。不完整一般有三种情形:①大面积无回答或者相当多的问题无回答,应作废卷处理;②个别问题无回答应视为有效调查问卷,所留空白以后补救,或直接归入"暂未决定""其他答案"中;③相当多的问卷对同一问题无回答,仍作为有效调查问卷,对此项提问可作删除处理
准确性	问卷或调查表中的项目是否存在填答错误,一般有三种情形:①逻辑性错误。明显不符事实,前后不一致。可用电话核实更正,无法核实的应按"不详值"对待。②答非所问的答案。一旦发现,应通过电话询问纠正,或者按"不详值"对待。③无兴趣回答的错误。一般是被调查者对回答的问题不感兴趣。如果仅个别调查问卷,应彻底抛弃,如果有一定数目,且集中出现,应把这些问卷作为一个独立的子样本看待,在资料分析时给予适当的注意
时效性	对问卷或调查表的调查时间、有关数据的时间属性进行检查,以评价调查数据是否符合时效性的要求。若延迟调查对调查结果没有什么影响,则问卷仍然是合格的;若延迟调查影响数据的时间属性不一致时,则应废弃这样的调查表或问卷
真伪性	对调查表或问卷的真实性进行检验,评价调查人员是否存在伪造问卷或调查表的行为。一般采用抽样复检的办法进行核实

(2) 审核的方式。较大规模的市场调查项目回收的问卷或调查表往往是大量的,需要聘用审核员进行集中审核。审核的作业方式应该是在问卷或调查表分配给审核员的基础上,实行一卷或一表从头审到尾。审核的具体办法有两种:①逻辑审核,即利用逻辑和经验判断的方法,检查问卷或调查表中的填答项目是否合理,项目之间有无相互矛盾的地方;②计算审核,即对数据进行计算性的检查,如分项相加是否等于小计,小计相加是否等于合计,数据之间该平衡的是否平衡。

> **课堂讨论**　为什么要对问卷进行审核?问卷审核的要点有哪些?发现有问题的问卷该怎样处理?

2. 资料分组

原始资料经过审核,问卷或调查表的质量得到确认之后,即可对问卷或调查表中的问题及答案进行分组处理。分组处理的目的在于使原始数据分门别类,使资料综合化、条理化和层次化。

(1) 资料分组的方法。根据资料统计分组时采用标志的多少,可以分为简单分组和复合分组两种分组方法。简单分组是对所研究的现象只采用一个标志进行的单一分组;复合分组是对所研究的现象采用两个或两个以上标志进行连续分组。

例 9-1

简单分组:在对某高校学生的手机使用情况调查资料整理中,按性别这一单一标准对资料进行分组,将手机使用者分为男生和女生。

例 9-2

复合分组：同上例，在资料整理汇总中，可以先采用性别标志进行分组，然后再按照年级进行分组，还可以进一步根据生源地、手机消费偏好等标志进行第三次、第四次分组。

但是，需要注意的是，如果采用标志太多，会使分组数成倍增加，导致各组单位数过少，反而达不到分组目的。因此，不宜采用过多标志进行分组。在封闭式问卷中，每个调查问题都是分组的标准，问题下的备选答案都是分组后的组别或类别。由于调查问题及备选答案是在调查设计阶段事先设计好的，又称事前分组处理。调查资料收集工作结束后，问卷的数量和质量得到确认，调查者只需把每个问题下的备选答案的被调查者的填答次数统计起来，就可得到一系列的简单分组的结果。

重要概念 9-2　　　　　　　　分 组 标 志

分组标志就是将统计总体划分为几个性质不同部分的标准或依据。按照标志特征的不同，分组标志可以分为品质标志与数量标志。品质标志表示事物的质的特征，如性别、职业等，是不能用数值直接表示的属性。数量标志表示事物的量的特征，如人口、收入、年龄等，是可以用数值直接表示的属性。

---

(2) 资料分组的操作。进行资料分组，一般这样操作：①选择恰当的分组标志。分组标志是对市场调查资料分组的依据和标准，划分各组界限就是在分组标志变异范围内划定各相邻组之间的性质界限和数量界限。总体内各总体单位有很多标志，究竟选择哪个作为分组标志，要根据调查研究的目的和总体本身的特点决定。②确定分组界限。确定分组界限是指根据分组标志设定组与组之间划分的界限。对品质标志分组而言，性别、职业等分组界限就比较明确；数量标志分组则需确定组数、组距、组限、组中值等。③按某一标志进行分组，不要遗漏任何原始资料所提供的数据，组距尽可能取整数，各组的组距尽可能相等，即尽可能多用等距分组，少用不等距分组；问卷中回答项目本身就已经分类的，今后表格化时按上述分类进行排列；对非区间范围的某一具体数字，应设计出分组，使其在分组的间隔中。

重要概念 9-3　　　　　　　　数量标志分组

组数是指分组的数量；组距是指各组中最大值与最小值的差额；组距相等的称作等距分组，当标志值变动不均匀时，可采用不等距分组；组限是指组距的两个端点，每组最小值为组的下限，最大值为组的上限，组中值＝(上限＋下限)÷2。

---

(3) 资料分组的意义。①通过分组，可以对各种市场现象的类型在本质上进行区分，可以识别各种类型的本质特征及其发展变化的规律。②可以用于分析、研究市场现象之间的依存关系及因果关系，便于企业通过一些促销手段来改变目标人群的观点、态度，从而改变其行为。③通过分组能反映事物内部结构及比例关系，从而为企业寻找目标市场提供基础

数据。科学的分组方法,一方面,可以明显表明各组中频(次)数的分布情况,从而使研究者对被调查对象的结构情况有一个大体的了解;另一方面,还可以使许多普通分组显示不出来的结论明显化,从而为企业寻找目标市场提供基础数据。

例 9-3　　　　　　　　　　　**按营业额分组**

某公司通过市场调查了解当地用户对其某类产品的采购方式。发现各家公司的采购方式与各自公司规模大小、经营产品类别有密切关系。于是,在资料分析时,根据营业额把这几家公司划分为 5 类:营业额每年 1 000 万元以上;营业额每年 500 万～1 000 万元;营业额每年 250 万～499.9 万元;营业额每年 100 万～249.9 万元;营业额每年 100 万元以下。

分类之后,市场调查人员只需有这 5 类规模大小各异的企业公司,根据各类公司相互进行比较即可说明问题,而不必逐一进行相互比较。

3. 编码

编码是把原始资料转化为符号或数字的资料标准化过程。问卷设计者在编写题目时,给予每一个变量和可能答案一个符号或数字代码,也称为事前编码;如问题已经作答,给予每一个变量和可能答案一个符号或数字代码,则称为事后编码。编码要与分组相对应,具有唯一性、完备性。通过编码,不仅使资料简单、方便地输入计算机中,更重要的是,通过合理编码,使不同信息易于分辨、理解、计算,对统计计算和结果解释工作产生较大影响。

(1) 封闭式问题编码。一般来说,标准化的封闭式问卷资料的编码过程比较简单,常用事前编码,可节省时间。

例 9-4

您家里是否有第二辆汽车?　　1—有　2—没有　(18)

在这个问题中,代码 1 代表"有",代码 2 代表"没有",括号中的数字表示这个答案记录在编码表中的 18 栏。

(2) 开放式问题编码。开放式问卷的资料或讨论、记录资料的编码过程比较复杂,常用事后编码。其主要工作包括以下内容。

① 列出答案。编码人员首先应尽可能地列出每个开放式问题的答案。当总体数量较小时,所有答案都应该列出。在大型调查活动中,也需列出一定数量样本的答案。

② 合并答案。根据开放式问题答案的性质,编码人员可以将相近类型的答案进行合并处理。合并时,需考虑分组标志的意义,以及对数据分析的影响。某调查项目开放式问题"为何选择某品牌手机"的答案合并处理,如表 9-2 所示。

表 9-2 "为何选择某品牌手机"的答案

问卷答案	合并答案
质量好	质量好
耐用	
科技含量高	
名牌	名牌

续表

问卷答案	合并答案
大家都买这个牌子 许多人推荐	
……	……

③ 设置编码。答案合并处理后，分别赋予每一个类别答案一个数字编号，如表 9-3 所示。

表 9-3　开放式问题答案的合并与编码

答案描述	表 9-2 合并答案	编码
质量好	1、4、7	5
名牌	3、6、9	9
……	……	……

④ 其他情况。非问卷题目的有关问题，如地区划分时，将北京定为"1"，上海定为"2"。对于开放式问题，按收集信息的内容，用"X1""X2""X3"来表示。

(3) 编制编码手册。当所有问题答案编码都规定清楚之后，编码人员要编写一本编码手册，说明各英文字母、数码的意思。编码手册具备下列功能：①录入人员可根据编码手册说明来录入数据；②研究人员或计算机程序员根据编码手册拟统计分析程序；③研究者阅读统计分析结果，不清楚各种代码的意义时，可以从编码簿中查询。例如，在空调消费者调查问卷时所用的编码手册如表 9-4 所示。

表 9-4　编码手册

变量代码	变量含义	题号	变量名称	是否跳答	数据说明
1	长虹的知名度	Q1	Q1-1	否	1＝选中，2＝未选中
2	海尔的知名度	Q1	Q1-2	否	1＝选中，2＝未选中
…	……				
10	其他品牌的知名度	Q2	Q1-10	否	1＝选中，2＝未选中
11	最常用品牌的知名度	Q2	Q2-1	否	1＝长虹，2＝海尔，…，11＝其他，99＝漏答
12	次常用品牌的知名度	Q2	Q2-2	否	1＝长虹，2＝海尔，…，11＝其他，99＝漏答
13	第三常用品牌的知名度	Q2	Q2-3	否	1＝长虹，2＝海尔，…，11＝其他，99＝漏答
…	……				
30	长虹价格合理排序	Q10	Q10-1a	是	1＝最合理，…，6＝最不合理
31	海尔价格合理排序	Q10	Q10-1b	是	1＝最合理，…，6＝最不合理
…	……				

表 9-4 中，变量是指问卷中所调查的问题或项目；变量代码是给各变量的一个新的数码，表示各变量在数据库中的输入顺序；变量含义是指问卷中问题意思的概括；题号是指变量属于问卷中的第几题；变量名称是变量的代号，便于计算机识别与统计操作；是否跳答是指该问题或项目是否是跳答答案；数据说明是对各数码代表被调查者的某种反应的说明。

拓展阅读 9-2

分 组 编 码

分组编码是根据调查对象的特点和信息资料分类及其处理的要求，把具有一定位数的代码单元分成若干组，每个组的数字均代表一定的意义。所有项目都有着同样的数码个数。例如，在对目前在校大学生进行一次关于使用信用卡意向的调查中，相关的信息包括性别、类别、月消费、使用意向 4 项。用分组编码法进行编码如下。

> **课堂讨论** 编码手册的基本内容包括哪几部分？在市场调查数据整理中有哪些用途？

性别	类别	月消费	使用意向
1＝男性	1＝本科生	1＝小于 150 元	1＝已有卡
2＝女性	2＝硕士生	2＝151～300 元	2＝准备使用
	3＝博士生	3＝301～500 元	3＝不准备使用
		4＝501～700 元	4＝无意向
		5＝701～1 000 元	
		6＝1 001～2 000 元	
		7＝大于 2 000 元	

则编码 1234 就表示一名男性硕士生，每月消费在 301～500 元，并且无意向办理信用卡。

4. 数据录入

数据录入形式有两种：一种是以单独数据文件的形式录入和存在；另一种是直接录入专门的统计分析软件中(如 Excel、SPSS)。数据录入前，一般应对所有的问卷进行编号，以便按照问卷编码顺序进行每份问卷数据的录入。数据录入一般是由数据录入员根据编码的规则(编码手册)将数据从调查问卷上直接录入计算机数据录入软件系统中，系统会自动进行记录和存储。在数据录入过程中，为了避免发生差错，应随时进行错误检查，如利用软件自动识别错误；也可以在全部调查问卷的数据录入完毕后，运用事先设计的计算机逻辑错误检查程序进行检查，以防止录入的逻辑错误的产生。当逻辑检查确认数据录入无逻辑错误后，则可利用设定的计算机汇总与制表程序自动生成各种分组类，为分析研究准备综合化的数据。

5. 缺失数据处理

缺失数据也称缺失值。在数据录入中，若遇到数据缺失，先分析数据缺失的原因，如果有个别问题未作答，或是调查人员没有记录造成的，可采用以下方法纠正。

(1) 找一个中间变量代替，如该变量的中间值，或量表的中间值(1～5 分，可选 3)；如是性别变量，可将第一个缺失值用男性数值代替，第二个用女性数值代替，并依次交替。

(2) 用一个逻辑答案代替。如收入缺失,可依据职业情况和个人能力推断;如性别缺失,可依据被调查者笔迹来推断。

(3) 删除处理。一种是把整个样本资料全部删除,适合样本数众多;另一种是在进行缺失样本统计时将该样本删除,适合该变量不重要时的情况。

> **课堂讨论** 如果缺失值过多,会出现什么情形?该怎样处理?

9.2.2 二手资料整理

二手资料的加工整理是指对文案调查法、网络调查法等方法收集的次级资料进行再加工整理,使之符合调查者对特定的市场问题研究的需要。二手资料有各种不同的来源,它们的收集目的、总体范围、指标口径和计算方法等与现有问题研究的要求可能存在一定的差别。因此,要使次级资料适用,必须进行再加工整理,其程序如图9-3所示。

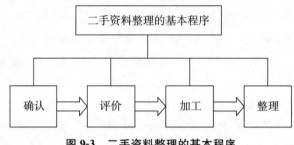

图 9-3　二手资料整理的基本程序

1. 确认

确认又称甄别,是指对二手资料的真伪性、准确性、时效性、可靠性等进行检查和判定,以便从中选定可供利用的资料。确认的主要内容包括:确认二手资料原来调查研究的目的是什么,确认资料收集的方式是什么,确认调查的总体范围是什么,确认调查的样本量有多大,确认指标口径、计算方法和数据分类怎样。通过这些方面的确认,判定二手资料能否适合当前问题研究的需要,决定其取舍。

2. 评价

评价是根据当前问题研究的需要,对所选定的二手资料的可利用程度进行评价,以判别哪些资料可直接利用,哪些资料需要进行再加工处理才能利用。

3. 加工

加工就是对不能直接利用的二手资料进行改造制作,使之符合分析研究的需要。如当二手资料的总体范围、指标口径、计算方法等因种种原因造成前后时期市场调查数据不可比时,一般可用加进、减去、换算等方法进行调整。例如,由于行政区域、组织系统、隶属关系、经营范围变更导致的数据不可比,应以现行的行政区域、组织系统、隶属关系和经营范围为准,调整过去的统计数据。如果统计数据的计量单位和计价标准前后时期不一致,则应按现行的计量单位和计价标准进行加工换算。

4. 整理

二手资料经过确认、评价、加工之后,为了使历史数据和有关资料实现有序化,更好地满足分析研究的需要,还应对二手资料进行整理。整理主要包括数据的列表陈示、各类统计表的汇编、编印资料手册、文献资料的分门别类、归档管理等。

拓展阅读 9-3

资料整理的人员要求

信息资料的整理与分析是一项专业性、技术性很强的工作。它对信息整理分析人员的要求很高。一个称职的资料整理人员,除了应该具备一个现代化经营管理人员所必须具备的思想方面的素养、文化知识方面的素养、经营管理方面的素养、道德品格方面的素养、性格风度方面的素养和强健的体魄外,还必须具有高度的敏感性、广博的知识、广泛的兴趣、较高的综合分析能力、严谨的作风,要有较深厚的市场经济知识,懂得现代信息科学的有关知识,掌握一定的现代信息处理技术和方法。一般而言,要有专职人员承担市场信息的处理分析工作。

课 堂 小 结

任 务 指 标	表 现 要 求	已达要求	未达要求
(陈述性)知识	掌握重要概念、特征和意义		
(实践)技能	能进行职业操作活动		
对课程内容的整体把握	能概述并认知整体知识与技能		
与社会实践的联系程度	能描述知识与技能的实践意义		
其他			

9.3 市场调查资料分析

调查资料分析是市场信息处理的重要内容。它是指对市场调查过程中收集到的各种原始数据进行适当的处理,使其显示一定的含义,进而反映不同数据之间的联系,并通过分析,得出某些结论。资料分析所采用的主要是一些统计技术。大量事实证明,仅有收集到的数据资料,而无正确的分析技术,是不能正确了解和认知市场的。

9.3.1 调查资料的制表分析

1. 交叉列表分析

交叉列表分析是同时将两个或两个以上具有有限类目数和确定值的变量,按照一定顺序对应排列在一张表中,从中分析变量之间的相关关系,得出科学结论的技术。变量之间必须交叉对应,从而使交叉列表中每个节点的值反映不同变量的某一特征,如表 9-5 所示。

表 9-5　AB 公司商品销售统计　　　　　　　　　　　　单位：万元

销售增长	商品特点			行总计
	日用品	耐用消费品	食品	
速度慢	45	24	50	119
速度快	52	63	23	138
列总计	97	87	73	257

从表 9-5 中很容易分析出各类目的明细数量及其对应总数，简明直观。

交叉列表分析技术在市场调查中被广泛使用，是因为其结果很容易为那些非专业的使用者接受并理解；同时，通过交叉列表分析技术，可以将调查得到的数据资料中复杂的事物变得清晰、有条理。

2. 交叉列表分析的种类

（1）单变量交叉列表。单变量交叉列表中只有一个变量对收集的数据产生控制。例如，某高职院校 2018 级市场营销专业一班学生人数如表 9-6 所示。

表 9-6　某高职院校 2018 级市场营销专业一班学生人数（1）　　　单位：名

性　别		合计
男	女	
25	23	48

由于其所表达内容过于简单，故使用不是很普遍。

（2）双变量交叉列表。双变量交叉列表是最基本的交叉列表，每个单元格中的数字都同时受到两个变量的约束，故反映的信息更多，如表 9-7 所示。

表 9-7　某高职院校 2018 级市场营销专业一班学生人数（2）　　　单位：名

性别	宿　舍							合计
	103	104	105	106	212	213	214	
男	8	8	7	2				25
女					8	7	8	23
总计	8	8	7	2	8	7	8	48

（3）三变量交叉列表。在实际工作中，双变量交叉列表对于某些信息不能准确分析，这时就需要加入第三个变量，称为三变量交叉列表。该列表可以较详细地反映数据原有两个变量之间的联系，如表 9-8 和表 9-9 所示。

表9-8　汽车购买者中收入与购买汽车档次的关系

小汽车购买档次	收入状况	
	白领或较高收入者	普通工薪阶层
高/%	70	35
低/%	30	65
列总计/%	100	100
被调查者人数/人	300	500

表9-9　汽车购买者中收入、性别与购买汽车档次的关系

小汽车购买档次	收入状况			
	男　性		女　性	
	白领或较高收入者	普通工薪阶层	白领或较高收入者	普通工薪阶层
高/%	85	25	40	50
低/%	15	75	60	50
列总计/%	100	100	100	100
被调查者人数/人	200	300	100	200

说明：由于引入第三个变量——性别，使原有结论更加准确。

9.3.2　调查资料的制图分析

统计图是用各种图形表现统计资料的一种形式。它是以统计资料为依据，借助几何线、形、事物的形象和地图等形式，显示社会经济现象的数量，表现规模、水平、构成、相互关系、发展变动趋势、分布状况。与统计资料的另外两种形式——统计表和文字报告比较起来，统计图的显著优点是简明具体、形象生动、通俗易懂，易给人以明确而深刻的印象。

图形广泛应用于市场调查资料整理分析、市场调查报告中，并以其形象、直观、富有美感和吸引人的作用受到了特别的重视。通常，只要有可能，就应尽量用图形来帮助理解报告的结果。一张精心设计的图形可能抵得上千余字的说明，可以起到宣传作用、鼓动作用、统计分析作用。

1．常用制图分析

在市场调查中，对取得的信息资料按资料的性质和说明的准确性可分为以下几种。

(1) 比较图。比较图用于描述两项事物之间的比较，主要用条形图、面积图（饼图除外）、立体图和线图表示，如图9-4所示。

(2) 结构图。结构图用于反映总体中各部分与总体的结构关系，可用饼图表示。饼图只适用于单选问题，整张饼图总计100%，每一部分的面积表示某个变量对应取值的百分数，即比重。饼图可以是平面的，也可以是立体的。最好将每一部分的说明直接记在饼图骨上，利用颜色的不同表示各自部分也是好的方法。饼图能够很好地将部分与总体之间的关系表现出来，如图9-5所示。

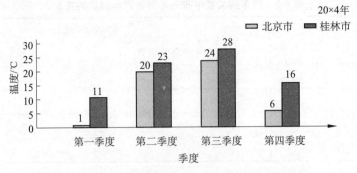

图 9-4　20×4 年北京市、桂林市各季度平均气温比较

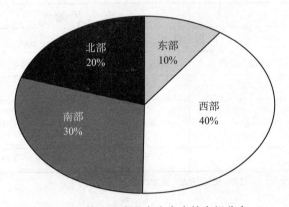

图 9-5　某公司产品在广东省的市场分布

(3) 动态图。动态图用于描述与时间相关的事物,随时间的变化而变化的状况,主要用条形图、立体图和线图表示,如图 9-6 所示。

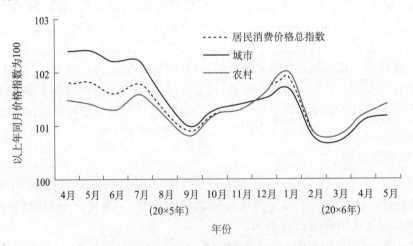

图 9-6　20×5—20×6 年全国居民消费价格动态

(4) 依存关系图。依存关系图主要用于描述两项事物之间的依存变化关系,如图 9-7 所示。

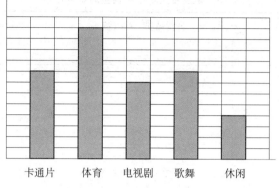

图 9-7　某班小学生最喜欢的电视节目统计

2. 制图规则

（1）统计图构成。统计图构成主要包括：①图号、图题；②图目，即在纵轴的侧面和横轴的下面所标注的表明不同类别、地点、时间等的文字或数字，说明纵轴、横轴所代表的事项及单位；③尺度线（网格线）或点、尺度数及尺度单位；④说明图例、资料来源等。

（2）制图规则。绘制统计图时，图题要说明资料所属的内容、地点和时间，尺度线与基线垂直，尺度的设置应能包括资料中最大的数值，尺度点之间的距离应相等，相同距离必须表示相同数值，尺度点过多时可间隔写。项目较多时最好按大小顺序排列，以使结果一目了然。数据和作图用的笔墨之间的比例要恰当，避免过多或过少的标注、斜线、竖线、横线等，既要清楚又要简明。度量单位的选择要适当，使图形的表现均衡，使所有的差异都是可视和可解释的。作图时最好既使用颜色，又使用文字说明，以便在进行必要的复制时仍能清晰如初。

9.3.3　调查资料的描述分析

通过制表、制图分析，可以对市场调查资料进行对比研究，从而得出初步的调查结论。为进一步揭示和描述市场现象特征、问题和原因，还必须运用描述性分析方法和推论性分析方法对数据资料进行科学的分析，以便深入揭示其内涵。本小节主要介绍描述性分析的静态分析方法。

简单地说，静态分析就是抽象（忽略）了时间因素和具体变动的过程，静止地、孤立地考察某些市场现象与现象之间的相互关系。常用的方法有集中趋势分析和离散趋势分析。

1. 集中趋势分析

调查资料的集中趋势分析在于揭示被调查者回答的集中程度，通常用最大频数或最大频率对应的类别选项来衡量。数据的集中趋势是指大部分变量值趋向于某一点，将这点作为数据分布的中心，数据分布的中心可以作为整个数据的代表值，也是准确描述总体数量特征的重要内容。表 9-10 所示是描述某高校大学生月均生活费支出的数据。

表 9-10　某高校大学生月均生活费支出统计

月均生活费支出变量值/元	消费者数/人次数	各组人数比重频率/%
300～350	11	4.66
351～500	20	8.47
501～750	37	15.68
751～800	46	19.49
801～850	52	22.03
851～900	42	17.80
901～950	21	8.90
951～1 000	7	2.97
合　计	236	100.00

以上资料显示,某高校大学生月均生活费支出在 801～850 元,附近的各组消费人数较多,这里就是数据分布的中心区域,从整体的数据分布状况来看,数据集中趋向于变量值 801～850 元这一组。其实际意义就是:被调查的大学生月均生活费支出大部分集中在 801～850 元这个范围之内。

集中趋势分析数据的特征是,总体各单位的数据分布既有差异性,又有集中性。它反映了社会经济、市场发展状况的特性,即总体的社会经济数量特征存在着差异,但客观上还存在一个具有实际经济意义的、能够反映总体中各单位数量一般水平的数值。描述性统计分析就是用来找出这个数值。描述数据分布中心的统计量,常用的有平均数、众数、中位数等。

(1) 平均数。平均数是总体中各单位标志值之和除以单位总数得到的数值,是最常用的集中趋势分析指标。简单的算术平均数的一般公式为

$$\overline{X} = \frac{x_1 + x_2 + \cdots + x_n}{n} = \frac{\sum x}{n}$$

利用平均数,我们可以将处在不同空间的现象和不同时间的现象进行对比,反映现象一般水平的变动趋势或规律,分析现象间的相互关系等。

某公司 2018 年每月销售记录如表 9-11 所示。

表 9-11　某公司 2018 年每月销售记录　　单位:万元

1月	2月	3月	4月	5月	6月	7月	8月	9月	10月	11月	12月
33	31	29	28	29	30	33	32	31	28	29	30

$$\overline{X} = \frac{33+31+29+28+29+30+33+32+31+28+29+30}{12} = 30.25(万元)$$

该公司 2018 年月平均销售额为 30.25 万元。

在本例中,30.25 万元充分说明了 2018 年全年的平均销售水平,同时也可与上一年数据进行比较分析,也能为下一年度的经营活动或销售计划制订等工作提供数据准备。

(2) 众数。众数是数据中出现次数最多的变量值,也是测定数据集中趋势的一种方法。它克服了平均数指标会受数据中极端值影响的缺陷。

例 9-6

某高职院校在校生每周上网次数调查统计数据如表 9-12 所示。

表 9-12　某高职院校在校生每周上网次数调查统计

上网次数/次	被调查者	上网次数/次	被调查者
1	16	5	14
2	25	6	11
3	29	7	9
4	34	小计	138

从表 9-12 可以看出,每周上网 4 次的频数最多,达 34 人,4 次即为众数。据此,我们可以得出结论,该高职院校大多数在校大学生每周上网次数是 4 次。

(3) 中位数。中位数是将数据按某一顺序(从大到小,或相反)排列后,处在最中间位置的数值。

例 9-7

某企业委托市场调查公司对顾客在某一时间段内购买其生产的日用品次数进行调查。对 15 个顾客的调查结果按次数排序是:0,0,0,0,1,1,1,1,1,2,2,2,3,7,9。则它们的中位数为 1。

在这次调查中,中位数为 1 说明被调查人群中在本店购买行为的常态为 1 次。

计算中位数很简单,对于 N 个数据,若 N 为奇数,则排序后的第 $(N+1)/2$ 位置的数据就是中位数;若 N 为偶数,则排序后的第 $N/2$ 位置的数据与 $N/2+1$ 位置的数据的平均值就是中位数。

2. 离散趋势分析

数据的离散趋势分析是指数据在集中分布趋势状态下,同时存在的偏离数值分布中心的趋势。离散趋势分析用于反映数据之间的差异程度。

例 9-8

表 9-10 反映月均生活费开支的数据,大学生的月均开支在 300~1 000 元这个范围内,虽然其中大多数大学生的开支都在 801~850 元,但也有一些大学生的开支偏高或偏低,而使数据的分布出现离散状态。对于一组数据规律性的研究,集中趋势是数据数量特征的一个方面,离散程度则是数据数量特征的另一方面。集中趋势反映的是数据的一般水平,我们

用均值等数值来代表全部数据,但要更加全面地掌握这组数据的数量规律,还应该分析反映数据差异程度的数值。

9.3.4 统计分析软件——SPSS

SPSS(Statistical Package for the Social Sciences)即"社会科学统计软件包",是世界著名的数据统计分析软件之一,迄今已有 30 余年的成长历史。SPSS 全球约有 25 万家产品用户,它们分布于通信、医疗、银行、证券、保险、制造、商业、市场研究、科研教育等多个领域和行业,是世界上应用最广泛的专业统计软件。在国际学术界有条不成文的规定,在国际学术交流中,凡是用 SPSS 软件完成的计算和统计分析,可以不必说明算法,由此可见其影响之大和信誉之高。

1. SPSS 软件的特点

SPSS 软件具有以下特点:①操作简便,界面友好(主界面如图 9-8 所示)。除了数据录入及部分命令程序等少数输入工作需要键盘输入外,大多数操作可通过鼠标拖曳、单击"菜单""按钮"和"对话框"来完成;②编程方便,具有第四代语言的特点,告诉系统要做什么,无须告诉怎样做;③功能强大,具有完整的数据录入、编辑、统计分析、报表、图形制作等功能;④全面的数据接口,能够读取及输出多种格式的文件;⑤针对性强,SPSS 针对初学者、熟练者及精通者都比较适用。

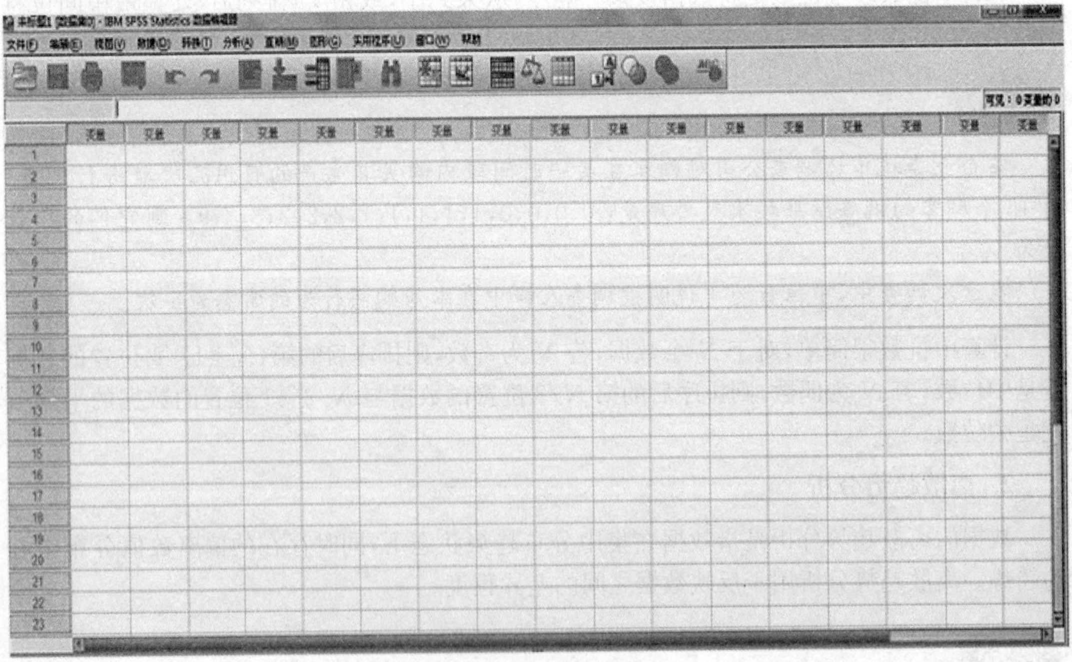

图 9-8 SPSS 软件主界面

2. SPSS 软件统计分析的基本过程

SPSS 进行数据统计处理的基本过程如下。

（1）数据录入。将数据以电子表格的方式输入 SPSS 中，也可以从其他可转换的数据文件中读出数据。这一工作分两个步骤：一是定义变量；二是录入变量值。

（2）数据预分析。原始数据录入之后，要对其进行必要的预分析，如数据分组、排序、平均数、分布图等描述，以掌握数据的基本特征，保证后续工作的有效性。

（3）统计分析。按照调查的要求和数据情况确定统计分析方法，对数据进行统计分析。

（4）统计结果陈示。统计过程结束后，系统会自动生成一系列数据表，其中包含统计处理产生的整套数据，为了能更形象地呈现数据，可利用系统提供的图形生成工具将所得数据陈示出来。

（5）保存和导出分析结果。数据结果生成后，可利用系统自带的数据格式进行存储，同时也可利用系统的输出功能以常见格式进行输出，供其他系统使用。

课 堂 小 结

任 务 指 标	表 现 要 求	已达要求	未达要求
（陈述性）知识	掌握重要概念、特征和意义		
（实践）技能	能进行职业操作活动		
对课程内容的整体把握	能概述并认知整体知识与技能		
与社会实践的联系程度	能描述知识与技能的实践意义		
其他			

本章小结

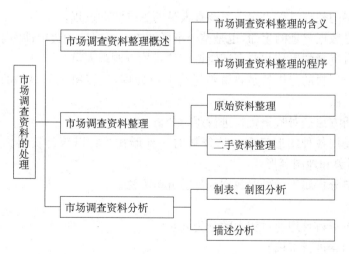

重要概念

市场调查资料整理　编码　分组标志　数量分组标志　交叉列表分析　SPSS

课后自测

一、选择题

1. 市场调查资料整理与分析的意义在于（　　）。
   A. 提高调查资料的价值　　　　　　B. 激发新信息的产生
   C. 对前期工作起到纠偏作用　　　　D. 加速调查结论的提出

2. 定性调查的优点有（　　）。
   A. 揭示事物发展的方向及趋势　　　B. 研究事物规模的大小
   C. 得到有关新事物的概念　　　　　D. 提高调查数据的准确性

3. 市场调查资料分析的原则应该是（　　）。
   A. 针对性　　　B. 客观性　　　C. 完整性　　　D. 变动性

4. 市场调查资料整理应该遵循的原则为（　　）原则。
   A. 适用性　　　　　　　　　　　　B. 时效性
   C. 精确性　　　　　　　　　　　　D. 系统性

5. 以下属于调查人员的失职的是（　　）。
   A. 擅自变更，未按原计划进行调查
   B. 改动了问卷上的一些答案
   C. 由于未找到被调查者，调查人员自行填制了问卷
   D. 调查人员未依据被调查者的心理活动过程进行访谈

6. 描述数据分布中心的统计量，常用的有（　　）。
   A. 均值　　　B. 众数　　　C. 中位数　　　D. 离差

二、判断题

1. 调查资料的整理过程也包含着调查人员的思维活动过程。　　　　（　　）
2. 精确性是数据整理的生命，也是整个市场调查获得成功的决定性因素。（　　）
3. 市场调查资料的审核与鉴别还应该审核或检查调查人员。　　　　（　　）
4. 市场调查资料的分析就是将资料进行简单处理，把资料表面显示的内容表达出来，以服务于调查结论。　　　　　　　　　　　　　　　　　　　　　（　　）
5. 定性分析方法是对收集资料进行逻辑分析。　　　　　　　　　　（　　）
6. 统计图是用各种图形表现统计资料的一种形式。它以统计资料为依据，借助几何线、形、事物的形象和地图等形式。　　　　　　　　　　　　　　　（　　）
7. 集中趋势分析属于一种对数据的静态分析方法。　　　　　　　　（　　）

三、简答题

1. 市场调查资料整理的过程大致分为几步？
2. 如何对问卷进行审核？
3. 编码有哪几种类型？
4. 简述市场调查资料整理和分析的程序。
5. 为什么要审核调查人员？举例说明。
6. SPSS软件有哪些特点？

案例分析

案例1 关于消费者空调购买行为的调查

某家电经销商为了解消费者空调购买行为,从某市城镇居民家庭中抽取了1 000户进行问卷调查,并从市统计局收集有关的数据。资料整理如下。

(1) 近10年城镇居民可支配收入、空调拥有量等数据资料如表9-13所示。

表9-13 近10年城镇居民可支配收入、空调拥有量

可支配收入/ (元/人)	1 592	1 783	2 168	2 817	3 886	4 705	5 052	5 209	5 435	5 818
消费性支出/元	1 294	1 446	1 732	2 194	3 138	3 886	4 098	4 137	4 482	4 800
耐用品支出/元	88	105	128	168	245	269	332	352	394	486
空调拥有量/ (台/百户)	108.10	110.80	114.20	117.10	119.50	121.00	122.80	125.10	128.10	132.32

(2) 2018年年末不同收入家庭空调拥有量如表9-14所示。

表9-14 2018年年末不同收入家庭空调拥有量

组别	最低收入	低收入	中等偏下收入	中等收入	中等偏上收入	高收入	最高收入
空调拥有量/ (台/百户)	88.46	116.35	119.32	123.32	140.12	145.32	151.32

(3) 调查的1 000户居民家庭中,计划近3年内购买空调的户数分别为53户、89户、58户(1 000户中有868户拥有空调1 316台,132户没有空调)。

(4) 计划购买空调的200户家庭关注空调服务、质量、促销、价格、其他要素的分别为28户、144户、4户、20户、4户。

(5) 计划购买空调的200户中,准备购买单冷机的为23户,准备购买冷暖两用的为170户,到时再决定的为7户;准备购买窗式机的为39户,准备购买柜机的为43户,准备购买壁挂机的为118户。

(6) 计划购买空调的200户中,空调信息来源的渠道分别为报纸刊物90户,电视87户,销售现场8户,朋友同事告知6户,销售人员促销3户,户外广告4户,网络广告2户。

(7) 计划购买空调的200户中,考虑购买空调地点分别为专卖店77户,大型电器商场94户,综合性商场82户,家电连锁店56户,厂家直销店48户(有同时选择多个地点的情形)。

(8) 计划购买空调的200户中,考虑购买时间选择分别为夏季86户,冬季60户,厂家促销期42户,春季和秋季12户。

(9) 计划购买空调的200户中,空调功率选择分别为1匹以下7户,1匹41户,1.5匹48户,2匹35户,2.5匹12户,3匹以上23户,到时视情况而定34户。

(10) 计划购买空调的200户中,空调价位选择分别为2 000元以下的12户,2 000~3 000元的56户,3 001~4 000元的45户,4 001~5 000元的36户,5 000元以上的30户,到购买时再定的21户。

(11) 居民家庭对空调降低的态度分布为非常欢迎的 482 户,无所谓的 106 户,不欢迎的 5 户。

(12) 居民家庭对绿色环保空调的看法:符合空调发展方向的 252 户,符合消费者需求的 312 户,空调的必须要求 127 户,厂家炒作 112 户,不知道的 197 户。

(13) 居民家庭对变频空调的看法:符合空调发展方向的 169 户,符合消费者需求的 294 户,空调的必须要求 140 户,厂家炒作 99 户,不知道的 298 户。

(14) 居民家庭对静音空调的看法:符合空调发展方向的 239 户,符合消费者需求的 391 户,空调的必须要求 210 户,厂家炒作 52 户,不知道的 108 户。

(15) 居民家庭认为厂家宣传推广对购买决策很有影响的 170 户,有影响的 280 户,一般的 235 户,无影响的 15 户。

阅读材料,回答以下问题。

1. 你认为上述调查数据处理有何特点?有哪些缺陷?实际工作中应怎样弥补这些缺陷?
2. 根据这些数据,你认为可制作哪些形式的统计表和统计图?
3. 若再次作同类调查,你能设计出更为完善的调查问卷和数据整理方案吗?

案例2　海量数据中的商业机遇

"可能感兴趣的人""猜你喜欢""购买此商品的人还购买了……"在你刷微博、网上购物时,经常会在相应的位置上见到如上提示。这些看似简单的用户体验背后,其实正孕育着被誉为"新油田"的大数据产业。

美国互联网数据中心指出,互联网上的数据每年将增长 50%,每两年便可以翻一番,而目前世界上 90% 以上的数据是最近几年才产生的。这些数据又并非单纯指人们在互联网上发布的信息,全世界的工业设备、汽车、电表上有着无数的数码传感器,随时测量和传递着有关位置、运动、震动、温度、湿度乃至空气中化学物质的变化,也产生了海量的数据信息。

大数据技术的战略意义不在于掌握庞大的数据信息,而在于对这些含有意义的数据进行专业化处理。换言之,如果把大数据比作一种产业,那么这种产业实现盈利的关键,在于提高对数据的"加工能力",通过"加工"实现数据的"增值"。

虽然大数据目前在国内还处于初级阶段,但是其商业价值已经显现出来。首先,手中握有数据的公司站在金矿上,基于数据交易即可产生很好的效益;其次,基于数据挖掘会有很多商业模式诞生,定位角度不同,或侧重数据分析。比如,帮企业做内部数据挖掘,或侧重优化,帮企业更精准地找到用户,降低营销成本,提高企业销售率,增加利润。据统计,目前大数据所形成的市场规模在 51 亿美元左右,而到 2017 年,此数据预计会上涨到 530 亿美元。

(资料来源:中国行业研究网,2013-04-26.)

阅读材料,回答以下问题。

1. 大数据时代的到来,会给二手资料整理分析带来哪些影响?
2. 大数据时代对于企业的意义有哪些?

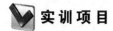 **实训项目**

实训名称：市场调查资料整理。
实训目的：通过实训项目的演练与操作，初步认知市场调查资料整理的工作过程。
实训内容：选择某一老少皆宜的日常消费品，由学生设计问卷对本市不同年龄段的被调查者进行调查，然后按年龄段将调查所得资料进行分组，试总结出自己的调查结论。
实训组织：学生分组，整理调查资料。
实训总结：学生交流整理结果，教师评价。

学生自我学习总结

通过学习本章，我能够作以下总结。
1. 主要知识点

本章的主要知识点有：
（1）
（2）

2. 主要技能

本章的主要技能有：
（1）
（2）

3. 主要原理

市场调查资料整理与分析的主要意义是：
（1）
（2）

4. 主要相关知识点

本章涉及的主要相关知识点有：
（1）数据统计分析方法有：
（2）数据统计分析软件有：

5. 学习成果检验

完成本章学习的成果：
（1）学习本章的意义有：
（2）学到的知识有：
（3）学到的技能有：
（4）我对市场调查资料处理的初步印象是：

第 10 章

市场预测原理

"预测"就是能"预见"预期中的行动,预先指出重大的趋势。

——[美]迪克·卡尔森

导　　语

经过数据资料的整理与分析后,市场调查人员根据分析结果,可以总结市场的历史状况和现实情形。如果还想对市场发展的未来趋势作出展望,得出符合逻辑的结论和活动过程,则必须借助专门的市场预测技术,在市场调查结论的基础上,对市场发展进行测算、判断。

学习目标

知识目标
(1) 认知市场预测的含义。
(2) 认知市场预测的种类。
(3) 认知市场调查的内容。
(4) 认知市场预测的原则。

技能目标
(1) 能认知市场预测的原理。
(2) 能认知市场预测的过程。
(3) 能初步运用市场预测的方法。

调查故事

《三国演义》赤壁之战中,诸葛亮借东风火烧曹军战船,孙、刘联军以弱胜强,大败曹军,三国鼎立由此确立。人们不禁要问,诸葛亮真能借东风吗?

其实,诸葛亮由于家住赤壁不远的南阳(今湖北襄阳附近),对赤壁一带天气气候规律的认知,比曹、周两人更深刻、更具体。西北风只是气候现象,在气候背景下可以出现东风,这是天气现象。在军事气象上,除了必须考虑气候规律之外,还须考虑天气规律作为补充。当时,诸葛亮根据天气气候变化的分析,凭借自己的经验,已准确地预测出了出现偏东风的时间。

市场营销活动中,市场预测的作用也非常重要。有一年,市场预测表明,该年的苹果将供大于求,这使众多苹果供应商和营销商暗暗叫苦,他们似乎都已认定:他们必将蒙受损失!可就在大家为即将到来的那个损失长吁短叹的时候,聪明的 A 却想出了绝招。他想:如果在苹果上增加一个"祝福"的功能,只要能在苹果上出现表示喜庆与祝福的字样,如"喜"

"福"等字,就准能卖个好价钱!于是,当苹果还长在树上时,他就把提前剪好的纸样贴在了苹果朝阳的一面,如"喜""福""吉""寿"等。果然,由于贴了纸的地方阳光照不到,苹果上也就留下了痕迹。这样的苹果的确前所未有,这样的创意也的确领先于人,果然他的祝福苹果在该年度的苹果大战中独领风骚,他赚了一大笔钱。

第二年,仍然是他的苹果卖得最火,为什么?因为他已经预测到会有很多人去模仿自己的点子,他只能再出新招。于是,他的苹果上不仅仍然有字,还能鼓励青睐者"成系列地购买"。将苹果一袋袋装好,且袋子里那几个有字的苹果总能组成一句甜美的祝词,如"祝您寿比南山""祝你们爱情甜美""祝您中秋愉快""祝您平安"等,于是人们再度慕名而来,纷纷买他的苹果作为礼品送人。

启示:市场调查预测工作建立在对信息充分掌握的基础之上,一切凭空的想象、臆测,不是科学的预测,自然也不能促成营销目标的实现。

10.1 市场预测概述

市场预测是在正确的理论指导下,通过广泛调查取得第一手资料或第二手资料,再运用定性分析和定量分析的方法,对市场今后的发展变化作出质的描述和量的估计。

市场预测与市场调查的区别在于,前者是人们对市场的未来的认知,后者是人们对市场的过去和现在的认知。市场预测能帮助经营者制订适应市场的行动方案,使自己在市场竞争中处于主动地位。与市场调查一样,作为市场研究的重要手段,市场预测本身不是目的,而是服从于营销活动,并且是营销活动的一个有机组成部分。

10.1.1 市场预测的含义

据1899年在安阳小屯出土的甲骨文记载,远在3 000多年前的我国商代,就通过占卜展望未来,作出行动的决策。公元前5世纪的春秋末年,越国范蠡便指出"水则资车,旱则资舟""论其有余不足,则知贵贱,贵上极则反贱,贱下极则反贵"。希腊哲学家塞利斯通过对气象条件的研究,预测到油橄榄将大丰收,便控制榨油机,到时以出租榨油机而获利。这些虽是仅凭个人的才智、知识和经验所进行的简单预测与决策,但已具有现代市场调查与预测的雏形。

1. 市场预测的概念

预测是根据调查所获得的经过整理的信息、数据、资料及过去的经验,运用经验、软件程序和决策模型对事物未来的发展趋势作出客观的估计和科学的判断的过程。企业进行市场营销调查的主要目的是确定它的市场地位并预测它的市场机会。在调查前期的信息资料收集和整理工作结束以后,就要着手对整理后的资料进行定量分析和定性分析,并作出有依据的预测。

> **重要概念 10-1　　　　　　　　市 场 预 测**
>
> 市场预测是指在市场调查的基础上，运用预测理论与方法，预先对所关心的市场未来变动趋势与可能的水平作出估计与测算的活动过程。

市场预测能够帮助企业决策者掌握市场未来的发展趋势，寻找并把握市场机会，作出科学的经营决策。如对企业未来一段时间的生产和销售作出预测，或预测企业未来所需人员的数量等。但市场预测也有其局限性，它只能描述未来事物变化发展的轨迹，因为影响事物发展的因素错综复杂，有些甚至是不可预测的，同时由于人的客观知识和主观经验的局限性，预测也存在难以控制的风险。所以，预测者在进行预测分析时，一定要按科学的程序进行，尽最大可能减少偏差。

2. 市场预测的类型

市场预测的种类很多，大致可以分为以下几类。

（1）按范围大小不同，市场预测分为宏观市场预测和微观市场预测

宏观市场预测是把整个行业发展的总体情况作为研究对象，研究企业生产经营过程中相关的宏观环境因素，如政治、经济、文化、技术、法律等因素的发展变动趋势及其对本企业经营方向和过程的影响，整体市场的供需量的预测。

例 10-1

根据德勤的分析预测，在 2018 年的 200 万辆级别的基础上，2020 年全球新能源车销量将达到 400 万辆，2025 年将达到 1 200 万辆，2030 年将达到 2 100 万辆。其中，纯电动汽车将占据新能源车总销量约 70% 的份额。

微观市场预测是从单个企业角度出发，研究预测市场竞争者地位、企业市场销售量、产品在市场上的占有率等各个要素。

例 10-2

根据蓝色吉利行动新能源战略，吉利汽车公司预计在 2020 年实现 200 万辆的产销总量，这 200 万辆的产销总量中有 90% 都是新能源产品。其中有 35% 是纯电动汽车，另外的 65% 是插电式车和混合动力车。

宏观市场预测与微观市场预测密不可分，宏观市场预测要以微观市场预测为基础，微观市场预测要以宏观市场预测作指导，只有将二者很好地结合起来才可能进行对企业有利的科学预测。

（2）按时间长短不同，市场预测分为长期预测、中期预测和短期预测

长期预测一般是指对 5 年以上的市场发展远景进行预测，如通货膨胀趋势、原料和能源供应的变化对企业及所处经营环境的影响。

例 10-3

据欧佩克 2018 年预测报告,随着航空公司需求的急剧增长抵消了电动汽车的到来,世界石油产量将在未来 5 年内飙升至新纪录。大部分产量增长将来自欧佩克以外的国家,中国和印度领先于需求的增长。欧佩克预计,到 2040 年全球石油需求将达到近 1.12 亿桶。

中期预测一般是指 1~5 年的市场发展变化的预测,介于长期预测与短期预测之间。

例 10-4

美国费城联储总裁哈克 2019 年 3 月 5 日发表讲话,他预计美国失业率 2019 年可能降至 3.5%,通胀率 2019 年和 2020 年可能略高于美联储 2% 的目标。

短期预测的时间一般在 1 年以下,如季度、月份或者几天内的变化情况。

(3) 按预测方法性质不同,市场预测分为定性预测和定量预测

定性预测分析是运用相关技术对预测对象的性质进行的分析预测,包括已知现象总结、确定概念,判断其未来的发展。它主要是依靠个人主观经验和直觉进行分析,对事物的性质、市场发展前途进行估计和预测。

定量预测分析主要是根据市场调查阶段收集的相关数据信息资料,通过建立适当的数学模型分析过去和现在的市场变化情况,并预测未来市场变动趋势。

在实际市场预测中,定性预测和定量预测一般都会被市场信息研究者很好地结合使用,以用较小的代价快速准确地作出预测。

(4) 按市场预测地域大小不同,市场预测分为国际市场预测和国内市场预测

国际市场预测是指以世界范围内国际市场的发展趋势为对象的市场预测。随着经济全球化进程的加快,越来越多的企业进入世界市场,国际化经营成为十分普遍的现象,国际化经营需要了解和把握国际市场的发展变动趋势,国际市场预测日益必要。国际市场预测可以是综合性的,也可以是专题性的;可以是就整个世界市场的预测,也可以是就具体国际区域市场,甚至是国别市场的预测。国际市场预测由于预测面广、涉及范围大、变量和不可控因素多、收集资料困难,因此预测的难度很大,且范围越大,难度越大。显然,世界性的综合性市场预测的难度最大。

国内市场预测是指以全国范围的市场状况为预测对象的市场预测。国内市场预测可以是综合性市场预测,也可以是专题性市场预测。随着全国统一市场的形成,以及许多企业以全国市场为目标市场,有必要了解和掌握全国市场的发展变动趋势,需要开展全国性的市场预测,即使是以区域市场为目标市场,也有必要掌握全国市场的发展变动趋势,为决策提供依据。国内市场预测同样具有预测面广、涉及范围大、变量和不可控因素多、收集资料困难、预测难度大的特点。

(5) 按市场预测内容繁简不同,市场预测分为专题性市场预测和综合性市场预测

专题性市场预测是指市场预测主体为解决某个具体问题而对部分市场状况进行的预测。比如,对市场上某种商品的需求进行预测。尽管专题性市场预测的对象和内容仅是市场的某一个方面,但是,这并不意味着在预测过程中,可以不必考虑市场的整体情况。恰恰相反,在进行专题性市场预测时,同样需要从市场的整体出发。专题性市场预测涉及的面较

小,包含的变量也较少,组织实施比较方便,所需投入相对较小。在许多情况下,专题性市场预测所提供的信息能保证满足决策所需,事实上,大多数市场预测是专题性市场预测。

综合性市场预测是指市场预测主体为全面了解市场的发展趋势而对市场的各个方面进行的全面预测。相对于专题性市场预测而言,综合性市场预测涉及市场的各个方面,组织实施相当困难,不仅需要投入相当多的人力、物力、费时、费钱,对预测人员的要求也相对要高,通常只在大型的市场研究项目中采用。

10.1.2 市场预测的内容

市场预测的内容非常广泛。由于市场主体、性质不同,市场预测的要求也就不同,市场预测的具体内容也就有了差别。一般来说,任何市场均可围绕市场环境、市场需求、市场供给、市场运作、市场价格、市场竞争等方面开展预测。但是,不同性质的市场在预测业务、预测范围、预测要求等方面是存在差别的。

企业进行市场预测的主要内容一般包括市场环境预测、市场需求预测、市场供给预测等。

1. 市场环境预测

市场环境预测是指在市场环境调查的基础上,运用因果性原理和定性分析与定量分析相结合的方法,预测国际国内的社会、经济、政治、法律、政策、文化、人口、科技、自然等环境因素的变化对特定的市场或企业的生产经营活动会带来什么样的影响(包括威胁和机会),并寻找适应环境的对策。如人口总量和人口结构的变化,对产品的需求会带来什么样的影响;人口老龄化意味着什么样的商机;宏观经济运行的景气或不景气,对特定的市场和企业的生产经营活动会带来什么样的影响,应采取什么样的对策;产业政策、货币政策、就业政策、能源政策等政策调整,对企业的生产经营活动有什么样的作用,应如何利用这些政策;政治经济的动荡、经济危机、地区冲突对国内企业有何冲击,应采取什么样的应对策略等,都是市场环境预测的具体内容。

例 10-5

现有资料预测,中国老龄人口到 2025 年将超过 3 亿人,到 2045 年将达到 4 亿人,到 2050 年将达到总人口的 1/3。我国老龄产业产值约 10 000 亿元,其中每年仅老年服饰消费潜力至少有 2 000 亿元,目前市场需求大,供给少,供求关系不平衡,急需专营老年用品的生产销售企业出现。相关人士预测,到 2030 年,有望形成老龄、少儿、成人产业三分天下的格局。

2. 市场需求预测

市场需求预测是指在市场需求调查的基础上,运用定性分析与定量分析相结合的方法,对特定区域和特定时期内的某类市场或全部市场的需求走向、需求潜力、需求规模、需求水平、需求结构、需求变动等因素进行分析预测。由于市场需求的大小决定着市场规模的大小,对企业的投资决策、资源配置和战略研发具有直接的重要影响,因此,市场需求预测是市场预测的重点。

市场需求预测既包括对现有市场的需求潜力的估计,也包括对未来市场的需求潜力的测定。市场需求预测,首先应对影响市场需求变化的人口、收入、储蓄、投资、信贷、价格、政策、经济增长等因素进行分析研究;其次运用定性分析与定量分析相结合的预测方法,对未来的市场需求走向、需求潜力、需求规模、需求水平、需求结构等作出推断。市场需求预测有消费品需求预测和生产资料需求预测之分,有全部商品、某类商品和某种商品的市场需求预测3个层次。一般来说,市场性质与市场层次不同,市场需求预测的内容和方法也有所不同。

例 10-6

中国行业研究报告显示,5G手机将成为电子消费新一轮风口,5G、折叠屏、混合光学变焦摄像头等新技术应用于智能手机,将激活智能手机换机市场。市场调查公司 Counterpoint Research 的报告显示,2021年,全球5G智能手机出货量将达到1.1亿部,较2020年增长255%。国金证券此前预计,5G手机将带来5 000亿元以上的新增市场空间。

3. 市场供给预测

市场供给预测是指对一定时期和一定范围的市场供应量、供应结构、供应变动因素等进行分析预测。由于市场供给的大小能够反映市场供应能力的大小能否满足市场需求的需要,因而,它是决定市场供求状态的重要变量。市场供给预测也是市场预测的重要内容:市场供应量和供应结构的分析预测,也有消费品供给预测与生产资料供给预测之分,也有全部商品、某类商品和某种商品3个层次。一般来说,应在市场供给调查的基础上,运用合适的预测方法对商品的生产量、国外进口和其他供应量等决定供应总量的变量进行因素分析、趋势分析和相关分析,在此基础上,再对市场供应量和供应结构的变化前景作出预测推断。

拓展阅读 10-1

高铁开通对民航的影响预测

2017年9月21日,全国铁路开始实施新的列车运行图,本次调整主要是为了应对即将到来的双节出行高峰。值得关注的是,本次调整之后,京沪线上运行的7对"复兴号"高铁动车组将按照350千米的时速运行。

北京—上海全程运行时间只需4个半小时左右。高铁的发展为沿线各大中心城市之间的人群出行提供了更多选择。它的发展对于飞机出行会带来怎样的影响呢?

近日,波音公司在北京发布了针对中国市场的预测报告,指出中国市场未来20年需要7 240架新飞机,总价值1.1万亿美元,这一数据较2016年的预测调高了6.3%。

波音在1997年发布的预测报告曾提出,全球商业航空机队规模是23 000多架,目前看来实际数据是23 500架。"尽管我们整体的数量预测得非常准确,但是从细节上看,还是有一些差距。当年我们低估了单通道飞机最终的规模,也低估了中国的发展潜力和低成本航空的发展空间。"波音民用飞机集团市场营销副总裁兰迪·廷塞思同时也表达了对中国民机市场的信心和挑战。

过去10年全球民航市场的增长,其中有1/4都是中国市场带来的。波音预测,未来20年中国GDP的年均增长速度是4.9%,中国运输量增长率是5.9%。现在中国的民航市场的体量差不多是美国规模的40%,未来20年中国将超越美国,成为全球最大的民航市场。

据介绍,中国是一个典型的增长型市场,大约70%的新飞机是用于满足增长需求,剩下30%用于替换老旧机型。

(资料来源:搜狐科技,2017-09-21.)

课 堂 小 结

任务指标	表现要求	已达要求	未达要求
(陈述性)知识	掌握重要概念、特征和意义		
(实践)技能	能进行职业操作活动		
对课程内容的整体把握	能概述并认知整体知识与技能		
与社会实践的联系程度	能描述知识与技能的实践意义		
其他			

10.2 市场预测的原理与方法

市场预测是在对影响市场供求变化的诸因素进行调查研究的基础上,运用科学的方法,对未来市场商品供应和需求的发展趋势及有关的各种因素的变化,进行分析、估计和判断。预测的目的在于最大限度地减少不确定性对预测对象的影响,为科学决策提供依据。

10.2.1 市场预测的原理

市场之所以可以被预测,首先是因为人们通过长期的认知,积累起丰富的经验和知识,可以逐步了解市场变化规律;其次,凭借各种先进的科学手段,根据市场发展历史和现状,推演市场发展的趋势,作出相应的估计和推测。具体而言,市场预测需要以下几条原理作指导。

1. 连续性原理

任何事物的发展在时间上都具有连续性,表现为特有的过去、现在和未来这样一个过程。没有一种事物的发展与其过去的行为没有联系,过去的行为不仅影响现在,还会影响未来。因此,可以从事物的历史和现状推演出事物的未来。市场的发展也有一个过程,在时间上也表现为一定的连续性。尽管市场瞬息万变,但这种发展变化在长期过程中也存在一些规律性(如竞争规律、价值规律等),可以被人们所认知。连续性原理是时间序列分析预测法的主要依据。

> **课堂讨论** 对于市场变化来讲,连续性是指市场在一定时间段内会保持相对稳定性,呈现出一定的规律。请你举一些例子说明这一原理。

2. 因果原理

任何事物都不可能孤立存在，都是与周围的各种事物相互制约、相互促进的；一个事物的发展变化，必然影响其他有关事物的发展变化。比如，一个国家在一定时期内采用某种特定的经济政策，势必对市场发展产生某种影响；这时的经济政策是因，市场变化情况是果。过一段时间，国家根据市场发展变化的新情况，制定新的经济政策来刺激市场，或是稳定市场，或是限制市场，甚至改变市场发展方向等。市场情况成为因，经济政策又变为果。

案例 10-1

中美贸易摩擦的影响可控

针对近期中美贸易摩擦，国家发展和改革委员会宏观经济研究院常务副院长王昌林 2018 年 4 月 9 日在接受记者采访时说，中国经济当前稳中向好且长期稳定向好，市场回旋余地大，发展动力足、韧性强，中美贸易摩擦将对我国经济产生一定影响，但总体影响不大。

美国于美东时间 4 月 3 日发布了对华"301 调查"项下征税产品建议清单，涉及中国约 500 亿美元出口商品。对此，王昌林表示，这一规模占 2017 年我国对美国出口的 11.6%，占我国总出口的 2.2%。初步测算，如果这 500 亿美元出口商品有所下降，对经济增速的影响不到 0.1 个百分点。王昌林预计，2018 年我国完全可以实现经济增长 6.5% 左右的预期目标和城镇新增就业 1 100 万人以上、城镇调查失业率 5.5% 以内的目标。

"中美贸易摩擦直接带来就业岗位净减少的规模有限，风险完全可控。"王昌林说，机械设备、医药、钢铁有色等行业不是劳动密集型行业，部分企业对美国出口额小幅下降不会引起大规模裁员；同时，考虑到部分出口商品可以转向其他国家或者国内市场，就业岗位实际受到的冲击将会更小。

王昌林认为，总体来看，我国对美国大豆、猪肉等进口农副产品加征关税，对国内居民消费价格(CPI)影响相对有限。以大豆为例，据初步估算，假设大豆价格上涨 25%，将拉升国内 CPI 约 0.25 个百分点，平摊到全年，预计 CPI 波动中枢将保持在 2.4% 的水平，仍在 3% 的调控目标之内。"进一步考虑其他国家农副产品对美国进口品的替代效应，我国对美国大豆、猪肉等加征关税的反制行动对国内物价水平的影响将会更低。"他认为，由于我国对美国直接出口的钢材、铝制品、化工品规模有限，美国对我国相关出口品加征关税，对全国工业生产者出厂价格(PPI)影响有限。

评析：只要我们认认真真办好自己的事，不被人牵着鼻子走，充分发挥优势，按照推动高质量发展的要求，围绕现代化经济体系建设，扎实有序推进改革开放，着力激发内生活力和动力，完全能够实现经济持续平稳健康发展。

---

3. 类推原理

许多事物相互之间在结构、模式、性质、发展趋势等方面客观存在着相似性。依据这种相似性，人们可以在已知某一事物的发展变化情况的基础上，通过类推的方法推演出相似事物未来可能的发展趋势。例如,彩色电视机的发展与黑白电视机的发展就有某些类似之处,我们可以利用黑白电视机的发展规律类推彩色电视机的发展规律。类推原理在领先指标法中得到了很好的运用。

案例 10-2

日本"尿布大王"的市场预测

日本尼西奇公司原是一家生产雨伞的小企业。一次偶然的机会,董事长多博川看到了一份最近的人口普查报告。从人口普查报告获悉,日本每年有 250 万婴儿出生,他立即意识到尿布这个小商品有着巨大的潜在市场,按每个婴儿每年最低消费 2 条计算,一年就是 500 万条,再加上广阔的国际市场,潜力是巨大的。于是他立即决定转产被大企业不屑一顾的尿布,结果畅销全国,走俏世界。如今该公司的尿布销量已占世界的 1/3,多博川本人也因此成为享誉世界的"尿布大王"。

评析:多博川从一份人口普查报告中看到了巨大的商机,从而取得了巨大的成功,这得益于他对市场的敏锐观察力和及时出击的战略。获取情报重要,快速对情报作出反应更重要,这就要求商家要善于根据新情况、新问题,及时调整原来的思路和方案,采取相应的对策,做到市场变我也变。

---

4. 概率原理

任何事物的发展都有一个被认知的过程。人们在充分认知事物之前,只知道其中有些因素是确定的,有些因素是不确定的,即存在着偶然性因素。市场的发展过程中也存在着必然性和偶然性,而且在偶然性中隐藏着必然性。通过对市场发展偶然性的分析,揭示其内部隐藏着必然性,可以凭此推测市场发展的未来。从偶然性中发现必然性是通过概率论和数理统计方法,求出随机事件出现各种状态的概率,然后根据概率去推测预测对象的未来状态。

10.2.2 市场预测的方法

市场预测的方法有很多,一般复杂的方法涉及许多专门的技术。对企业营销管理人员来说,应该了解和掌握的市场预测方法主要有以下两种。

1. 定性预测法

企业经营和管理者在多数情况下不可能很清楚地掌握预测对象的历史或现实的资料,且影响预测对象的因素复杂多变,以致对一些重要的影响因素有时难以进行定量分析。也有时是因为要求在很短时间内迅速作出预测和决策,也迫使人们利用经验和直觉进行预测,以期快速反应,抓住商机。

重要概念 10-2   **定 性 预 测**

定性预测是指预测者根据已经掌握的部分历史和直观的资料,运用个人的经验和主观判断能力对事物的未来发展作出性质与程度上的预测。

定性预测侧重于在事物发展的性质、原则和方向上进行判定。在实际运用中,常用的方法有个人经验判断法、集体经验判断法、专家预测法等。

(1) 个人经验判断法。个人经验判断法是指由个人单独进行的经验判断法,主要是利用对比类推原理、相关推断原理、比例关系及平衡关系等进行推断。

(2) 集体经验判断法。集体经验判断法也称为集体意见法,它是由经过挑选的、与预测相关的、具有一定经验和相关知识的员工、消费者、经营人员等在一起进行集思广益的预测推断。它可以是经营管理人员在一起研究讨论,加上企业各个层次和部门的人员形成一个综合性和代表性较强的预测组织;也可以利用调查问卷向消费者进行未来市场发展趋势的预测。

(3) 专家预测法。专家预测法的核心是找到合适的"专家",这里的"专家"是与所调查和预测的事物相关性较强的人,而非仅仅有较高的知名度,或只是在其他领域有所建树的人。

专家预测法也有不同的种类:①专家意见集合法。专家意见集合法是专家们以讨论的形式进行预测,讨论结果就是各方经过充分交换意见后的预测结果,这是互相妥协的产物。②专家意见汇总法。专家意见汇总法是将准备预测的项目分解为若干子项目,专家也相应地分成若干预测小组,每个项目都有专门的预测小组进行研究,最后,组织者将各预测小组推断的结果加以整理,构成一个完整的项目,从而得到预测的最终结果。③德尔菲法。德尔菲法是另一种特殊的专家预测法,它突出各个专家的独立判断,由组织者将背景资料交给互相匿名的若干名专家各自独立作出判断,其结果经过整理后再次将新的完整资料发给每一个专家,进行第二次轮询。这样,通常经过三次轮询后,最终得到几种不同的结果,运用数学公式求其均值,便可得到最后的预测结果。

2. 定量预测法

定量预测法建立在现代数理统计技术之上,其应用性很强,它通过建立数学和统计学模型使预测更加精确,预测依据客观真实,可靠性更高,在中短期预测中有着非常明显的优势。常用的定量预测法有时间序列预测法、指数平滑预测法、趋势外推法、季节变动法和回归预测法等。

案例 10-3

预测创造财富

据美国一家研究机构调查,20 世纪 60 年代,只要做电视机就能够赚到钱。70 年代做微波炉生意的都赚到了钱。尤其是在国外,70 年代微波炉卖得非常火。还出了一个小故事:法国有一位老太太,他们家养了一只很漂亮的小狗。给这只小狗洗完澡后,发现这只小狗冻得直哆嗦。"微波炉挺好啊!放进去烤一烤不就好了。"结果一下就烤死了。于是她立刻投诉卖微波炉给她的公司。

对这家公司说:"你当时卖给我为什么不告诉我不能烤小狗呢?一只非常名贵的小狗烤死了,怎么办?"于是打官司。最后老太太赢了。

在我国,20 世纪 80 年代是录像机,90 年代是计算机和网络。当年比尔·盖茨的梦想就是要每一个人的桌上都有一台计算机,每台计算机里都使用他的操作系统。最

> 后他实现了。因此,90年代做计算机和网络的都赚到了钱。也就是说,在80年代,做录像机的都成为百万富翁,到了90年代做计算机和网络的都成了千万富翁、亿万富翁。
>
> 21世纪你知道是什么趋势吗?有一本书非常有名,叫《财富第五波》,它是由世界顶级经济学家、两届美国总统的经济顾问保罗·皮尔泽写的。书里讲道:"将来营养保健行业将产生兆亿美元的营业收入。"实际上,他预测到2010年时,美国将产生近1万亿美元的营业收入。在20年前,保健这个行业是没有的。但到了2000年时,保健就产生了2 000亿美元的营业收入,占汽车行业的一半。
>
> **评析**:做企业就是这样的,如果你不知道趋势,如果你做了一个夕阳产业,你会越做越穷,越做越不行。任何一个行业都会有开始、高峰、低潮,这是经济的发展规律。

课 堂 小 结

任务指标	表现要求	已达要求	未达要求
(陈述性)知识	掌握重要概念、特征和意义		
(实践)技能	能进行职业操作活动		
对课程内容的整体把握	能概述并认知整体知识与技能		
与社会实践的联系程度	能描述知识与技能的实践意义		
其他			

10.3 市场预测的原则与程序

市场预测为营销决策服务,是为了提高营销管理水平,减少决策的盲目性。因此,市场预测活动必须遵循一定的原则与程序进行。

10.3.1 市场预测的原则

市场预测的准确度越高,预测效果就越好。然而,由于各种主客观原因,预测不可能没有误差。为了提高预测的准确程度,预测工作应该具有客观性、全面性、及时性、科学性、持续性和经济性等基本要求。

1. 客观性原则

市场预测是一种客观的市场研究活动,但这种研究活动是通过人的主观活动完成的。因此,预测工作不能主观随意地"想当然",更不能弄虚作假。

企业在预测用户需求时不能想当然地猜测用户习惯。现在很受好评的QQ邮箱,以前市场根本不认可,因为对用户来说非常笨重难用。后来,公司从用户的使用习惯、需求去研究,究竟什么样的功能是他们最需要的?在研究过程中,腾讯内部形成了一个"10/100/1 000法则",即产品经理每个月必须做10个用户调查,关注100个用户博客,收集反馈1 000个用户体验。最终,比较精准的预测,把握了用户的需求。

2. 全面性原则

影响市场活动的因素,除经济活动本身外,还有政治的、社会的、科学技术的因素。这些因素的作用使市场呈现纷繁复杂的局面。预测人员应具有广博的经验和知识,能从各个角度归纳和概括市场的变化,避免出现以偏概全的现象。当然,全面性也是相对的,无边无际的市场预测既不可能也无必要。

3. 及时性原则

信息无处不在,无时不有,任何信息对经营者来说,既是机会又是风险。为了帮助企业经营者不失时机地作出决策,要求市场预测快速提供必要的信息。过时的信息是毫无价值的。信息越及时,不能预料的因素就越少,预测的误差就越小。

4. 科学性原则

预测所采用的资料,需经过去粗取精、去伪存真的筛选过程,才能反映预测对象的客观规律。运用资料时,应遵循近期资料影响大、远期资料影响小的规则。预测模型也应精心挑选,必要时还须先进行试验,找出最能代表事物本质的模型,以减少预测误差。

5. 持续性原则

市场的变化是持续不断的,不可能停留在某一个时点上。相应地,市场预测需不间断地持续进行。在实际工作中,一旦市场预测有了初步结果,就应当将预测结果与实际情况相比较,及时纠正预测误差,使市场预测保持较高的动态准确性。

> **课堂讨论** 持续性原则是指预测活动一旦开始,就一直坚持下去,连任何决策都不要作出吗?

6. 经济性原则

市场预测是要耗费资源的。有些预测项目,由于预测所需时间长,预测的因素又较多,往往需要投入大量的人力、物力和财力,这就要求预测工作本身必须量力而行,讲求经济效益。如果耗费过大,效益不高,将使市场预测名誉扫地。如果企业自己预测所需成本太高时,可委托专门机构或咨询公司来进行预测。

10.3.2 市场预测的程序

在市场预测活动中,预测者面临几种解决方案时,不要匆忙开展预测活动,首先要做的是了解企业经营决策的必要性、目标和方向是什么;其次再开始预测活动。这一程序可以归纳为几个主要的步骤。

1. 明确市场预测目的

在对企业面临的宏观环境和微观环境进行细致、系统的调查之后,尽可能多地利用所掌握的各种信息资料,借助预测者的经验和专业知识,为下一步的市场策略提供具体建议,明确具体化的目的。企业想要针对什么样的市场需求,提供什么样的产品和服务,企业所拥有的资料能否满足所要从事的活动等。

2. 明确资料类型和来源

预测需要大量信息,但信息的来源和收集信息的方法往往对信息的质量与可靠性产生重要影响,因此必须明确信息来自企业内部还是企业外部,是用第一手资料方式取得的还是用第二手资料方式取得的,取得后信息是否与现实情况不一致、差距有多大等一系列问题。

3. 明确预测方法和制订预测方案

明确预测方法和制订预测方案,并收集足够的信息,如采用何种定性预测技术或定量预测技术展开预测。

4. 对预测所得的结果进行处理和评估

在市场预测活动中,必须预先对资料的处理与分析进行设计,形成资料处理计划,其中应包括确定资料处理的基本目标和要求,选择处理的具体方法、处理结果的形式等。

5. 撰写市场预测报告

根据资料分析处理结果,撰写市场预测报告。预测报告应该概括预测研究的主要活动过程,包括预测目标、预测对象及有关因素的分析结论、主要资料和数据,预测方法的选择和模型的建立,以及对预测结论的评估、分析和修正等。

拓展阅读 10-2

市场预测的作用

市场预测的作用体现在以下几个方面。

(1) 市场预测是企业制订经营计划的前提与依据。企业制订经营计划不能单凭当前的状况和过去的资料,要想使经营工作更加富有成效,还需把握企业内外部条件的变化,以及企业有关产品的发展趋势、生命周期及市场需求的发展变动趋势。而欲达此目的,就得运用各种科学的方法进行深入、细致的分析和科学的预测。

(2) 市场预测是经营决策的基础。企业生产经营活动的各个阶段、各个生产环节都存在决策问题。任何企业都面临生产技术、产品品种的选择及其经济效益的评价等许多复杂的问题。对此,若无细致周密的调查和科学的预测作为基础,就难以优选出合理、经济、可行的方案,就很难作出正确的决策。

(3) 市场预测有利于企业更好地满足市场需求。市场预测的重要内容之一就是市场需求预测。科学的预测可以帮助人们按照事物的发展规律办事,并充分发挥人的主观能动性,减少企业经营活动中的盲目性和经营的风险。因此,预测也能提高企业的适应性和竞争力,帮助企业真正按市场需求组织生产和销售,从而更好地满足市场需求。

(4) 市场预测有利于企业的经营管理与经济效益。经济效益是企业生产经营活动的根本,提高经济效益是经营管理的目标。而搞好经营管理的条件之一就是积极做好市场预测工作。在企业工作中,进行任何一项科研或技术经济项目,都要讲求经济效益,使之达到技术上的先进可行、经济上的科学合理。只有通过科学预测,企业才能提高经营管理水平与经济效益。

课 堂 小 结

任 务 指 标	表 现 要 求	已达要求	未达要求
(陈述性)知识	掌握重要概念、特征和意义		
(实践)技能	能进行职业操作活动		
对课程内容的整体把握	能概述并认知整体知识与技能		
与社会实践的联系程度	能描述知识与技能的实践意义		
其他			

 本章小结

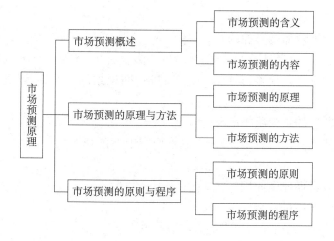

 重要概念

市场预测　定性预测　定量预测

 课后自测

一、选择题

1. 相对于专题预测而言,综合性市场预测(　　)。

    A. 涉及市场的各个方面

    B. 组织实施相当困难

    C. 需要投入相当多的人力、物力

    D. 对预测人员的要求也相对要高

    E. 通常只在大型的市场研究项目中才采用

2. 在实际运用中,定性预测常用的方法有(　　)。
   A. 专家意见法　　　　　　　　　B. 集体经验判断法
   C. 专家预测法　　　　　　　　　D. 时间序列法
3. 市场预测的主要原理包括(　　)原理。
   A. 连续性　　　　　　　　　　　B. 因果
   C. 类推　　　　　　　　　　　　D. 概率
4. 按预测的时间长短不同可分为(　　)预测。
   A. 长期　　　　　　　　　　　　B. 中期
   C. 短期　　　　　　　　　　　　D. 定性
5. 市场预测的经济性原则是指(　　)。
   A. 应该量力而行
   B. 讲究经济效益
   C. 企业尽量自己承担
   D. 自己承担成本高时,可请专业预测机构承担

二、判断题

1. 市场预测是市场调查的基础。(　　)
2. 市场预测的风险都是可控的。(　　)
3. 在市场预测中,信息越及时,不可预料的因素就越少,预测的误差也就越小。(　　)
4. 市场之所以可以被预测,是因为人们通过长期积累的丰富经验,逐步掌握了市场变化规律。(　　)
5. 市场预测的目的是为决策服务。(　　)
6. 市场预测就是要耗费资源的,所以基本原则中不含经济性。(　　)

三、简答题

1. 市场预测应遵循什么原则?
2. 市场预测的作用是什么?
3. 在市场预测中,定性预测技术的方法有哪些?
4. 集体经验判断法的操作程序是什么?
5. 专家预测法的形式怎样?举例说明。
6. 定量预测方法有哪些?

案例分析

案例　2019年电子商务行业发展预测

随着全球互联网普及率的不断提高,电子商务行业的增长速度也变得越来越快,"做生意"比以往任何时候都更容易。据业内人士预测,2019年全球电子商务销售总额将会达到3.3万亿美元,那么这一领域里有哪些趋势将会成为人们关注的焦点呢?

1. 全渠道——无缝的用户体验

通过实施全渠道方式为客户提供服务、产品销售和营销,能够让他们在线上和线下获得统一且互联的用户体验。无论客户身在何处,或是以什么方式与企业建立联系,都可以创建

全渠道用户体验。如今,大多数知名品牌商都开始为客户创建全渠道体验,统一的品牌形象将确保消费者获得统一的体验,继而为电商带来更好的销售业绩。

2. 社交电商——"汇合点"

社交电商是社交媒体和电子商务的一个"汇合点",研究发现现代消费者在作出购买决策的过程中,社交媒体发挥了很大的作用,而且可以改善整体用户体验——通过在社交媒体平台公司发布可直接购买商品的文章内容,并且附上购买链接(或按键)。毫无疑问,社交电商将会成为品牌有效利用社交媒体,并将用户参与度转化为直接业务的最佳选择。

3. 物联网

2019年,零售数字领域可能会得到较大增长,而且物联网设备将会占据中心位置,有的可能会提供智能按键服务,有的则支持语音启用功能,物联网技术还将大幅提升库存管理和供应链管理效率。

4. 区块链——专为电商设计

区块链将会成为电商行业的"自然选择",因为该技术能够高效存储交易数据,也是更快速、更安全的电商交易支付解决方案。不仅如此,区块链还能应用于订单处理和货物追踪,全球各国不少电商行业领导者都已经开始探索区块链贸易平台了。

5. 人工智能——"机器学习"

人工智能无疑是如今最时髦的技术之一,它不仅可以帮助电子商务公司完善推荐引擎、聊天机器人、虚拟助手和自动化仓库运营,还能够结合大数据了解消费者行为和购买模式。不仅如此,基于人工智能的电商分析还可以更准确地预测行业发展趋势,更好地满足消费者需求,提供更具个性化的客户体验。

6. 无人机——无人机速递

无人机的商业化应用时代其实已经到来了。事实上,亚马逊从2016年12月就首次尝试了无人机速递,预计未来会有更多电商公司尝试推动这一创新服务。与传统物流速递交付模式相比,无人机更具成本效益,而且速度也更快。在不久的将来,我们会看到无人机像送货卡车一样有规律地运营,并最终取代传统本地交付服务。

展望2019年,我们会看到电子商务行业出现更多创新,客户参与和客户体验也会因此得到大幅改善。

阅读材料,回答以下问题。
1. 市场预测的原理在这里得到了怎样的体现?
2. 从分类看,这属于市场预测的哪一种类?分别用到了哪些方法?

实训项目

实训名称:市场预测的认知。

实训目的:通过实训项目的演练与操作,初步认知市场预测工作。

实训内容:学生分组,寻找一些有名的预测故事,讨论并分析其中的一些细节,看是否体现了市场预测的原理。如果发现预测失败,试分析在预测过程中出现了哪些纰漏。

实训组织:学生分组,整理预测资料。

实训总结:学生交流整理结果,教师评价。

学生自我学习总结

通过学习本章,我能够作以下总结。

1. 主要知识点

本章的主要知识点有:
(1)
(2)

2. 主要技能

本章的主要技能有:
(1)
(2)

3. 主要原理

市场预测的主要原理是:
(1)
(2)

4. 主要相关知识点

本章涉及的主要相关知识点有:
(1) 市场预测的原则有:
(2) 市场预测的方法有:

5. 学习成果检验

完成本章学习的成果:
(1) 学习本章的意义有:
(2) 学到的知识有:
(3) 学到的技能有:
(4) 我对市场预测的初步印象是:

第11章 定性预测

我乐于高瞻远瞩,但只以我的视线为界,绝不妄作预测。

——[英]维斯登·查契尔

导 语

在长期复杂的市场活动中,人们会积累许多的经验,这些经验帮助一些人成为呼风唤雨的姜子牙、足谋多智的诸葛亮和神机妙算的刘伯温。在市场预测活动中,他们通过对市场现象的仔细观察,掌握了详细的信息,在此基础上,运用多年经验,对市场发展趋势作出判断。这就是定性预测。

学习目标

知识目标
(1) 认知定性预测的含义。
(2) 认知定性预测的特点。
(3) 认知定性预测的方法。
(4) 认知定性预测的意义。

技能目标
(1) 能认知定性预测的原理。
(2) 能认知定性预测的过程。
(3) 能初步运用定性预测的方法。

调查故事

春秋时期的越国大夫范蠡很有经商的头脑。范蠡在68岁时,弃官从商,离开越国来到齐国,安顿好自己的家园以后,便带领家人及奴仆到附近的蓬莱及齐鲁以东各地考察年景和商贸情况。每到一处,他都要了解那里的社会现状、历史、地理、风俗、人情、物产、物价、商品产地及供需量。回到海滨后,他根据在各地掌握的市场信息,把自家生产的各种皮货、绢、纱、绸、缎、食盐等,用车运往各地销售。同时,他根据调查的信息和经验,对未来的市场作好预测,他主张"夏则资皮,冬则资绨(细麻布),旱则资舟,水则资车,以待乏也"。意思就是在夏天储备皮草,冬天储备布匹,发生水灾时储备车,在旱灾时储备船,等到应时再做生意。这种超前市场的生意,没有人竞争,成本比较低,而机遇到来时,收益往往比较高。因为,人们冬天要皮草,夏天要布匹,水灾来临时要用船,水灾过后人就会用到车,必然导致这些商品的稀缺和价格上涨。范蠡正是通过这种市场预测来超前生产和采购,从而取得丰厚的收益。

范蠡还提出一套"积贮之理"。就是在物价便宜时,要大量收进。他说"贱取如珠玉",即像重视珠玉那样重视降价的物品,尽量买进存储起来。等到涨价之后,就尽量卖出。"贵出如粪土",即像抛弃粪土那样毫不可惜地抛出。因为一种商品价格上涨,人们就会更多地生产,供应市场,这就为价格下跌创造了条件。相反,如果价格太低,就打击了积极性,人们就不愿生产,市场的货物也就少了,又为价格上涨创造了条件。

启示:范蠡根据市场的供求关系,预测价格的涨落。价格涨落有个极限,即贵到极点后就会下落,贱到极点后就会上涨,出现"一贵一贱,极而复反"的规律。这就很符合现代市场规律。

11.1 定性预测概述

定性预测的早期,主要表现为商品经济欠发达时代,市场相对狭小,信息闭塞,商品交换比较简单,商人和小生产者主要依靠自己的经验对未来市场行情作出估测,从而指导自己的生产经营活动。但随着商品经济的发展,这种方法也在不断地完善,已经突破了传统的定性预测方法的局限性,而发展成为现代定性预测方法。

11.1.1 定性预测的含义

很多情况下,在对市场未来的性质和趋势进行预测时,研究人员很难获取一些真正有用的数据。此时,就必须依靠人的经验及分析能力,在分析研究的基础上作出一些比较粗略的数量估计。

1. 定性预测的概念

定性预测也称为意向预测,是对事物性质和规定性的预测。它并不基于数量模型而是依靠经验、知识、技能、判断和直觉来作出预测的一种方法。

重要概念 11-1   定 性 预 测

定性预测是指预测者依靠熟悉专门知识、具有丰富经验和综合分析能力的人员、专家,根据已掌握的历史资料和直观材料,运用个人的经验和分析判断能力,对事物的未来发展作出性质和方向上的判断,然后通过一定的形式综合各方面的意见,对现象的未来作出预测。

---

2. 定性预测运用的原理

(1) 虽然定量预测要比定性预测科学、精确,但定量预测必须具备详细、连续的历史数据,而很多时候这个条件并不能得到满足,此时,定性预测只能是唯一选项。

(2) 定性预测适合做长期预测。因为某种市场现象在未来很长时间的变化会受到许多不可预测因素的影响,要全面考虑这些影响而作出准确预测是非常困难的。

(3) 定性预测方法比定量预测方法更容易掌握,而不需要预测者较系统掌握数理和统计分析方面的学科知识与技能,易为多数的企业经营和管理者所接受。

(4) 定性预测的费用较低,而且时效性较强,越是市场信息数量多、变化快,就越能体现出其特点,可以帮助企业迅速把握机会、规避风险。

(5) 在现实经营活动中,有些问题最重要的影响因素可能是那些最不容易被量化的因素,而对这些因素的分析会对预测结果的正确与否产生重大影响,定性预测则能更好地反映出这种真实情况。

(6) 定性预测强调对问题在质的方向上作出判断和预测,具有较大的灵活性,易于充分发挥预测者的主观能动性,并且简单迅速。

11.1.2 定性预测的特点

定性预测最大的特点在于主要凭借人的经验及分析能力,着重对事物发展的性质、趋势、方向和重大转折点进行预测。

1. 定性预测的优点

定性预测是一种非常实用的预测方法,特别是在对预测对象的历史资料掌握不多或影响因素复杂,难以分清主次的情况下,几乎是唯一可行的方法。定性预测具有较大的灵活性,易于充分发挥人的主观能动作用,且简单迅速,省时、省费用。

在对事物未来的发展趋势方向、走势和重大转折点进行预测时,适用于对国家经济形势趋势、经济政策的演变、市场总体形势的演变、科学技术的发展与实际应用、新产品的开发、企业未来的发展方向、企业经营环境分析和战略决策方向等领域。

与过去的定性预测方法相比,现代定性预测方法更完善、更科学、更有实用价值,主要表现在以下几方面。

(1) 群体预测。现代定性预测不依靠个人或少数人,而是依靠一个掌握现代经济理论、科学技术和先进预测方法的群体。

(2) 与定量预测相结合。现代定性预测方法具有明显的数理统计特征,在定性分析中大量使用数学知识进行计算,将定性分析和定量分析有机结合起来,使预测行为更科学、更准确。

(3) 预测方法系统化。现代定性预测已形成一套科学的预测方法,如意见集合法、德尔菲法、推断预测法等。

> **课堂讨论** 为什么说定性预测简单迅速,省时、省费用?

2. 定性预测的局限性

(1) 受制于预测者的经验与能力。定性预测强调在对问题质的方向上作出判断,手段是凭借预测者的经验、知识和技能,因此只能得到其问题性质的判断结果。

(2) 易受主观因素影响。定性预测容易受到一些主观因素影响,由于它比较注重人的经验和主观判断能力,从而易受到预测者的知识、经验和能力的制约。

(3) 缺乏量的精确性。用此方法得到的结果主要是质的描述,尽管也可以得到数量的信息,但很确定其结果的可信度,也无法估计其误差大小。

课 堂 小 结

任务指标	表现要求	已达要求	未达要求
（陈述性）知识	掌握重要概念、特征和意义		
（实践）技能	能进行职业操作活动		
对课程内容的整体把握	能概述并认知整体知识与技能		
与社会实践的联系程度	能描述知识与技能的实践意义		
其他			

11.2　定性预测的基本方法

定性预测是"有判断力的方法"，一般由专家或专门人士进行预测。在预测时对于过去信息使用的判断力要大过使用数学规律。由于其主要依赖人的经验、分析能力，定性预测的基本方法主要是指经验判断预测法。

11.2.1　经验判断预测法

1. 经验判断预测法的概念

经验是指由实践得来的知识或技能。经验判断预测法就是利用预测者的经验对所要预测的事物的未来发展作出推断。因为它是从实践中直接而来，所以它对于将来实践的预测也更具有切实的指导作用。经验判断预测法是最常见的定性预测方法，在实际中得到非常广泛的运用。

> **重要概念 11-2　　　　　　　　　经验判断预测法**
>
> 经验判断预测法是依赖于预测人员的经验和知识及综合分析能力，对预测对象的未来发展前景作出性质和程度上的估计与推测的预测方法。

2. 经验判断预测法的作用

经验判断预测法在预测中具有不可替代的作用，可以说，不论是定性预测还是定量预测，在其活动中的每一步都离不开经验。一切脱离了经验的理论，不管多么科学正确，难免会落入"本本主义"而"纸上谈兵"。有不少的预测方法本身就是直接或间接建立在经验判断基础上的。如依据因果原理，从已知相关的社会经济现象和经济指标的发展变动趋势预测对象的未来发展方向。

> **课堂讨论**　为什么说定性预测与定量预测都离不开经验？

经验判断预测法是一种定性预测方法，但在实际应用中，往往在判断过程中结合一些定量分析技术,得到的预测结果更为科学精确。在实际操作中还经常利用多个相关人员协作,每个人运用经验判断预测法,其结果最后汇总处理,这种利用多人经验得出的预测结果也相对更加精确。

11.2.2 经验判断预测法的应用

经验判断预测法常用的形式包括类比法、关联推断预测法、逻辑判断预测法、产品生命周期预测法等。

1. 类比法

类比法的基本原理是"由此及彼"。如果把"此"看作前提,"彼"看作结论,那么类比思维的过程就是一个推理过程。在现实预测活动中,当预测的变量没有历史数据时,可寻找一个历史信息完全掌握,且主要性质特点相似的事物作为类比物。由于二者之间存在概念上的相似性,可以假定该变量将按照另一事物的模式随着时间运动,即预测结果为已知事物的历史。

> **重要概念 11-3　　类比法**
>
> 类比法也叫"比较类推法",是指由一类事物所具有的某种属性,可以推测与其类似的事物也应具有这种属性的推理方法。

类比法的优点在于,它提供了一种成本不高但较为全面的预测,且对市场营销和经营的人员有较强的实用性。当然它也有自身无法解决的难题,如在预测时必须存在至少一个可供选择的类比物,并且类比物的有用性会在不同人中产生争议。

例 11-1

人们喜欢吃水果,有的日用化工厂生产了水果香型牙膏;男女老幼都喜欢吃各式巧克力糖,有的厂家牙膏也制成巧克力香型,结果销路很好。

2. 关联推断预测法

关联推断预测法是根据一些已知事物的关联指标(如现象)的发展变动趋势,来判断预测事物未来发展趋势的一种预测方法,现象或指标与事物在时间和变动方向上都有一定的关联关系。这种关系表现为二者发生变动有着三种情况:先行发生、同时发生和滞后发生,人们可根据其发生的先后顺序,将这些指标称为先行指标、平行指标和后行指标。

个人判断可以依靠其长期积累的经验和时间上的相关关系进行推断。另外,现象之间在变动方向上存在正相关关系和负相关关系。经济现象或经济指标之间在变动方向上同增或同减称为正相关;如果是一增一减的关系,则称为负相关。

例 11-2

据中国汽车工业协会统计分析,我国 2015 年汽车产销 2 450.33 万辆和 2 459.76 万辆,机动车保有量持续高速增长,伴随汽车用油的消耗量也呈快速大幅增加趋势,二者表现为平行变化,且正相关;而汽车、电动车等代步工具的销量增长,使摩托车和自行车的销售量不断下降,许多原先生产自行车企业进入电动车行业,而摩托车制造商则加入汽车的生产行列之中。

经济现象数量变动关系有三种情况:一是两者之间同步增减(即增减幅度大体相同);二是两者之间不同步增减,可先可后,且增减的数量或变动的幅度保持一定差距;三是两者之间增减变动具有不规则性。此时,预测难度增大,需要通过长期观察和统计分析,才能找出变动规律。

拓展阅读 11-1

比例分析

关联推断预测法中常用的一类应用是比例分析法,它是一种特殊的情况。比例分析法是利用关联事物之间存在的比例关系,先获得其中某一事物的数据,再根据这一事物的数据及比例关系来推断另一事物的未来数据。比例关系可以根据某事物同另一事物的历史资料来获得,应该注意的是事物之间的比例关系,在现实中由于各种因素的变化,对比例系数会带来一些影响,因此有必要做适当的调整。

3. 逻辑判断预测法

经验通常会随着人们的实践活动的增加而自然而然地增长,但并不是所有的人都能拥有与预测目标相应的经验,即使有这种经验也不一定能很好利用这种经验作出准确预测。人们只有经过科学的逻辑思维之后,才能把以往的经验综合起来作出判断和预测。常用的逻辑思维方法主要是归纳法和演绎法,以及分析法和综合法。

归纳是由个别到一般的思维方法,演绎则是由一般到个别的思维方法,根据归纳对象的不同特点,归纳法可分为完全归纳法和不完全归纳法。

4. 产品生命周期预测法

产品生命周期是指产品开始投放市场直到被市场淘汰的全过程,可以说没有一种产品是长盛不衰的,只是生命周期的长短不同而已。由于产品在其生命周期的不同阶段有各自的特点,只要了解这些特点,企业就会有针对性地制定相应的市场营销策略。

产品生命周期包括以下 4 个阶段。

(1) 投入期——产销量少,成本高,利润低,售价高。

(2) 成长期——产销量增加,成本降低,利润上升,竞争加剧。

(3) 成熟期——产销量大而稳定,成本低,利润高,竞争激烈。

(4) 衰退期——产销量下降,成本有所上升,利润明显下降,竞争随着竞争者的减少而淡化。

产品生命周期预测法是市场预测活动中最常用的一种方法,它是对企业进行产品开发、销售及市场占有方面进行预测的重要手段。影响产品生命周期预测的主要因素有购买力水平的高低;商品本身的特点起决定性的影响;消费心理、消费习惯、社会风尚的变化对某些流行产品的影响很大;商品供求与竞争状况;科学技术的发展,新技术、新工艺、新材料的推广应用及商品的成本、定价都有重要影响。

课 堂 小 结

任 务 指 标	表 现 要 求	已达要求	未达要求
（陈述性）知识	掌握重要概念、特征和意义		
（实践）技能	能进行职业操作活动		
对课程内容的整体把握	能概述并认知整体知识与技能		
与社会实践的联系程度	能描述知识与技能的实践意义		
其他			

11.3 定性预测的其他方法

11.3.1 集体经验判断预测法

集体经验判断预测法是在经验判断预测法基础之上发展起来的。人们在判断预测过程中发现一个人的经验和知识往往是不够的，如果把多人的经验和知识综合在一起，就会形成"三个臭皮匠，顶个诸葛亮"的效果。

1. 集体经验判断预测法的含义

集体经验判断预测法是由经过挑选的多个预测者组成一个预测小组，通过个体间的讨论及相互交流，最后对所要预测的对象作出评价，从而得出预测结果的一种方法。

为了避免个体间的相互影响，可以在讨论过程中利用主持人的作用进行合理控制，在讨论结束后，对各个结果汇总后推断。

2. 集体经验判断预测法的操作流程

集体经验判断预测法的操作流程如图 11-1 所示。

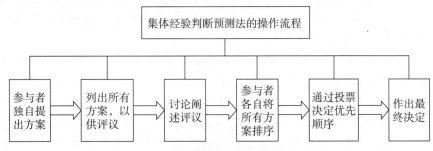

图 11-1　集体经验判断预测法的操作流程

3. 集体经验判断预测法的种类

（1）意见交换法。意见交换法是指参加预测的人员，通过座谈讨论，相互交换意见，当场提出个人主观的估计预测值；或者事后提出个人主观的估计预测值，然后由预测主持者集中各方面的意见，综合形成一种或几种预测结果。

（2）意见汇总法。意见汇总法是指在对某事物进行预测时，由企业内部所属各个部门分别进行预测，然后把各部门的预测意见加以汇总，形成集体的预测意见的一种判断预测法。

（3）消费者意向调查法。消费者意向调查法是指在调查消费者或用户在未来某个时间内购买某种商品意向的基础上，对商品需求量或销售量作出量的推断的方法。这种方法可以综合消费者或用户购买商品的决策经验，反映他们未来对商品的需求状况。

（4）意见测验法。意见测验法是指向企业外部的有关人员（如消费者或用户）征求意见，加以综合分析作出预测推断的一种方法。经常采用的有消费者或用户现场投票法、发调查表征求意见法、商品试销或试用征求意见法。

> **拓展阅读 11-2**
>
> **国际能源机构预测石油需求**
>
> 国际能源机构（IEA）上调其对 2014 年全球石油需求预测数据。由于新兴市场石油消费的反弹，2014 年全球石油每日需求量将增加 12.5 万桶，达到 9 260 万桶。由于非欧佩克国家石油生产停工，2014 年 1 月，全球石油供应量每日减少 29 万桶。尽管如此，非欧佩克国家每日石油生产量仍比 2013 年高出 150 万桶。欧佩克成员国的石油生产量升至每日 2 999 万桶，而非欧佩克国家产量却每日减少至 5 564 万桶。
>
> （资料来源：新民网，2014-02-24。）

11.3.2 专家预测法

1. 专家意见集合法

（1）专家意见集合法的含义。专家意见集合法也称为专家会议法，顾名思义，就是根据市场预测的目的和要求，聘请一些专家成立预测小组，企业自身不参加预测，只承担管理和组织工作。企业为专家组提供相关的背景资料，由专家自行预测，并以座谈讨论会的形式对预测对象及其前景的预测结果进行评价。最后，在经过综合专业分析判断的基础上，得出大家认可的市场发展趋势预测结果。

需要注意的是，专家是指那些有相关事物的知识和经验，来自多个不同领域，具有一定代表性的人，且人数不宜太多，一般在 15 人以内。

（2）专家意见集合法的特点。专家意见集合法属于集体经验判断预测法的范畴，与集体意见交换法的区别仅在于参加预测的人员为与预测问题相关的各类专家。

> **课堂讨论** 专家意见集合法为什么要控制人数，不是专家越多，意见越充分，预测越准确吗？

专家意见集合法的优点：由专家充分讨论，集思广益而作出的判断具有更高的准确性和可靠性。其不足之处在于：专家的威望、个性和心理因素都会影响意见的表达与交换，从而降低预测结果的科学性和准确性。专家意见集合法的实施关键在于对专家的选择和在讨论中对"意见领袖"的控制。

（3）常用的方法。专家会议法、座谈讨论法、直接头脑风暴法和间接头脑风暴法。

2. 头脑风暴法

（1）头脑风暴法的含义。头脑风暴法是根据预测目的的要求，组织各类专家相互交流意见，无拘无束地畅谈自己的想法，敞开思想发表自己的意见，在头脑中进行智力碰撞，产生新的思想火花，使预测观点不断集中和深化，从而提炼出符合实际的预测方案。

（2）头脑风暴法的特点。头脑风暴法是专家会议法的进一步发展，它与专家会议法基本一样，最大特点就是头脑风暴法所要解决的问题是创造性问题而不是逻辑性问题，通过最大限度地发挥人们所具有的智慧和创造力，寻找解决问题的各种可能性，最终得出令人满意的答案。

每个人都有创造能力，但能否真正发挥出来是件很难的事。发挥人的创造能力，发挥人的聪明才智来构思方案，其方法是多种多样的，其中头脑风暴法就是一种很好的方法。采用头脑风暴法进行预测，其开会的方法与一般会议的根本区别在于它有以下4条规则。

① 不批评别人的意见。创造能力和判断能力共存于人的大脑思维之中，常常是判断能力更强一些，并抑制创造能力。与会专家如果相互批评，就说明判断能力产生了作用，会抑制与会者相互的独立思考，不利于构思方案。为了能够提出前所未有的、打破常规的方案，开会的基本原则是在构思方案时不使用判断能力。

② 提倡自由奔放地思考。所谓自由奔放，就是要刺激与会专家的思考能力，使过去的经验和知识处于容易释放的状态，对自己思考的方案也不要使用判断能力。

③ 提出的方案越多越好。这条规则的目的无非是创造尽可能多的解决问题的机会，寻求解决问题的各种可能性。所以，开始时先不要考虑方案的质量，等到寻找了一切可能性之后，再来分析方案的质量。如果在提方案时就考虑质量问题，这就使用了判断能力，分散思考就受到抑制。打破常规的方案，开始时质量不一定高。为了找到满意的方案，就要追求数量，有了数量之后才开始追求质量。

④ 提倡在别人方案的基础上进行改进或与之结合。对已提出的方案不加评论，其意义在于自己可以考虑别人的方案并加以发展，这称为方案的"免费搭车"，即根据别人提出来的方案，按他的思路把方案作进一步的发展。

（3）头脑风暴法的类型。头脑风暴法可分为直接头脑风暴法和间接头脑风暴法。

① 直接头脑风暴法。按照上述头脑风暴法的原理和规则，通过一组专家会议，对所预测的问题进行创造性思维活动，从而得出满意方案的一种方法。

② 间接头脑风暴法。这种方法是同时召开由两组专家参加的两个会议进行集体讨论，其中一个专家组会议按直接头脑风暴法提出设想，另一个专家组会议则是对第一个专家组会议的各种设想进行质疑，通过质疑进行全面评估，直到没有问题可以质疑为止，从而形成一种更科学、更可行的预测方案。

11.3.3 德尔菲法

1. 德尔菲法的含义

德尔菲法实际上就是专家小组法,或专家意见征询法。这种方法是按一定的程序,采用背对背的反复征询的方式,征询专家小组成员的意见,经过几轮的征询与反馈,使各种不同意见渐趋一致,经汇总和用数理统计方法进行收敛,得出一个比较合理的预测结果供决策者参考。

2. 德尔菲法的特点

德尔菲法是美国兰德公司在 20 世纪 40 年代首创和使用,最先用于科技预测,后来在市场预测中也得到广泛应用。它是一种非常实用的方法,其特点如下。

(1) 匿名性。采用德尔菲法收集专家意见,是通过匿名函征询方式,即通过邮寄函件背对背式的方法征询意见。专家们只同组织者发生联系,专家之间不发生联系。组织者对专家的姓名保密,尽量使参加预测的专家互不知情,以免产生交叉影响的情况。

(2) 反馈性。德尔菲法是采用多次逐轮征求意见(一般要经过三至四轮),每一次征询之后,预测组织者都要将该轮情况进行汇总、整理,作为反馈材料发给每一位专家。通过反馈信息,专家们在背对背的情况下,了解到其他专家的意见,以及持不同意见的理由,有利于相互启发,集思广益,开阔思路,充分发挥专家们的智慧,提高预测的准确性和可靠性。

> **课堂讨论** 德尔菲法为什么要采取匿名函征询方式?

(3) 收敛性。通过数轮征询后,专家的意见会相对集中,使预测的问题越来越明确,为决策提供依据。

3. 德尔菲法的实施过程

德尔菲法的实施过程如图 11-2 所示。

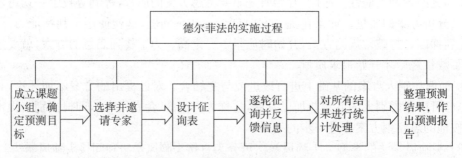

图 11-2 德尔菲法的实施过程

(1) 成立课题小组,确定预测目标。预测课题小组是预测的领导者、组织者,也是预测的主持者,具体负责确定预测目标,准备背景材料,选定专家,设计征询表,对征询结果进行分析处理等。

(2) 选择并邀请专家。选择专家是德尔菲法成功的关键,因此预测课题小组要用足够的时间和力量来选择,应对选定的专家有较全面的了解。所选专家应当对预测对象和预测问题有比较深入的了解与研究,具有专业知识和丰富的经验,思想活跃,富有创造性和判断能力。选择专家应采取自愿的原则,要有广泛性,结构要合理。专家人数可根据具体情况而定,一般10~50人,实际上也有多达百人的情况,常常是选定的专家人数比实际需要的人数多一些,以防止种种原因造成的征询表的回收率过低问题。选定专家之后,要向专家发出邀请,并说明德尔菲法的原理、预测的要求和内容。另外,每位专家的权威程度可以从以后回收的征询表中的专家自我评价获得,如在征询表中让每位专家填写自己对该问题的研究程度或熟悉程度。

(3) 设计征询表。设计征询表就是围绕预测课题,从不同侧面以表格形式提出若干个有针对性的问题,以便向专家征询。表格应简明扼要,明确预测意图,不带附加条件,尽量为专家提供方便。征询问题的数量要适当。经常涉及的征询表有事件时间预测征询表,即专家对预测事件实现时间的可能性的主观推测;主要概率征询表,即专家对预测事件发生某种结果的可能性大小的主观估计;事件比重预测征询表,即专家对所研究的某种经济现象中各相关因素构成比重未来变化的主观判断;事件相对重要性预测征询表,即专家对实现同一任务的各种可行方案以打分形式进行优先分析的主观估测,等等。

(4) 逐轮征询并反馈信息。这是德尔菲法的主要环节,一般进行三至四轮。每次征询后,将专家回答的意见进行综合整理、归纳,匿名反馈给各位专家,再次征询意见,然后加以综合整理、反馈,反复循环,得出比较集中和一致的意见。一般情况下,每轮作业周期以1~2月为宜。在实际中,作业周期的长短应考虑课题的大小、专家人数的多少、处理信息的手段和能力等。

(5) 对所有结果进行统计处理。实际上,每一轮征询后,都要对大量的数据进行处理,处理的目的在于找出能反映课题发展规律的数据,即未来可能出现的概率。在征询的最后一轮,对专家意见的综合处理通常采用中位数法,即将各专家的预测数值按大小顺序排列,选择居于中间位置的数值表示数据的集中特征。当数列的数目为奇数时,中位数只有一个;当数列的数目为偶数时,中位数则应为中间两个数的算术平均值。

(6) 整理预测结果,作出预测报告。预测组织者要撰写详细的预测结果分析报告,以供决策者参考。

4. 应用德尔菲法应该注意的问题

(1) 预测组织者应精通德尔菲法的基本原理。只有预测组织者对德尔菲法精通,才能搞好德尔菲法的作业设计,才能把握预测的全过程。

(2) 不能将预测组织者的意见强加给专家,或通过表格明示、暗示其倾向。这样做只会影响预测结果的可靠性。

(3) 当预测结果难以统一,或没有明确结果时,应检查所选课题是否可行,或者目标是否存在范围过大、过于笼统的问题。

(4) 德尔菲法只是一种预测方法、一种决策分析工具,它不能代替决策,只能为决策者进行决策提供相关信息和咨询,以帮助决策者筛选、比较方案,科学决策。

11.3.4 类推法

1. 类推法的含义及特点

(1) 类推法的含义。类推即类比推理,是由特殊(局部、个别)到特殊的分析推理。它与演绎推理、归纳推理并列为三大推理分析方法。类推原理就是根据事物及其环境因素的相似性,通过一个已知的事物的发展变化情况,推测其他类似的事物的变化趋势的一种判断预测方法。推断法就是根据对某些经济现象之间的相似性或相关性的认知,对预测目标的未来发展趋势作出合乎实际和逻辑的推理判断。

(2) 类推法的特点。类推法的突出特点就是要求预测对象与类比对象具有类比性、相似性或近似性。类推法适用广泛,手段简便,论证性强。它要求预测人员具有丰富的实践经验,对预测目标及其关联内容有深入的了解,掌握比较全面的有关类比对象的信息资料,有较强的分析能力、综合能力和逻辑推理能力。

2. 类推法的类型

根据预测者对预测目标和市场范围的不同,人们可将它分为产品类推法、行业类推法、地区类推法和国际类推法。当然,这样的分法主要是从实用角度出发,本身并不严谨。

(1) 产品类推法。产品类推法是依据产品之间在功能、构造、原材料、规格等方面的相似性,推测产品市场的发展也可能会出现某些相似性。

例 11-3

在中国的合资汽车企业,新产品开发的重点不注重自主创新,往往热衷把在国外热销的车型引入中国,多数都取得较好的市场效果。如上海大众曾引进"途观 SUV",销量长期处于前列。

(2) 行业类推法。有不少产品的发展是从某一个行业开始的,逐步向其他行业推广,而且每进入一个新行业,往往要对原来的产品进行一些改进和创新,以适应新行业的市场需要。

例 11-4

随着科技的发展和人们受教育水平的提高,计算机开始贴近普通民众的日常生活,成为普通家电。于是企业在预测计算机销售时,就不再把它看成高科技工具,而按家电的观念重新看待计算机,于是很多原先的家电销售企业也开始经销计算机,甚至一些企业把专业服务也省略掉,做起直销,取得长足的发展。

(3) 地区类推法。同类产品的市场不但在同行业之间存在时差,而且在不同地区之间这种时差表现得更明显。这种空间和时间上的传递也有着一定的规律,找出领先和滞后的地区,并且分析出时差程度,可以很方便地预测许多事物的趋势。

例 11-5

法国时装领导着世界服装的潮流,而这种国际流行一般先传到欧美,然后是日韩,接着传递到我国港台地区,进入我国东南沿海一段时期后,才会向中西部延伸。当然,还有许多流行的事物也常遵循这条路径传递。

(4) 国际类推法。国际类推法是地区类推法的一种形式,即根据领先国家的市场发展情况类推滞后国家的市场发展趋势。这里要考虑的影响因素有很多,既有宏观的又有微观的,非常复杂。预测主要是了解大体的情况,而不苛求精准。

在世界上,近现代国家的形成有其历史原因,其现状西方物质文明和科学文化领先东方,这也是进行类推的前提和基础。

我国在预测人均消费资源、食品和商品时也常以国外发达地区的标准为参照。

3. 类推法的应用

类推法的应用范围很广泛,但最有效的是在新产品需求和销售预测方面。如视听产品的种类有很多,当判断新式的大屏幕液晶电视能取得多大的市场销售量和占有率时,可以使用产品类推法和地区类推法进行预测。使用产品类推法时,可找准一类产品作为对比参照物,要求二者应有较高的相似性,可选择其他类型的高档电视或高级音响。通过观察对比参照的产品的市场销售情况来推断新产品的预测计销量。当使用地区类推法时,同样要找到可比较的参照地区,其规模、消费特性、市场特点等某些方面有较多的相似性,通过观察参照地区市场上的新产品的销售情况来推断本地区未来的可能发展趋势。

11.3.5 主观概率法

1. 主观概率法的概念

主观概率是预测者对经验结果进行主观判断的度量,即可能性大小的确定。主观概率法是对经验评判中各方法的不同定量估计进行集中整理的常用方法,它是以主观概率为权数,对各种预测意见进行加权平均,求得综合性预测结果的方法。

2. 主观概率法的特点

(1) 主观概率是一种个人的心理评价,不同人对同一事物发生的概率判断是不同的。

(2) 主观概率的测定因人而异,受人的心理影响较大,其准确性和可靠性更多地取决于预测者的知识水平和经历经验的丰富程度及对事物的把握程度。

(3) 主观概率法是预测者对事物发生的概率作出的主观估计和心理评价,通过计算得到它的平均值,并以此作为预测事件的结论。由此可见,它是一种定性为主,辅之以定量计算的方法。

3. 主观概率法的应用

主观概率法预测的具体运用如例 11-6 所示。

例 11-6

某企业有 4 个业务经理分别对下一年度(2018 年)公司销售额进行预测,并根据其能力强弱给出不同权数,如表 11-1 所示。

表 11-1 主观概率预测统计分析表

预测者	A			B			C			D		
权数	1			1.2			1.5			2.5		
能力	高	中	低	高	中	低	高	中	低	高	中	低
概率	0.3	0.4	0.3	0.7	0.2	0.1	0.2	0.4	0.4	0.2	0.5	0.3
销售额/万元	1 100	950	750	1 200	800	700	1 150	900	750	1 100	1 000	850

解：
(1) 计算各位业务经理的预期初始值。

$$A = 1\,100 \times 0.3 + 950 \times 0.4 + 750 \times 0.3 = 935(万元)$$
$$B = 1\,200 \times 0.7 + 800 \times 0.2 + 700 \times 0.1 = 1\,070(万元)$$
$$C = 1\,150 \times 0.2 + 900 \times 0.4 + 750 \times 0.4 = 890(万元)$$
$$D = 1\,100 \times 0.2 + 1\,000 \times 0.5 + 850 \times 0.3 = 975(万元)$$

(2) 利用加权平均数公式，求得预测值。

$$Y = 966.37(万元)$$

(3) 计算平均偏差程度，根据以往几年的实际值与预测值对比资料，如表11-2所示。

表11-2 平均偏差表

年 份	2009年	2010年	2011年	2012年	2013年	2014年	2015年
比率＝实际值/预测值	0.98	1.03	1.02	0.86	0.97	1.01	0.90

平均比率＝(0.98＋1.03＋1.02＋0.86＋0.97＋1.01＋0.90)÷7＝0.967 1

平均偏差程度＝0.967 1－1＝－0.032 9

说明实际值比预测值低3.29%，应将预测值减去3.29%，得

$$966.37 \times 96.71\% = 934.58(万元)$$

最终预测值为934.58万元。

课 堂 小 结

任 务 指 标	表 现 要 求	已达要求	未达要求
(陈述性)知识	掌握重要概念、特征和意义		
(实践)技能	能进行职业操作活动		
对课程内容的整体把握	能概述并认知整体知识与技能		
与社会实践的联系程度	能描述知识与技能的实践意义		
其他			

本章小结

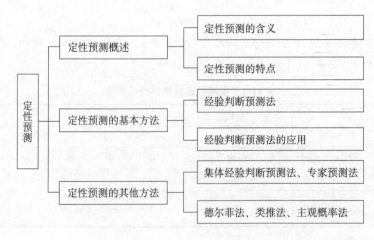

重要概念

定性预测　经验判断预测法　专家会议法　德尔菲法　主观概率法

课后自测

一、选择题

1. 定性预测也称为（　　）预测，是对事物性质和规定性的预测。
   A. 主观   B. 意向
   C. 目标   D. 意见
2. （　　）预测适用于长期预测。
   A. 定量   B. 定性
   C. 消费者调查   D. 计算机
3. 德尔菲法预测的关键环节是（　　）。
   A. 组织严密   B. 选择合适的专家
   C. 轮询的次数   D. 专家的独立性和保密性
4. 一叶落而知天下秋是（　　）。
   A. 定量预测法   B. 经验判断预测法
   C. 专家预测法   D. 征兆指标预测法
5. 主观概率法中的概率是指（　　）。
   A. 通过随机抽样得到的比率   B. 通过非随机抽样得到的比率
   C. 主观感觉到的概率   D. 任意假定的概率

二、判断题

1. 定量预测要比定性预测科学、精确。（　　）
2. 定性预测是基于数量模型而不仅仅依靠经验、知识、技能、判断和直觉来作出预测的一种方法。（　　）
3. 定性预测法比定量预测法更容易掌握，而不需要预测者较系统掌握数理和统计分析方面的学科知识与技能。（　　）
4. 当预测的变量没有历史数据时，就无法作出合理预测。（　　）
5. 所谓相关关系，就是两个要素有一定的联系，其表现为同增或同减。（　　）
6. 比例分析法是关联推断预测法中的一类应用。（　　）

三、简答题

1. 什么是定性预测？
2. 产品生命周期预测法有哪些应用？
3. 集体经验判断预测法如何组织？程序是什么？
4. 专家会议法中的专家是如何界定和选取的？
5. 头脑风暴法的特点有哪些？

案例分析

案例　2019年我国煤炭市场预测

中国煤炭工业协会2019年3月1日发布的《2018煤炭行业发展年度报告》预测,2019年,我国煤炭消费预计将保持基本平稳,增量不大;国内煤炭产能释放加快,主要煤炭铁路运输通道能力增加,煤炭供应能力进一步增加,全国煤炭市场供需将逐步向宽松方向转变。

在刚刚过去的2018年,我国煤炭市场供需实现基本平衡。从消费看,2018年全国煤炭消费量同比增长1%。其中,根据测算,电力行业全年耗煤21亿吨左右,钢铁行业耗煤6.2亿吨,建材行业耗煤5亿吨,化工行业耗煤2.8亿吨,其他行业耗煤减少约6 000万吨。

从供给看,全行业供应能力增强。一是产量增加。2018年全国原煤产量36.8亿吨,同比增长4.5%。二是进口量增加。2018年全国煤炭进口2.81亿吨,同比增长3.9%;出口493.4万吨,同比下降39%;净进口2.76亿吨,同比增长5.2%,为近4年来最高水平。三是煤炭转运量增加。2018年,全国铁路累计煤炭运输量完成23.81亿吨,同比增长10.3%。主要港口发运煤炭8.1亿吨,同比增长7.5%。

在供需基本平衡的支撑下,2018年,煤炭价格在合理区间波动,行业效益持续好转,固定资产投资回升。煤炭开采和洗选业固定资产投资自2013年以来连续下降,2018年,投资同比增长5.9%,其中民间投资增长14.8%。

"我们也要看到,煤炭行业改革发展还面临许多深层次的矛盾和问题:全国总体煤炭产能相对过剩的态势没有改变,市场供需平衡的基础还比较脆弱,行业发展不平衡、不充分的问题突出,生产力水平有待提高,去产能和'三供一业'分离移交难、人才流失与采掘一线招工接替等问题仍然突出,煤炭行业改革发展依然任重而道远。"中国煤炭工业协会副会长姜智敏表示。

根据预测,2019年,全国煤炭市场供需将逐步向宽松方向转变。从需求看,一方面,我国经济稳中向好、稳中有进的长期发展态势没有改变,经济增长正在向高质量方向发展转变,将进一步拉动能源需求,电力在终端能源消费中的比重越来越高,电煤需求预计还将有所增加。另一方面,国内外经济发展的不确定因素增加,同时,科技进步、国家治理大气环境、节能减排,非化石能源对煤炭的替代作用不断增强,煤炭消费增速将有所下降。

从供应看,当前煤炭产能仍然较大,但结构性问题依然突出,总体产能相对过剩将成为今后一个时期的常态。随着煤炭新增产能的不断释放,煤炭产量将进一步增加。根据中国煤炭工业协会调查,2019年,企业排产新增煤炭产量1亿吨左右;铁路部门积极落实"调整运输结构"的要求,2019年煤炭铁路运力将进一步增加;与此同时,随着煤矿安全生产设施不断完善、环保措施逐步到位,产能利用率提高,煤炭有效供给质量不断提升。

阅读材料,回答以下问题。
1. 上述分析中用到了什么预测方法?
2. 试着自己预测我国煤炭市场未来的走势。

实训项目

实训名称:集体经验判断预测。

实训目的：通过实训项目的演练与操作,初步认知集体经验判断预测法的应用。
实训内容：学生分组,自己当一回"专家",观察一些校园周边的零售商店、超市,看看能发现什么问题,预测其未来发展趋势。
实训组织：学生分组,实施预测。
实训总结：学生交流不同预测结论,教师评价。

 学生自我学习总结

通过学习本章,我能够作以下总结。
1. 主要知识点

本章的主要知识点有：
(1)
(2)

2. 主要技能

本章的主要技能有：
(1)
(2)

3. 主要原理

本章的主要原理是：
(1)
(2)

4. 主要相关知识点

本章涉及的主要相关知识点有：
(1) 服务于知识掌握的有：
(2) 服务于技能掌握的有：

5. 学习成果检验

完成本章学习的成果：
(1) 学习本章的意义有：
(2) 学到的知识有：
(3) 学到的技能有：
(4) 我对定性预测的初步印象是：

第12章 定量预测

> 只知回顾过去,不细察当前情形者算不上是一位优秀的经理人员,他必须能未雨绸缪,提防突发性的改变,为短期、中期及长期的目标作最周详的策划。
>
> ——[南非]艾瑟瑞吉

导　语

市场现象的发展变化都有一定的连续性。在预测活动中,我们通过科学的手段将这种连续性确定为一种规律或趋势,再运用定量的方法,使这种未来变化以数量的形式"原形毕露",为企业科学决策提供有益的帮助。

学习目标

知识目标
(1) 认知时间序列预测法的含义。
(2) 认知时间序列预测法的类型。
(3) 认知回归分析预测法的含义。
(4) 熟悉回归分析预测法的原理。

技能目标
(1) 能运用平均数预测法。
(2) 能说明指数平滑预测过程。
(3) 能认知定量预测的意义。

调查故事

2010年,美国《外交政策》刊登了芝加哥大学教授、诺贝尔经济学奖得主罗伯特·福格尔的一篇文章。他认为,到2040年,中国经济规模将达123万亿美元,是2000年全球经济产出的将近三倍。中国的人均收入估计将达8.5万美元,比欧盟高出一倍多,远远高于日本和印度的水平——中国从2000年的穷国变为2040年的超级富国。到底是什么独特条件能使中国取得如此优异的成就,福格尔做了视角独到的阐述。

中国正在大规模进行教育投资。文章说,随着工人教育水平的提高,劳动生产率也会显著提高。1998年,中国提出大量扩大高校招生,此后4年,高校入学人数增加了165%,海外留学生增加了大约152%。福格尔预测,未来20年左右,中国中学入学率将提高近一倍,大学入学率将增加大约50%,仅此一点就能使中国的经济年增长率提高6个百分点以上。

农业持续发挥的作用。在分析经济增长的原因时,将经济分为三个部门:农业、服务业和工业。在1978—2003年这1/4个世纪中,在所有这三个部门中中国的劳动生产率都一直很高,平均每年增长大约6%。2009年,大约55%的中国人口,也就是7亿人从事农业,今天中国经济增长的1/3归功于这一巨大的农业部门。

统计者可能低估了经济的进步。文章认为在服务行业尤其如此,因为小公司经常不向政府报告其数字,而且政府官员常常不能如实地报告产出质量的提高。其他国家也有类似的统计问题,但中国服务部门的迅速增长使这种低估更为严重。

没有充分认知中国长期受到抑制的消费趋势的作用。在中国的大城市,生活标准处于与世界银行所认为的"中高收入"国家的同等水平。尽管中国人性喜存钱,但同时也正在形成一种明显的而且越来越强烈的购置衣物、电子产品、快餐和汽车的风尚——中国的未来由此可见一斑。

启示:定量预测必须建立在大量占有数据资料的基础之上,根据历史数据和资料,应用数理统计方法来预测事物的未来,或者利用事物发展的因果关系来预测事物的未来。

12.1 定量预测概述

在市场预测活动中,人们通常会觉得定性调查比较模糊、抽象,而需要对市场发展作数量上的精确描述,则必须借助定量预测。

12.1.1 定量预测的含义

定量预测也称统计预测,其主要原理是利用统计资料和数学模型来进行预测。然而,这并不意味着定量方法完全排除主观因素,相反,主观判断在定量方法中仍起着重要的作用,只不过与定性预测法相比,各种主观因素所起的作用小一些。

1. 定量预测的概念

定量预测是使用历史数据或因素变量来预测需求的数学模型。

重要概念 12-1	定量预测法

定量预测法是根据比较完备的历史和现状统计资料,运用数学方法对资料进行科学的分析、处理,找出预测目标与其他因素的规律性联系,对事物的发展变化进行量化推断的预测方法。

2. 定量预测的特点

定量预测的优点:①偏重于数量方面的分析,重视预测对象的变化程度,能作出变化程度在数量上的准确描述;②主要把历史统计数据和客观实际资料作为预测的依据,运用数学方法进行处理分析,受主观因素的影响较少;③可以利用现代化的计算方法,进行大量的计算工作和数据处理,求出适应工程进展的最佳数据曲线。

定量预测的缺点:①比较机械,不易灵活掌握;②对信息资料质量要求较高,进行定量预测,通常需要积累和掌握历史统计数据。

12.1.2 定量预测的类型

定量预测大致可分为两类:时间序列预测法和回归分析预测法。

1. 时间序列预测法

时间序列预测法是以一个指标本身的历史数据的变动趋势,去寻找市场的演变规律,作为预测的依据,即把未来作为过去历史的延伸。时间序列预测法包括平均平滑法、趋势外推法、季节变动预测法等。

时间序列中每一时期的数值,都是由很多不同因素同时发生作用后的综合反映。总的来说,这些因素可分为以下三大类。

(1) 长期趋势。这是时间序列变量在较长时间内的总趋势,即在长时间内连续不断地增长或下降的变动态势。它反映预测对象在长时期内的变动总趋势,这种变动趋势可能表现为向上发展,如劳动生产率提高;也可能表现为向下发展,如物料消耗的降低;也可能表现为向上发展转为向下发展,如物价变化。长期趋势往往是市场变化情况在数量上的反映,因此它是进行分析和预测的重点。

(2) 季节变动。这是指一再发生于每年特定时期内的周期波动,即这种变动上次出现后,每隔一年又再次出现。所以简单地说,每年重复出现的循环变动,就叫季节变动。

(3) 不规则变动。不规则变动又称随机变动,其变化无规则可循。这种变动都是由偶然事件引起的,如自然灾害、政治运动、政策改变等影响经济活动的变动。不规则变动幅度往往较大,而且无法预测。

2. 回归分析预测法

回归分析预测法主要包括一元回归法、多元回归法和投入产出法。回归分析预测法是因果分析法中很重要的一种,它从一个指标与其他指标的历史和现实变化的相互关系中,探索它们之间的规律性联系,作为预测未来的依据。

12.1.3 定量预测的形式

企业常用的定量预测方法有以下几种。

1. 平均数预测法

平均数预测法是指通过汇总历史数据资料后再求均值,以此结果来代替对市场现象发展的预测值。根据计算平均数的要求不同,可分为简单平均数法、加权平均数法、移动平均数法等。平均数预测法是市场预测方法中最普遍使用的定量预测技术。

2. 指数平滑法

指数平滑法是以一个指标本身过去变动的趋势作为预测未来的依据的一种方法。对未来进行预测时,考虑近期资料的影响应比远期为大,因而对不同时期的资料赋予不同的权数,越是近期的资料,权数越大;反之,权数越小。

3. 趋势延伸法

趋势延伸法又称趋势外推法,是根据市场发展的连续资料,寻求市场发展与时间之间的长期趋势变动规律,用恰当方法找出长期变动趋势增长规律的函数表达式,据此预测市场未来发展的可能水平。

4. 季节指数法

季节指数法是以时间序列含有季节性周期变动的特征,计算描述该变动的季节变动指数的方法。

5. 回归分析预测法

回归分析预测法是在分析市场现象自变量和因变量之间相关关系的基础上,建立变量之间的回归方程,并将回归方程作为预测模型,根据自变量在预测期的数量变动来预测因变量的一种预测方法。

课 堂 小 结

任务指标	表现要求	已达要求	未达要求
(陈述性)知识	掌握重要概念、特征和意义		
(实践)技能	能进行职业操作活动		
对课程内容的整体把握	能概述并认知整体知识与技能		
与社会实践的联系程度	能描述知识与技能的实践意义		
其他			

12.2 时间序列预测法

时间序列预测法将影响预测目标的一切因素都由"时间"综合起来描述,是根据市场过去的变动趋势来预测未来的发展,它的前提是假定事物的过去会同样延续到未来。时间序列预测法撇开了市场发展的因果关系去分析市场的过去和未来的联系。

12.2.1 平均数预测法

在市场定量预测方法中,最普遍使用的预测技术便是平均数预测法。在市场预测实践中主要有以下几种应用。

1. 简单平均数法

简单平均数法的公式为

$$\overline{X} = \frac{\sum_{t=1}^{n} X_t}{n} \quad (t = 1, 2, \cdots, n) \tag{12-1}$$

式中,$\overline{X}$ 为观察值时间序列平均数;n 为观察时期数;X_t 为时序列各组观察值。

例 12-1

某企业 2019 年 1—6 月的销售额分别如表 12-1 所示,要求预测 7 月销售额。

表 12-1　某企业销售额统计表(1)　　　　　　　　单位:万元

月份	1月	2月	3月	4月	5月	6月	合计
销售额	260	270	240	280	260	250	1 560

解:$\overline{X} = \dfrac{\sum_{t=1}^{n} X_t}{n} = \dfrac{260+270+240+280+260+250}{6} = 260(万元)$

因此,预测值可以用过去历史资料的算术平均值代替,预计 7 月销售额为 260 万元。

简单平均数法预测简便,但是,由于它将预测对象的波动忽略了,不能反映出预测对象的变动趋势,所以,只适用于那些相对波动不大的市场现象预测。

2. 加权平均数法

在进行信息资料处理时,一个重要的因素是考虑时间的影响。信息发生越接近作预测时的时间,它的影响就越大,重要性就越强,可靠性就越高。如何体现出信息的这种特性,方法有很多,利用不同的时期所对应的权数不同,来体现由于时间差异而取得的信息的重要性不同,是一个常用的方法。加权平均数还可以应用在其他方面。当多个预测者提供的预测结果不同时,根据预测者的能力大小不同或历史效果记录,也可以利用加权平均数法来体现其重要性的区别。

加权平均数法的公式为

$$\overline{X} = \frac{\sum_{t=1}^{n} W_t X_t}{\sum_{t=1}^{n} W_t} \tag{12-2}$$

例 12-2

以例 12-1 资料为例,考虑到信息与现在越接近,其影响越大,给每个月加个权数,如表 12-2 所示。

表 12-2　某企业销售额统计表(2)　　　　　　　　单位:万元

月份	1月	2月	3月	4月	5月	6月	合计
权数	1	2	3	4	5	6	21
销售额	260	270	240	280	260	250	1 560

解： $\bar{X} = \dfrac{\sum\limits_{t=1}^{n} W_t X_t}{\sum\limits_{t=1}^{n} W_t} = \dfrac{260\times1+270\times2+240\times3+280\times4+260\times5+250\times6}{1+2+3+4+5+6}$

得出：

$$\bar{X} = \dfrac{5\,440}{21} = 259(万元)$$

3. 移动平均数法

移动平均数法是通过逐项推移，依次计算包含一定项数的时序平均数，以反映时间序列的长期趋势的方法。由于移动平均数法具有较好的均匀历史数据、消除数据因随机波动而出现高点、低点的影响，从而能较好地揭示经济现象的发展趋势，因而在市场预测中得到广泛应用。常用到的有一次移动平均数法、移动加权平均数法和二次移动平均数法。本小节只讨论一次移动平均数法。一次移动平均数法通常又称为简单移动平均数法。

设时间序列为 $Y_1, Y_2, Y_3, \cdots, Y_t, \cdots$；以 N 为移动时期数（$N \leqslant$ 观察时期数 n），则简单移动平均数 M_t 的计算公式为

$$M_t = \dfrac{Y_t + Y_{t-1} + \cdots + Y_{t-N+1}}{N} \tag{12-3}$$

通过整理得出

$$M_t = \dfrac{(Y_{t-1} + \cdots + Y_{t-N+1} + Y_{t-n}) - Y_{t-N} + Y_t}{N}$$

$$= M_{t-1} + \dfrac{Y_N - Y_{t-n}}{N} \tag{12-4}$$

利用此递推公式(12-4)来计算移动平均数可以减少计算量。

在计算移动平均数时，是每向前移动一个时期就增加一期新的观察值，去掉一个远期观察值，得到一个新的平均数，由于它不断地移动，不断地吐故纳新，故称为移动平均数法。

移动平均数与算术平均数的区别在于，算术平均数只是一个数字，而移动平均数却不只是一个数字，而是一系列数字，每一个数字都代表一个平均数。这个平均数数列可以平滑数据、消除周期变动和不规则变动的影响，使长期趋势显露出来。在调查报告对数据有较高要求时，一般都会用到这些方法，所以移动平均数法的应用非常广泛。

例 12-3

某市 2019 年 1—11 月食用油消费统计情况如表 12-3 所示，预测 12 月的消费量。

分别取 $n=3$ 和 $n=5$。

当 $n=3$ 时，

$$M_3 = \dfrac{Y_1 + Y_2 + Y_3}{3} = \dfrac{195 + 220 + 200}{3} = 205(吨)$$

表 12-3　食用油消费统计表　　　　　　　　　　　单位：吨

月份 t	食油消费量 Y_t	移动平均观察值 $\hat{Y}_t$	
		$n=3$	$n=5$
1	195	—	—
2	220	—	—
3	200	—	—
4	195	205	—
5	185	205	—
6	180	193.3	199
7	185	186.7	196
8	180	183.3	189
9	190	181.7	185
10	230	185	184
11	210	200	193
12	—	210	199

同理，当 $n=5$ 时，

$$M_5=\frac{Y_1+Y_2+Y_3+Y_4+Y_5}{5}=\frac{195+220+200+195+185}{5}=199（吨）$$

12.2.2　指数平滑法

移动平均数法明显存在两个问题：一是计算移动平均预测值，需要有近期 n 个以上的数据资料；二是计算未来预测值没有利用全部历史资料，只考虑这 n 期资料便作出推测，n 期以前数据对预测值不产生任何影响。于是指数平滑法便应运而生了。

1. 指数平滑法的含义

指数平滑法是由移动平均数法改进而来的，是一种特殊的加权移动平均数法，也称为指数加权平均数法。这种方法既有移动平均数法的长处，又可以减少历史数据的数量。第一，它把过去的数据全部加以利用；第二，它利用平滑系数加以区分，使近期数据比远期数据对预测值影响更大。它特别适用于观察值有长期趋势和季节变动，必须经常预测的情况。

2. 指数平滑法的应用

指数平滑法在市场预测中的应用主要有一次指数平滑法和多次指数平滑法。本小节只讨论一次指数平滑法。一次指数平滑法就是计算时间序列的一次指数平滑值，以当前观察期的一次指数平滑值和观察值为基础，确定下期预测值。

一次指数平滑法的公式为

$$S_t^{(1)} = ay_t + (1-a)S_{t-1}^{(1)} \tag{12-5}$$

式中，$S_t^{(1)}$ 为 t 期时间数列的预测值；y_t 为 t 期时间数列的观察值；a 为平滑常数（$0 \leqslant a \leqslant 1$）。

12.2.3 季节指数法

市场变动趋势除了直线变动外还有季节性变动、循环变动和不规则变动趋势。其中，季节性变动现象与我们的生活息息相关。让我们来了解一下，怎样利用季节性变动规律进行市场预测。

1. 季节指数法的含义

季节系数法是根据预测对象各个日历年度按月或按季编制的时间序列资料，以统计方法测定出反映季节性变动规律的季节性变动系数，并据以进行预测的一种预测方法。

2. 季节指数法的应用

季节指数法的目的是要分析季节性变动因素对预测对象发展趋势的影响作用，并以此来预测未来的趋势。季节指数法在生产生活中的应用非常广泛，许多经济现象和市场变动都能够利用此方法得到较准确的预测，因此受到人们的重视。

实践中，季节指数法的应用主要包括以下类型。

（1）直线趋势比率平均法。时间序列存在直线趋势的情况下，季节性变动预测通常需要消除直线趋势的影响。直线趋势比率平均法能够很好地消除这种影响，达到准确预测的目的。

（2）平均数比率法。平均数比率法是预测季节性变动的简单方法。它是在时间序列处于比较稳定状态的条件下，即不包含明显的直线趋势和循环变动的情况下，直接对各年同季度的数值进行平均来求季节指数，并以此来预测未来。

（3）12 个月移动平均数法。12 个月移动平均数法是运用 12 个月的移动平均数，计算出一个既能消除长期趋势，又能消除不规则变动，能够较准确地反映季节性变动的季节指数，然后，利用这个季节指数，求得分月预测值的预测方法。

12.2.4 趋势延伸法

运用趋势延伸法进行预测是基于两个基本假设：一是决定过去预测对象发展的因素，在很大程度上仍将决定其未来的发展；二是预测对象发展过程一般是渐进式变化，而不是跳跃式变化。

1. 趋势延伸法的含义

趋势延伸法就是遵循事物连续原则，分析预测对象时间序列数据呈现的长期趋势变动轨迹的规律性，找出拟合趋势变动轨迹的数学模型，据以进行预测的方法。

2. 趋势延伸法的应用

趋势延伸法的突出特点是选用一定的数学模型来拟合预测变量的变动趋势，并进而用模型进行预测。值得注意的是，正确判断时间序列长期趋势发展的规律性变动轨迹，是正确选择模型的关键。根据预测变量变动趋势是否为线性，趋势延伸法可分为线性趋势延伸法和曲线趋势延伸法。前者用于拟合和预测的模型主要是线性模型;后者用于拟合和预测的模型主要是曲线模型。

课 堂 小 结

任 务 指 标	表 现 要 求	已达要求	未达要求
(陈述性)知识	掌握重要概念、特征和意义		
(实践)技能	能进行职业操作活动		
对课程内容的整体把握	能概述并认知整体知识与技能		
与社会实践的联系程度	能描述知识与技能的实践意义		
其他			

12.3 回归分析预测法

在研究生物工程遗传规律时,生物学家和遗传学家发现了一个奇怪的现象:如果父辈身高较高者,子女辈身高要低于父辈身高,但是要高于种族的平均身高;如果父辈身高较矮者,子女辈身高要高于父辈身高,但是要低于种族的平均身高。由此得出,生物界后代与其种族原有身高有接近的趋势。于是就出现了"回归"一词。随着科学的发展,人们循着前人的足迹,发现了许多类似的现象,于是,"回归"的含义逐步扩大。"回归"用于表明一个变量的变化会导致另一个变量的变化,即"因果"相关关系的出现。

12.3.1 回归分析预测法的含义

当我们在对市场现象的未来发展状况和水平进行预测时,如果能将影响市场预测对象的主要因素找到,并且能够取得其数量资料,就可以采用回归分析预测法进行预测。它是一种具体的、行之有效的、实用价值很高的常用市场预测方法。

1. 回归分析预测法的概念

回归分析预测法是对具有相关关系的变量,在固定一个变量数值的基础上,利用回归方程测算另一个变量取值的平均数。它是在相关分析的基础上,建立相当于函数关系式的回归方程,用以反映或预测相关关系变量的数量关系及数值。因而,回归分析与相关分析都可统称为相关分析。

2. 回归分析预测法的类型

回归分析预测法有多种类型。依据相关关系中自变量的个数不同,可分为一元线性回归预测法和多元线性回归预测法。在一元回归分析预测法中,自变量只有一个,而在多元回归分析预测法中,自变量有两个以上。依据自变量和因变量之间的相关关系不同,可分为线性回归分析预测法和非线性回归分析预测法。

12.3.2 回归分析预测法的程序

回归分析预测法应遵循以下程序。

1. 根据预测目标,确定自变量和因变量

明确预测的具体目标,也就确定了因变量。如预测具体目标是下一年度的销售量,那么销售量就是因变量。通过市场调查和查阅资料,寻找与预测目标的相关影响因素,即自变量,并从中选出主要的影响因素。

2. 建立回归预测模型

依据自变量和因变量的历史统计资料进行计算,在此基础上建立回归分析方程,即回归预测模型。线性回归的一般表达式为

$$Y=a+b_1x_1+b_2x_2+b_3x_3+\cdots+b_nx_n$$

通常我们研究的回归问题是一个因变量与一个自变量之间的关系,称为简单线性回归。其公式为

$$y=a+bx$$

3. 进行相关分析

回归分析是对具有因果关系的影响因素(自变量)和预测对象(因变量)所进行的数理统计分析处理。只有当自变量与因变量确实存在某种关系时,建立的回归方程才有意义。因此,作为自变量的因素与作为因变量的预测对象是否有关,相关程度如何,以及判断这种相关程度的把握性有多大,就成为进行回归分析必须解决的问题。进行相关分析,一般要求出相关关系,以相关系数的大小来判断自变量和因变量的相关程度。

4. 检验回归预测模型,计算预测误差

回归预测模型是否可用于实际预测,取决于对回归预测模型的检验和对预测误差的计算。回归方程只有通过各种检验,且预测误差较小,才能将回归方程作为回归预测模型进行预测。

5. 计算并确定预测值

利用回归预测模型计算预测值,并对预测值进行综合分析,确定最后的预测值。

12.3.3 一元线性回归预测法

在进行市场预测时,人们常常用到一元线性回归预测法,这是因为多数市场和经济现象都可近似看作线性变化的,而且此方法计算简单、适应面较广。

1. 一元线性回归模型

当影响市场变化的诸因素中有一个基本的且起决定作用的因素,且自变量与因变量之间的数据分布呈线性趋势时,就可以运用一元线性回归方程 $y=a+bx$ 进行预测。其中,y 为因变量;x 为自变量;a、b 均为参数,b 又称为回归系数,其表示当 x 每增加一个单位时,y 的平均值增加量。

2. 模型参数的估计

通过最小二乘法,估计一元线性回归方程中的参数 a、b,求解 a、b 的标准方程为

$$\begin{cases} \sum y_i = na + b\sum x_i \\ \sum x_i y_i = a\sum x_i + b\sum x_i^2 \end{cases}$$

解得:

$$\begin{cases} b = \dfrac{n\sum x_i y_i - \sum x_i \sum y_i}{n\sum x_i^2 - (\sum x_i)^2} \\ a = \bar{y} - b\bar{x} \end{cases}$$

此式可改为

$$\begin{cases} a = \bar{y} - b\bar{x} \\ b = \dfrac{\sum(x_i - \bar{x})(y_i - \bar{y})}{\sum(x_i - \bar{x})^2} \end{cases}$$

例 12-4

在调查商店周围的交通流量与商店的销售量的影响与关系时,为排除无关因素或个别特殊因素的干扰,调查者分析了广场大小、停车场数量和周边人口特征等相当的 20 家商店进行调查及观察记录,收集到的各商店的日均交通流量和年销售量数据如表 12-4 所示。

表 12-4 日均交通流量与商店年销售量的关系

商店	日均交通流量 x/千辆	年销售量 y/万元	xy	xx
1	62	112.1	6 950.2	3 844
2	35	76.6	2 681.0	1 225
3	36	70.1	2 523.6	1 296
4	72	130.4	9 388.8	5 184
5	41	83.2	3 411.2	1 681
6	39	78.2	3 049.8	1 521
7	49	97.7	4 787.3	2 401
8	25	50.3	1 257.5	625
9	41	77.3	3 169.3	1 681
10	39	83.9	3 272.1	1 521
11	35	89.3	3 125.5	1 225
12	27	58.8	1 587.6	729
13	55	95.7	5 263.5	3 025
14	38	70.3	2 671.4	1 444
15	24	49.7	1 192.8	576
16	28	65.7	1 839.6	784
17	53	120.9	6 407.7	2 809
18	55	99.7	5 483.5	3 025
19	33	88.4	2 917.2	1 089

续表

商店	日均交通流量 x/千辆	年销售量 y/万元	xy	xx
20	29	88.3	2 560.7	841
平均值	40.8	84.33		

此问题可通过回归分析来解决,先计算 $\sum x_i y_i$、$\sum x_i^2$、$\bar{x}$ 和 $\bar{y}$,得:

$$\sum x_i y_i = 73\ 540.3$$
$$\sum x_i^2 = 36\ 526$$
$$\bar{x} = 40.8$$
$$\bar{y} = 84.33$$

将这些数据代入回归方程中得:

$$b = \frac{n\sum x_i y_i - \sum x_i \sum y_i}{n\sum x_i^2 - (\sum x_i)^2} = \frac{20 \times 73\ 540.3 - 20 \times 40.8 \times 20 \times 84.33}{20 \times 36\ 526 - (20 \times 40.8)^2} = 1.46$$

$$a = \bar{y} - b\bar{x} = 84.33 - 1.46 \times 40.8 = 24.76$$

于是得出年销售量与交通流量的关系如下:

$$\hat{y} = 24.76 + 1.46x$$

课 堂 小 结

任 务 指 标	表 现 要 求	已达要求	未达要求
(陈述性)知识	掌握重要概念、特征和意义		
(实践)技能	能进行职业操作活动		
对课程内容的整体把握	能概述并认知整体知识与技能		
与社会实践的联系程度	能描述知识与技能的实践意义		
其他			

本章小结

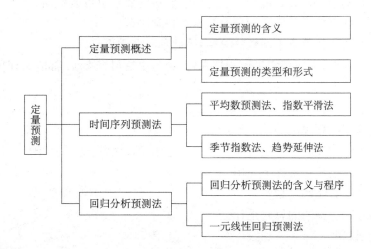

重要概念

定量预测法　简单平均数法　移动平均数法　加权平均数法　指数平滑法

课后自测

一、选择题

1. 下列关于移动平均数法的类型分类，不正确的是(　　)。
   A. 一次移动平均数法　　　　　　　B. 二次移动平均数法
   C. 指数移动平均数法　　　　　　　D. 加权移动平均数法
2. 移动平均数是(　　)。
   A. 一个数字　　　　　　　　　　　B. 一组数列
   C. 一组拟合的数字　　　　　　　　D. 算术平均数
3. 下列有关简单平均数法说法，正确的是(　　)。
   A. 当时间序列因素影响较大时使用
   B. 当预测者重要程度不同时使用
   C. 操作简单，预测便捷快速，费用低
   D. 可作长期趋势预测
4. 不属于指数平滑法的优点的是(　　)。
   A. 不需要全部历史资料　　　　　　B. 体现远期资料的重要性强
   C. 突出近期资料的重要性　　　　　D. 对结果的修匀效果好
5. 能表示事物相关程度的是(　　)。
   A. 权数　　　　B. 相关系数　　　　C. 回归系数　　　　D. 斜率

二、判断题

1. 定量预测大致可分为两类：时间序列预测法和回归分析预测法。　　　　　(　　)
2. 指数平滑法就是移动平均数法。　　　　　　　　　　　　　　　　　　　(　　)
3. 加权平均数可以体现预测者的重要程度不同和信息资料的时序差异。　　　(　　)
4. 在实际预测中，采用的方法不同，对信息资料的要求也可能不同。　　　　(　　)
5. 市场预测就是合理使用各种预测技术的科学决策。　　　　　　　　　　　(　　)
6. 加权平均数法比简单平均数法复杂，因此预测费用更高。　　　　　　　　(　　)
7. 只要正确、科学地使用定量预测技术，无论历史资料有多少，都能做到科学预测。
   (　　)

三、简答题

1. 什么是时间序列预测法？
2. 时间序列预测法的平均法有哪几种？各适用于什么情况下的预测？
3. 指数平滑法在什么条件下应用？
4. 趋势延伸法有哪些类型？
5. 季节指数趋势预测的思路是什么？
6. 什么是回归？

案例分析

案例 宝丽来：一个王朝的背影

随着宝丽来（中国）有限公司破产清算组2006年8月28日的正式成立，它将彻底消逝于13亿中国人的视野。而早在5年前的2001年10月，宝丽来总公司及美国子公司，就因举债过多而向美国法院申请破产保护。然而，在此前，20世纪60年代，宝丽来曾经取得与老牌对手柯达和施乐平起平坐的地位。随后的20年间，购买宝丽来股票被华尔街视为最安全的投资之一。

当然，本案例要说的是，在光学相机时代，宝丽来不仅是这一领域的佼佼者，还曾运用回归分析方法，成功地预测到顾客对胶卷的需求量，因而科学地安排了生产。

1947年，宝丽来公司创始人埃德文·兰德博士（Dr. Edwin Land）宣布，他们在研究即时显像的技术方面迈出了新的一步，这使一分钟成像成为可能。紧接着，公司开始拓展用于大众摄影的业务。宝丽来的第一台相机和第一卷胶卷诞生于1949年。在那之后，他们不断地在化学、光学和电子学方面进行试验与发展，以生产具有更高品质、更高可靠性和更为便利的摄影系统。

宝丽来公司的另一项主要业务是为技术和工业提供产品，目前，它正致力于使即时显像技术在现代可视的通信环境下，成为日益增长的成像系统中的关键部分。为此，宝丽来公司推出了多种可进行即时显像的产品，以供专业摄影、工业、科学和医学之用。除此之外，公司还在磁学、太阳镜、工业偏振镜、化工、传统涂料和全息摄影的研制与生产方面有自己的业务。用于衡量摄影材料感光度的测光计，可以提供许多有关胶片特性的信息，比如，它的曝光时间范围。在宝丽来中心感光实验室中，科学家们把即时显像胶片置于一定的温度和湿度下，使之近似于消费者购买后的保存条件，然后再对其进行系统抽样检验和分析。他们选择专业彩色摄影胶卷，抽取了分别已保存1~13个月不等的胶卷，以便研究它们保存时间和感光速率之间的联系，数据显示，感光速率随保存时间的延长而下降，它们之间相应变动的关系可用一条直线或线性关系近似表示出来。

运用回归分析，宝丽来公司建立起一个方程式，它能反映出胶卷保存时间长短对感光速率的影响。

$$Y = -19.8 - 7.6x$$

式中，Y 为胶卷感光速率的变动；x 为胶卷保存时间（月）。

从这一方程式可以看出，胶卷的感光速率平均每月下降7.6个单位。通过此分析得到的信息，有助于宝丽来公司把消费者的购买和使用结合起来考虑，调整生产，提供顾客需要的胶卷。

阅读材料，回答以下问题。

1. 你认为本项预测活动中，发现了哪些相关关系？
2. 预测分析和论证是否充分、中肯？预测的依据是什么？

实训项目

实训名称：平均数预测。

实训目的：通过实训项目的演练与操作，初步认知定量预测方法的应用。

实训内容：学生分组，收集一个时间段的企业经营数据或学生学习成绩、运动成绩等，用平均数预测法来预测下一个阶段的数据。看看能发现什么问题，预测并描述其未来的发展趋势。

实训组织：学生分组，实施预测。

实训总结：学生交流不同预测结论，教师评价。

 学生自我学习总结

通过学习本章，我能够作以下总结。

1. 主要知识点

本章的主要知识点有：
(1)
(2)

2. 主要技能

本章的主要技能有：
(1)
(2)

3. 主要原理

本章的主要原理是：
(1) 时间序列预测法的主要原理是：
(2) 回归分析预测法的主要原理是：

4. 主要相关知识点

本章涉及的主要相关知识点有：
(1) 数学模型与定量预测的关系有：
(2) 定量预测与主观因素的关系有：

5. 学习成果检验

完成本章学习的成果：
(1) 学习本章的意义有：
(2) 学到的知识有：
(3) 学到的技能有：
(4) 我对定量预测的初步印象是：

第13章 市场调查报告

> 把创意写成经营计划是一种创造的过程,是一段艰巨的孕育过程。为一项重要的投资方案拟订一份经营计划,也是如此。
>
> ——[美]史蒂文·布兰德

导　语

市场调查报告是整个调查任务活动的成果体现,如果调查者不能把诸多的调查资料组织成一份清晰的、高质量的市场调查报告,就不能与决策者或用户进行有效的信息沟通,决策者或用户就不能有效地采取行动。为了编写出一份高质量的市场调查报告,应做好充分的准备工作。

学习目标

知识目标
(1) 认知市场调查报告的作用。
(2) 认知市场调查报告的特征。
(3) 认知市场调查报告的结构。
(4) 熟悉市场调查报告的内容。
技能目标
(1) 能掌握市场调查报告的编写要求。
(2) 能掌握口头调查报告的技巧。
(3) 能编写简单的市场调查报告。

调查故事

战国时期,有一个叫公明仪的音乐家,他能作曲也能演奏,七弦琴弹得非常好,弹的曲子优美动听,很多人都喜欢听他弹琴,人们很敬重他。

公明仪不仅在室内弹琴,遇上好天气,还经常带着琴到郊外弹奏。有一天,他来到郊外,春风徐徐吹着,垂柳轻轻动着,一头黄牛正在草地上低头吃草。公明仪一时兴致来了,摆上琴,拨动琴弦,就给这头牛弹起了最高雅的乐曲《清角之操》。老黄牛在那里却无动于衷,仍然一个劲地低头吃草。

公明仪想,这支曲子可能太高雅了,该换个曲调,弹弹小曲。老黄牛仍然毫无反应,继续悠闲地吃草。公明仪使出自己的全部本领,弹奏最拿手的曲子。这回,老黄牛偶尔甩甩尾巴,赶着牛虻,仍然低头闷不吱声地吃草。

最后，老黄牛慢悠悠地走了。换个地方去吃草了。

公明仪见老黄牛始终无动于衷，很是失望。人们对他说："你不要生气了！不是你弹的曲子不好听，是你弹的曲子不对牛的耳朵啊！"最后，公明仪也只好叹口气，抱琴回去了。真是自讨没趣。

我们知道这是成语"对牛弹琴"的由来。人们就用"对牛弹琴"来比喻对愚蠢的人讲深刻的道理，或对外行人说内行话，白白浪费时间；现在也用来讥笑人说话不看对象。

市场调查报告是调查者与委托方进行沟通的平台。市场调查报告是给客户阅读和使用的，而不是写给自己看的，更不是文学作品。所以，必须高度重视市场调查与预测报告的特定的阅读者和使用者。从某种意义上说，市场调查与预测报告是为阅读者和使用者写的。为此，要充分注意阅读者和使用者的特征及其需要。

启示：在编写市场调查与预测报告时，要注意以下事实：第一，大多数经理人员很忙；第二，他们大多很少精通市场调查与预测的某些技术和术语；第三，如果存在多个阅读者和使用者，通常他们之间存在需要和兴趣方面的差异；第四，经理人员和常人一样，不喜欢那种冗长、乏味、呆板的文字。

市场调查报告是调查活动过程的产品，也是调查过程的历史记录和总结。在市场调查过程中，我们运用多种方法收集到了丰富的数据资料，经过统计分析之后，为得出相关结论提供了基本的依据和素材。然而，要将整个调查研究的成果提交给决策者，使调查真正起到解决市场问题的作用，则要撰写成文的调查报告。

13.1 市场调查报告概述

市场调查报告就是在对调查得到的资料进行分析整理、筛选加工的基础上，记述和反映市场调查成果的一种文书。市场调查报告是一项市场调查项目最终成果的主要表现。它可以有多种形式，可以是书面形式，也可以是口头形式，或者同时使用书面和口头的形式，还可以是其他形式，如计算机软盘或信函等电子版形式。

市场调查报告也是调查者与委托方进行沟通的平台。市场调查的目的是为企业管理者进行决策提供有关市场、竞争及市场营销策略方面的信息和建议。在这场活动中，一方面，调查人员受聘从事调查活动，最终的建议将被企业管理者当作决策的依据，这就要求市场调查人员所提供的信息必须客观、准确。另一方面，作为委托方，企业的管理者或调查成果的使用者迫切需要了解调查的过程、结论和具有专业市场经验的专家建议。这就使调查人员和企业管理者之间的沟通成为必然，而沟通的平台就是市场调查报告。

13.1.1 市场调查报告的作用

一般归纳起来，市场调查报告的作用有以下三点。

1. 市场调查报告是调查者完成调查工作后对调查结果的表述

调查者通过调查策划、收集市场信息，并对所收集到的市场信息进行处理，最终形成了某种结果,而这种结果的形成必须对一些相关内容进行准确而细致的描述,如调查项目、背景信息、调查方法的评价、视觉辅助手段、结果摘要、结论、建议等,这就需要有一种书面的载体来承担此项任务,于是,调查报告就成了最好的选择。当然,作为一项正式的市场调查项目,提交市场调查报告更是调查者履行项目委托合同或协议义务的重要体现。

2. 市场调查报告是委托方签订项目合同最终希望获取的结果

通常情况下,市场调查的委托方对一个市场调查项目最为关心的就是市场调查报告。市场调查作为一种市场信息工作,其主要目的是为企业的经营管理,特别是市场营销提供各种信息资料,作为决策和行为的依据。从某种意义上讲,市场调查项目的委托方提出项目的直接目的就是获得满意的市场调查报告,为将来的经营决策提供有价值的参考。

3. 市场调查报告是衡量一项市场调查项目质量水平的重要标志

尽管市场调查策划所采用的方法、技术、组织过程、资料处理等也是衡量市场调查质量的重要方面,但市场调查报告无疑是最重要的方面。市场调查报告是调查活动的有形产品。当一项市场调查项目完成以后,调查报告就成为该项目的少数历史记录和证据之一。作为历史资料,它还有可能被重复使用,从而大大提高其存在的价值。

13.1.2　市场调查报告的特点

市场调查报告具有以下特点。

1. 市场调查报告具有针对性

这里所讲的针对性包括调查报告选题上的针对性和阅读对象的针对性两个方面。报告题目及相关选题范围必须具有较强的针对性,才能做到目的明确、有的放矢,让人对调查目的一目了然。紧扣调查目的展开的调查,才可能形成具有较多实践意义的市场调查报告;在调查实践中,调查项目委托单位分门别类、多种多样,这样就会出现各种各样的调查报告阅读对象。阅读对象不同,自然所关注的问题也不同。比如,调查报告的阅读者是企业的高级管理者,那么他最关心的是调查的结论和建议部分,因为这将为他的下一步决策提供重要的参考,而非大量的资料统计、整理、分析过程。如果阅读对象是一些产品经理、营销经理和其他经理人员,他们可能需要更进一步的信息,所以会仔细阅读报告的主体部分;如果阅读对象是研究市场活动的专业人员,他可能出于严谨的考虑,需要验证这些结论的科学性、合理性,所以,他更关注的是调查方式、方法、数据的来源等方面的问题及结论得出的过程。

2. 市场调查报告具有创新性

市场调查报告的创新性也包含两个方面:首先,是指调查报告的内容要求。调查者应该具有创新意识,调查报告应从全新的角度去发现问题,用全新的观点去看待问题。市场调查报告要紧紧抓住市场活动的新动向、新问题等提出创新性的观点。这里的创新,更强调的是提出一些新的建议,即以前所没有的创见,而不是老生常谈。如许多研究表明,今天是一个卖方市场,如果仅仅顺着这样的思路形成一个笼统的调查报告,显然不会满足委托方的需求。其次,是指调查报告的形式应该做到创新。市场调查报告的编写应该注意语言的使用,比如,语言应该生动,以唤起阅读者的兴趣;结构紧凑、逻辑严谨,以增强阅读者的信任;可以采用一些图表、图形以增强报告的立体感。

3. 市场调查报告具有时效性

我们知道,市场是动态的、发展变化的,作为市场的重要因素——信息更是千变万化。这里所指的时效性也包含两方面的意思:调查活动开展的时效性和调查报告出具的时效性。市场调查活动滞后,原定的调查目的就会失去其意义;市场调查报告的出具拖延,也会使本应有的决策参考价值丧失。因此,要求调查行动一定要在合理的时间内完成,市场调查报告应将从调查中获得的有价值的内容迅速、及时地报告上去,才不至于贻误决策时机,才可能充分发挥其应有的作用。

> **课堂讨论** 为什么要强调市场调查报告的创新性与时效性?

4. 市场调查报告具有科学性

市场调查报告不单是报告市场的客观情况,还要通过对事实作分析研究,寻找市场发展变化的规律。一旦送给决策者,它便开始自己的使命。作为决策的重要依据,它可能成为一个价值巨大的参考文件,关系到企业经营的成败。这就需要报告的编写者除了掌握科学收集、整理资料的方法外,还应该会利用科学的分析方法,以得出科学的结论,使阅读者感受到对整个调查项目的重视程度和对调查质量的控制程度。

课 堂 小 结

任 务 指 标	表 现 要 求	已达要求	未达要求
(陈述性)知识	掌握重要概念、特征和意义		
(实践)技能	能进行职业操作活动		
对课程内容的整体把握	能概述并认知整体知识与技能		
与社会实践的联系程度	能描述知识与技能的实践意义		
其他			

13.2　市场调查报告的结构与内容

市场调查的目的不同,调查报告的中心思想也不同;报告撰写人不同,调查报告的格式、外观也会有差异。所以说,调查报告并没有一个统一的格式。但是,调查报告最终的服务对象是阅读者,为了能够将信息及时、准确、简洁地传递给这些受众,在报告本身的结构安排、写作手法上应该有一个大致的标准。

13.2.1　市场调查报告的结构

一般来讲,书面调查报告的结构、内容及风格等很大程度上取决于调查的性质,项目的特点，撰写人和参与者的性格、背景、专长和责任。但是，一个标准的调查报告都应由一个相对固定的结构与内容组成，即包括介绍、正文和附件三大部分，各个部分又各有章节、细目。

1. 介绍部分

介绍部分是向读者说明报告主要内容的部分，对于不需要深入研究报告的人员来说，看介绍部分即可了解调查的概况。同时介绍部分也提供了深入阅读全文的检索方法和主要提示。调查报告的介绍部分应包括5个部分：封面、目录、摘要、调查概况和主要结论。

2. 正文部分

正文是调查报告的核心部分。一般由开头、主体、结束语三部分组成。这是市场调查报告的主要内容，是表现调查报告主题的重要部分。这一部分的写作直接决定调查报告的质量高低和作用大小。主体部分要客观、全面地阐述市场调查所获得的材料、数据，用它们来说明有关问题，得出有关结论；对有些问题、现象要做深入分析、评论等。总之，主体部分要善于运用材料来表现调查的主题。

3. 附件部分

附件是指调查报告正文包含不了或没有提及，但与正文有关必须附加说明的部分。它是对正文报告的补充或更详尽说明。附件主要包括调查方案、抽样技术方案、调查问卷、数据整理表格、数据分析表格和其他支持型材料。

13.2.2 市场调查报告的内容

1. 报告封面

封面部分一般包括项目名称(标题)；调查单位名称、地址、电话号码、网址和E-mail；报告接受人或组织；报告提出日期等。

一般来讲，封面是书面文件的"第一印象"，市场调查报告也不例外。市场调查报告封面的设计一定要与调查项目所涉及的领域、主题相吻合，体现出鲜明的专业形象，这样才能够引发阅读者的兴趣和好奇心。报告标题语言使用应该简洁明了，标题内容必须清楚地说明是关于什么的报告。如果属于机密，一定要在封面某处标明，同时要标明档案号或成果号，以方便管理或查阅。

标题的写法一般有以下三种形式。

(1) 直叙式标题。即反映调查意向或指出调查地点、调查项目的标题。例如，《北京市中高档商品房需求的调查》等。

(2) 总结式标题。即表明观点式标题，直接阐明作者的观点、看法，或对事物作出判断、评价的标题。例如，《当前我国汽车产能过剩不容忽视》。

(3) 提问式标题。即以设问、反问等形式，突出问题的焦点和尖锐性，吸引读者阅读、思考。例如，《城市居民为什么热衷于储蓄而不消费》。

```
    北京市居民旅游消费情况的
           调 查 报 告

    调查单位 _____
    通信地址 _____
    电    话 _____
    E-mail  _____
    报告提出日期 _____

    报告主送单位 _____
```

2. 报告摘要

报告摘要又称经理览要。这部分内容主要是为没有大量时间充分阅读整个报告的经理主管人员准备的,它在整个报告中的地位非常重要。另外,也有一些阅读者不具备太多专业知识,同时对复杂的论证过程也不太关注,他们只想尽快看到调查报告的主要结论,以及知道应该进行怎样的市场操作。所以,报告摘要的书写也是非常重要的一环。一般来讲,报告摘要书写有以下一些要求:从内容来讲,要做到清楚、简洁和高度概括,其目的是让阅读者通过阅读摘要不仅能了解本项目调查的全貌,同时对调查结论也有一个概括性的了解。从语言文字来讲,应该通俗、精练,尽量避免应用生僻的字句或一些过于专业性、技术性的术语。摘要是市场调查报告中的内容提要。

摘要包括的内容主要有为什么要调查;如何开展调查;有什么发现;其意义是什么;如果可能,应在管理上采取什么措施等。摘要不仅为报告的其余部分规定了方向,同时也使管理者在评审调查的结果与建议时有了一个大致的参考。

中药在瑞士的市场前景调查报告摘要如下。

本报告描述的是一个关于中药在瑞士的市场前景调查的结果,我们组织的这次调查从以下几个方面对市场前景进行分析。

(1) 市场容量。瑞士是一个仅有 700 万人口的小国,人口数量虽少,但医疗卫生和社会保险体系非常发达,作为一个高工资、高福利的国家,瑞士在医药卫生方面的开支相对较高,且 20 年来一直持续上升。瑞士人口老龄化严重(65 岁以上人口占总人口的 15%),从整个社会的情况来看,多数老年人生活优裕富足,因此,除一般的治疗型药物外,对各类保健型药物有着长期稳定的需求。瑞士本身是一个医药生产大国,拥有世界领先的医药化学技术和诺华、罗氏等著名医药化工生产企业,药品种类相对集中于特定领域,抗病毒药、呼吸系统疾病药物、头孢类抗生素、皮肤病药、骨科病药、心血管病药等,这些药品生产企业的主要导向是出口,据统计,瑞士十大化工医药企业的产品总量中仅 3% 供应瑞士市场,其他均出口到世界各大洲。而瑞士市场上外国进口药占据着很大比例,主要是美国和欧洲产品。

(2) 市场前景。瑞士药品市场容量不大,竞争非常激烈。那么,传统中药品种即使在瑞士成功注册,最终又能否为瑞士人所接受认同,而进一步推广呢?对这一点,也必须先期进行市场预测。随着东西文化、科学交流的增多,中药的疗效已开始为越来越多的西方人所认同。例如,在瑞士,人们对人参已不陌生:包括制药业巨子罗氏公司在内的数家瑞士制药企业均已研制生产出人参胶囊,市场销售情况良好。早在 1969 年,瑞士就创办了"瑞士针灸及中医协会",该协会由瑞士一批对中国传统医学感兴趣的医药界人士发起和组织,目的在于研究和推广中国医术、针灸等。另外,在瑞士的数家药店中,已有中药在长期销售。

(3) 产品价格。瑞士物价总水平高,药品也不例外,相同品质同类西药的售价通常比中国市场上高出数倍。所以,中国药品一旦进入瑞士市场,将可望获得充足的利润空间,同时也有助于提高中国对瑞士出口产品的附加值。

……

(资料来源:http://www.healthoo.com,2003-07-29.)

3. 报告目录

跟我们的教材一样,市场调查报告也需要有一个非常清晰的目录,目的也是方便阅读和资料查询。市场调查报告的目录应该包含调查活动的各项内容,通常要求列出各项内容的标题、副标题名称及页码。市场调查报告的结论部分内容较多,又非常重要,为了方便阅读,可将其分项编排到目录中。整个目录的篇幅不宜过长,以一页为宜。

有些报告为了适应不同的阅读者,会在里面应用大量的图表、附录、索引和展品,可以单独为这些内容编制一页目录,做法和前面的目录相似,列出图表号、名称及在报告中所在的页码。

调查报告目录举例如下。

一、引言 ………………………………………………………………………… 1
二、摘要 ………………………………………………………………………… 3
　　1. 调查结果摘要 …………………………………………………………… 4
　　2. 结论与建议摘要 ………………………………………………………… 5
三、调查技术与样本描述 ……………………………………………………… 8
　　1. 营销问题简述 …………………………………………………………… 9
　　2. 调查方法 ………………………………………………………………… 10
　　　(1) 数据资料收集方法 …………………………………………………… 11
　　　(2) 取样的步骤 …………………………………………………………… 12
　　　(3) 数据的分析 …………………………………………………………… 15
四、调查发现 …………………………………………………………………… 18
　　1. 对户外运动的认知 ……………………………………………………… 19
　　2. 进行户外运动的主要原因及效果 ……………………………………… 21
　　3. 人们选择户外运动方式时考虑的因素 ………………………………… 23
　　4. 户外运动的信息来源 …………………………………………………… 25
　　5. 从事户外运动的频率及消费额 ………………………………………… 26
五、调查结论、建议与局限 …………………………………………………… 27
　　1. 调查结论 ………………………………………………………………… 28
　　2. 调查建议 ………………………………………………………………… 29
　　3. 调查局限 ………………………………………………………………… 30
六、附件 ………………………………………………………………………… 31
　　1. 调查计划 ………………………………………………………………… 32
　　2. 调查提纲 ………………………………………………………………… 33
　　3. 座谈会记录 ……………………………………………………………… 34
　　4. 影像资料 ………………………………………………………………… 35
　　5. 统计表 …………………………………………………………………… 36
　　6. 图表索引 ………………………………………………………………… 37

4. 引言

调查报告的引言也称"序言",是书面报告正文的开始,这一部分内容主要是说明问题的性质,简述调查目的和具体调查问题,并对报告的组织结构进行概括。其作用是向报告阅读者提供进行市场研究的背景资料及其相关信息,如企业背景、企业面临的市场营销问题、产品市场现状、调查目的等,使阅读者能够大致了解进行该项市场调查的原因和需要解决的问题,以及必要性和重要性。

引言部分内容可能会与调查报告中的其他部分出现重复,一般来讲,编写者要注意详略得当。引言部分尽量高度概括,其他部分可以展开详细描述。

关于中国羊绒制品的市场前景调查报告中的引言举例如下。

中国是世界最大的羊绒生产国,产量占世界的 2/3 以上。1980 年中国羊绒产量为 4 005 吨,2001 年为 10 968 吨。2001 年羊绒产量为 1980 年的 2.74 倍,年平均增长 4.4%。中国质量最好的羊绒产自内蒙古西部的鄂尔多斯草原和乌拉特草原,这是内蒙古羊绒主产区之一。

多年来,国内羊绒原料及制成品的出口量一般占销售总量的 60% 以上,但是,出口量波动大,出口价格差别也很大,1997 年羊绒平均出口价为 67 美元/千克,1998 年降为 52 美元/千克,1999 年降为 47 美元/千克,2000 年升为 80 美元/千克,2001 年有所回落,为 77 美元/千克。中国年出口羊绒衫 800 多万件,价值近 6 亿美元,平均每件 62.5 美元,折合人民币 517 元。低于目前国内市场中高档羊绒衫的价格。

羊绒的主要进口国和地区是美国、日本、欧盟和中国香港。因国际市场波动较大,羊绒制品的外销订单预期不会有大幅增长。受全球宏观经济趋紧的影响,加之 1999 年和 2000 年国内羊绒制成品出口量较多,超过了国际市场正常的需求量,致使外商形成库存。此外,部分企业将含绒量较低的劣质羊绒制品出口到国外,引发多起退货索赔事件,导致外商进货十分谨慎……

目前国际市场上的羊绒衫有 3/4 是中国产品,但真正挂中国品牌的不到 20%。中国有资源优势、产品优势,却没有品牌优势。更为严重的是,国内羊绒企业几乎完全依靠代理商出口,形成多头出口,以量取胜,压价竞销,使中国羊绒制品在国际市场上的售价一直高不起来,羊绒制品的价格仅仅是英国苹果牌羊绒制品的 1/4,是意大利劳罗皮亚娜牌羊绒制品的 1/3。将利润水平压低到了最低,有时不得不亏本履约,而外商则坐收渔翁之利。

5. 调查技术与样本描述

在调查技术与样本描述部分,阅读者应该能大致了解调查目的是如何逐步实现的。本部分主要在对整体方案概括的基础上,对调查方案实施中所采用的方法及样本抽取过程进行翔实、客观、公正的记录。具体内容包括调查所需信息的性质、原始资料和二手资料的收集方案、问卷设计、标尺技术、问卷的预检验和修正技术、抽样技术、信息的收集、整理和分析、应采用的统计技术及缺失值的处理方法等。考虑到阅读者的情况,报告的撰写者应当尽量将这些内容以一种非专业性的、易理解的文字表述出来,如果有非常专业的内容,则应放在附录里。

这个部分可以包括对二手资料收集过程的描述,主要目的是描述获得原始资料的方法,并说明采用这些方法的必要性,比如为什么要采用焦点小组方法。如果信息的收集用到抽样调查,应该说明实施的是概率抽样还是非概率抽样,为什么采用这种抽样方式,目标总体的定义(地区、年龄、性别等)是什么,采用的抽样框是什么。总之,要有足够的信息使阅读者判断样本资料的准确性和代表性。

调查技术与样本描述举例如下。

此次《中国最具影响力的科技领袖》调查,共发出选票135张,回收有效选票110张,选票回收率81.5%。

候选人:本次调查的候选人名单由本刊编辑部与业内学者、专家共同推荐,60位候选人为2001年至2002年度国内著名科技企业的最高领导者。

评选人:此次填写有效选票的评选人来自4个领域,他们包括IT企业的中高层管理人员、工程技术人员;业界人力资源专家,高等院校知名学者、教授;证券、投资分析师;国内主要财经、IT媒体总编、主编和首席记者。

参与本次调查的部分企业:IBM(中国)、联想、网通、清华同方、思科(中国)、爱立信、神州数码、SAP、趋势科技、三星电子、环球资源。

参与本次调查的部分专家学者来自:北京大学光华管理学院、中国人民大学金融系、中央财经大学。

参与本次调查的国内主要财经类媒体高层来自:《中国经营报》《21世纪经济报道》《经济观察报》《三联生活周刊》、北京电视台。

选票计算:候选人总得票数由4个分项提名次数相加得出,每个分项中候选人的提名先后顺序权重相同,4个分项指标权重相等,由此统计计算出得票最高的前20位科技领袖。4个分项指标的统计也由提名次数相加得出,由此计算出每一项得票最高者。

6. 调查结论、建议与局限

这一部分是调查报告的主要内容,也是阅读者最为关注的部分。在这里,调查人员要说明调查获得哪些重要结论,根据调查的结论应该采取什么措施。结论和建议应当采用简明扼要的语言,使读者明确题旨,加深认知,能够启发读者思考和联想。

调查结论与建议一般有以下几种表现形式:①说明,即经过层层剖析后,综合说明调查报告的主要观点;②推论,即在对真实资料进行深入细致的科学分析的基础上,得出报告的结论;③建议,即通过分析,形成对事物的看法,在此基础上,提出建议和可行性方案;④展望,即通过调查分析展望未来前景。

调查结论与建议部分包含的内容可能有市场规模、市场份额和市场趋势,也可能是一些只限于形象或态度的资料。为了使结论的表现更加鲜活,更能吸引阅读者的注意,市场调查报告除了要有一定程度的一般化概括外,可以借鉴数据图表资料及相关的文字说明,同时对图表中数据资料所隐含的趋势、关系或规律也应该加以客观描述和分析。对于一些重点内容,可以引用一些权威资料,以增加市场调查结论的可靠性与科学性。

结论有时可与调查结果合并在一起,但要视调查项目的大小而定。一般而言,如果调查项目小、结果简单,可以直接与调查结果合并成一部分来写。如果调查项目比较大、内容多,则应分开写为宜。

局限性是市场调查活动中一个不可避免的因素,它的产生可能基于调查时间、调查组织及调查实施上的种种限制。而且,在调查实践中设计并采用的市场调查方案也有其局限性,各种方案都可能与

> **课堂讨论** 调查局限性的说明在报告中是可有可无的吗?

某种类型的误差相联系,有些误差可能较小,有些误差可能比较严重。作为市场调查报告的编写人员一定要将局限性考虑充分,并进行详细披露。这样做,一方面,可以降低自己

的职业风险;另一方面,也起到了提醒管理决策人员注意不要过分地依赖调查结果,或将结果用于其他项目。

7. 附件

调查报告附件一般是指报告正文中没有提及,但与正文有关、必须加以说明的部分,主要体现为资料的列示。如市场调查活动中的所有技术性细节,也可包括信息来源、统计方法、详细表、描述和定义及相关的参考文献等。

拓展阅读 13-1

市场调查报告编写中经常出现的问题

篇幅过长:报告篇幅过长会导致"信息超载",使阅读者很难有信心阅读下去。

解释不充分:调查者只是简单重复一些图表重的数字,而不进行解释工作。

偏离目标:报告中堆满了大量与调查目的无关的资料。

过度使用定量技术:过度使用定量技术资料常常会引发阅读者对调查报告质量的怀疑。

虚假的准确性:在一些小样本中,将引用数字保留两位以上小数,造成对准确性的错觉。

调查数据单一:调查重点集中在单一数据上,并依次回答客户的决策问题。

资料解释不准确:调查者在进行资料解释时出现了错误。

虚张声势的图表:一些艺术化的图表尽管引人注目,但却不能履行它的使命。

(资料来源:小卡尔·迈克丹尼尔,等.当代市场调研[M].范秀成,等译.北京:机械工业出版社,2000.)

课 堂 小 结

任 务 指 标	表 现 要 求	已达要求	未达要求
(陈述性)知识	掌握重要概念、特征和意义		
(实践)技能	能进行职业操作活动		
对课程内容的整体把握	能概述并认知整体知识与技能		
与社会实践的联系程度	能描述知识与技能的实践意义		
其他			

13.3　市场调查报告的编写与提交

在调查报告编写之前,调查人员应该与项目委托人进行良好的沟通,以了解其对调查报告的预期。如报告的形式,最希望获取哪些信息,最期待的结论是什么,最不想看到的结论是什么,等等。只有掌握了这些信息,调查人员在编写报告时才有可能最大限度地满足委托人的要求。但是,这并不意味着调查人员一定要迎合委托方的要求而放弃职业操守。对于委托方非常关注的问题重点叙述,相关内容也不应该遗漏或忽视;对于委托方最不愿意看到的结论,调查人员一定要严格遵守职业道德,如实披露。但可在文字处理上讲究点策略,采取谨慎的态度,使委托人能够接受为宜。

13.3.1 市场调查报告编写的原则

市场调查报告编写应遵循以下原则。

1. 客户导向

市场调查报告为客户而写,为客户服务,替客户解决实际问题,通过报告实现市场调查与客户间的有效沟通,满足客户的咨询需求。

2. 实事求是

市场调查报告必须符合客观实际,以客户价值为第一目标,坚持科学调查,科学分析,得出结论。而不能为迎合客户胃口,挑他们喜欢的材料写,或者为其他商业利益,弄虚作假。

3. 突出重点

市场调查报告在全面系统反映客观事物的前提下,突出重点,尤其是突出调查目的,实现报告的针对性、适用性。提高报告的价值。

4. 精心安排

整个市场调查报告要精心组织,妥善安排其结构和内容,给人以完整的印象;报告内容简明,写作风格有趣,图表数字表达准确。

13.3.2 市场调查报告的编写

市场调查报告的编写工作主要有以下几个步骤。

1. 明确市场调查的目的、方法和实施情况

这是撰写市场调查报告的第一步。每一个市场调查报告都有明确的撰写目的和针对性,即反映情况、指出原因、提出建议,从而为社会或企业的决策部门制定或调整某项决策服务。而市场调查报告撰写的目的,其依据或实质就是市场调查的目的,两者具有一致性。

因此,在撰写市场调查报告前,明确市场调查目的,市场调查报告才能紧扣主题,揭示出的内容才真正符合需要。

除了明确市场调查目的外,一份完整的市场调查报告还必须交代该项市场调查所采用的方法,比如,选样、资料收集、统计整理是怎样进行的等;还必须陈述该项市场调查具体的实施情况,比如,有效样本数量及分布、操作进程等。因此,在撰写市场调查报告前,掌握这一市场调查的方法及实施情况,也是必不可少的。

2. 落实写作材料

一份市场调查报告是否具有较高的决策参考价值,很大程度上取决于它在写作时拥有材料的数量及质量。

整理与本次调查有关的一手资料和二手资料,不仅如此,还必须对所取得的各种相关资料加以初步的鉴别、筛选、整理及必要的补充,从质量上把好关,争取使撰写材料具有客观性、针对性、全面性和时效性。

整理统计分析数据。要认证研究数据的统计分析结果,可以先将全部结果整理成各种便于阅读比较的表格和图形。在整理这些数据的过程中,对市场调查报告中应重点论述的问题自然会逐步形成思路。

对难以解释的数据,要结合其他方面的知识进行研究,必要时可针对有关问题找专家咨询或进一步召开小范围的调查座谈会。

值得指出的是,准备落实材料时,切忌遗漏以下两方面。

(1) 忽视对反面材料的收集。在各类调查尤其是产业调查、销售渠道调查及消费者调查中,不注意听取反面意见而导致决策失误的教训是很多的。

对于客观存在的反面意见,如果不注意听取,这种市场调查所取得的材料,不但是不全面的,而且是虚假的,其危害程度比不进行调查还要严重。

(2) 重视经营活动的微观材料,忽视经济背景的宏观材料。市场调查涉及的内容,一般是围绕一类或一种产品或某一市场营销活动进行的微观调查。通过微观调查得出的结论,尤其是其中的对产品市场或对该营销活动的预测性意见,如果不根据经济背景的宏观材料进行检验或校正,往往会出现偏差。

3. 确定报告类型及阅读对象

编写市场调查报告还必须明确阅读对象,阅读对象不同,他们的要求和所关心的问题的侧重点也不同。比如,市场调查报告的阅读者是公司的总经理,那么他主要关心的是调查的结论和建议部分,而不是大量的数字分析等。但如果阅读对象是市场研究人员,他所要了解的是这些结论是怎么得来的,是否科学、合理,那么,他更关心的是调查所采用的方式、方法,数据的来源等方面的问题。所以在撰写报告前要根据具体的目的和要求来决定报告的风格、内容和长短。

4. 构思报告

撰写市场调查报告与其他报告或写作一样,在动笔前必须有一个构思过程,也就是凭借调查所收集的资料,初步认识调查对象,经过判断推理,提炼出报告主题。在此基础上,确立观点、列出论点和论据,考虑文章的内容与结构层次,拟定提纲。

(1) 凭借调查所收集的资料,初步认识调查对象。也就是说,通过调查所获得的来自客观的数据信息及其他相关材料,初步认识调查对象。在此基础上,经过对调查对象多侧面、多层次的深入研究把握调查对象的一般规律性。

(2) 提炼报告主题。也就是说,在认识调查对象的前提下确立主题,即报告的主基调。主题的提炼是构思阶段异常重要的一环,其准确与否直接关系到最终报告的方向性。因此,主题的提炼应力求准确,在此基础上还应该深刻、富有创见性。

(3) 确立观点、列出论点和论据。在主题确立后,对收集到的大量资料,经过分析研究,逐渐消化、吸收,形成概念,再通过判断、推理,把感性认知提高到理性认知,然后列出论点、论据,得出结论。

(4) 考虑文章的内容与结构层次。在以上环节完成之后,构思基本上就有个框架了。在此基础上,考虑报告正文的大致结构与内容,一般来说,应考虑的基本内容包括调查出的及所要解决的问题;调查采用的方法与技术;调查所获得的主要数据或信息及这些数据或信息说明什么问题,理由是什么;解决问题的建议及理由。与此相对应,应考虑相应的文章结构层次。通常而言,报告一般分为3个层次,即基本情况介绍、综合分析、结论与建议。

5. 选择材料

市场调查报告的材料可分为两种:一种是从调查中得来但还未经整理、鉴别、筛选的材料,这是素材;另一种是通过整理、鉴别、筛选后写进文章的材料,这是题材。

应当指出的是,市场调查报告的材料同一般文章尤其是文学作品的材料不同。市场调查报告的题材是对素材进行审核鉴定、整理统计、分析综合而成,绝不允许"艺术加工"。市场调查报告材料的选择应十分严格,特别要注意以下几点。

(1) 材料的真实性。对写进文章的材料,必须进行去粗取精、去伪存真的选择。

(2) 数据的准确性和精确性。市场调查报告往往是从数据中得出观点,由数据来证实观点,因此数据的差错或不精确,必然影响观点的正确性。

(3) 材料要有个性。写进市场调查报告的材料,主要应当是这一个项目在这一次调查中发现的有价值的材料。如果材料缺乏个性,那么调查报告也失去了应有的价值。

6. 编写市场调查报告

在落实了材料的基础上,编写市场调查报告,并组织报告附件。

拓展阅读 13-2

市场调查报告编写中的一些基本技巧

(1) 行文立场。调查人员的道德风险是报告行文立场的一个重要影响因素,所以,在编写市场调查报告时,调查人员要有严格的职业操守,尊重事实,反映事实。

(2) 语言要求。市场调查报告的语言应该精确、凝练,任何不必要的东西都应该省略。报告中使用的文字和语句必须简洁、清晰、贴切、通俗、流畅。

(3) 文法要求。市场调查报告主要用概括叙述,将调查过程和情况概略地陈述,不需要对事件的细枝末节详加铺陈。市场调查报告的叙述主体是写报告的单位,叙述中用"我们"第一人称。为行文简便,叙述主体一般在开头部分中出现后,以后各部分中可省略。

(4) 形式要求。为了加强市场调查报告的可读性,可以在报告中适当地插入图、表及其他可视性较强的表现形式。但是,数量不应过多,否则会出现喧宾夺主的情形。

(5) 逻辑要求。市场调查报告应该结构合理、逻辑性强。报告的书写顺序应该按照调查活动展开的逻辑顺序进行,做到环环相扣,前后呼应。

(6) 外观要求。市场调查报告的外在视觉效果也是吸引阅读者的兴趣的关键所在。报告中所使用的字体、字号、颜色、字间距等应该细心地进行选择和设计,文章的编排要求大方、美观、有助于阅读。另外,报告应该使用质地较好的纸张打印、装订,封面应选择专门的封面用纸。

13.3.3 市场调查报告的提交

市场调查报告征得各方意见并进行修改后就可以定稿并提交。

1. 书面方式提交

调查人员将定稿后的市场调查报告打印为正式文稿,而且要求对报告中所使用的字体、字号、颜色、字间距等应该细心地选择和设计,文章的编排要求大方、美观、有助于阅读。另外,报告应该使用质地较好的纸张打印、装订,封面应选择专门的封面用纸,封面上的字体大小、空白位置应精心设计。因为,粗糙的外观或一些小的失误和遗漏都会严重地影响阅读者的兴趣,甚至信任感。

如果市场调查项目是由客户委托的,则往往会在报告的目录前附上提交信(即一封致客户的提交函)和委托书(即在项目正式开始之前客户写给调查者的委托函)。一般地说,提交信中可大概阐述一下调查者承担并实施的项目的大致过程和体会(但不提及调查的结果),也可确认委托方未来需要采用的行动(如需要注意的问题或需要进一步做的调查工作等)。而委托书则授权调查者承担并实施调查项目,并确认项目的范围和合同的时间内容等。有时候,提交信还会说明委托情况。

2. 口头方式提交

绝大多数市场调查项目在准备和递交书面报告之前或之后都要作口头陈述,它可以简化为在使用者组织的地点与经理人员进行的一次简短会议,也可以正式到向董事会作一次报告。不管如何安排,有效的口头陈述均应以听众为中心,充分了解听众的身份、兴趣爱好、教育背景和时间等,精心安排口头陈述的内容,将其写成书面形式,也可以使用各种综合说明情况的图表协助表达;可以借助投影仪、幻灯片或大型图片等辅助器材,尽可能"直观地"向全体目标听众进行传达,以求取得良好的效果。

如有可能,应从市场调查人员中抽选数人同时进行传达,各人可根据不同重点轮流发言,避免重复和单调。而且,还应留出适当时间,让听众有机会提出问题。

> **拓展阅读 13-3**

市场调查口头报告技巧

如何做好口头报告呢?一份高质量的口头报告,需要充分的准备。应该遵循书面报告的形式,准备一个提纲或一个详细的梗概。口头报告应该适合听众的需求特点。为此,调查人员应事先了解听众的背景、兴趣、在项目中充当的角色和他们本身的影响程度。

在正式进行口头报告前必须作模拟报告。为了便于直观解释,同时也为了体现报告人本身的专业素质和对报告的重视程度,可在报告前准备数量适宜的投影胶片或多媒体报告提纲,如 PPT 文件。需要展示的表格和图形,必须事先做好。在口头报告过程中,报告者应注意用目光与听众交流,及时注意他们的反应。在口头报告过程中和口头报告结束后,给听众提问的机会。口头报告中可适当插入简短、针对性强的典故、例子或格言等,以使之生动和富有感染力。口头禅(如"嗯""您知道吗""那个""对不对""是吧""明白了吧"等)应予以杜绝。下面三句话在组织和准备口头报告时会起到事半功倍的作用:告诉他们您将要告诉他们什么;告诉他们,然后再讲什么;告诉他们您已经讲了什么。

另外,还要注意运用肢体语言提高口头表达的效果,夸张的姿势可以用来强调说过的话,提示性的姿势是观点与情感的象征,快速的举动用来在听众中引起希望获得的反应。讲话人应该调节音量、音调、清晰度、音色及语速,语言与举止要得体、适度,切不可矫揉造作、哗众取宠。为了强调口头报告的重要性,最好请一位客户方的高级管理人员出席。口头报告之后,客户高级管理人员应该有时间详细阅读报告全文。

(资料来源:赵伯庄,等.市场调查[M].北京:北京邮电大学出版社,2008.)

课 堂 小 结

任 务 指 标	表 现 要 求	已达要求	未达要求
(陈述性)知识	掌握重要概念、特征和意义		
(实践)技能	能进行职业操作活动		
对课程内容的整体把握	能概述并认知整体知识与技能		
与社会实践的联系程度	能描述知识与技能的实践意义		
其他			

 本章小结

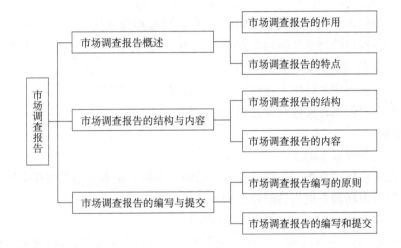

 重要概念

市场调查报告　摘要

 课后自测

一、选择题

1. 市场调查报告的特点有(　　)。

　　A. 科学性　　　　B. 针对性　　　　C. 及时性　　　　D. 纪实性

2. 关于编写市场调查报告的语言要求有(　　)。

　　A. 篇幅应该足够长

　　B. 语言应该精确、凝练

　　C. 可以面面俱到,使报告内容尽量完整无缺

D. 杜绝晦涩难懂的语句、俚语和陈词滥调

3. 市场调查报告在营销管理活动中具有（　　）作用。

　　A. 可作为委托方营销管理活动的参考文件

　　B. 证明调查人确实履行了合同

　　C. 可以用来衡量调查工作开展的质量

　　D. 可以作为企业历史资料供以后参考

4. 市场调查报告的外观有（　　）要求。

　　A. 所使用的字体、字号、颜色、字间距等应该细心地进行选择和设计

　　B. 文章的编排要大方、美观、有助于阅读

　　C. 封面应选择专门的封面用纸

　　D. 报告的外观应当是专业化的

二、判断题

1. 市场调查报告中限制性或局限性的存在，会影响其信任度，所以报告中尽量不要披露。（　　）

2. 市场调查报告必须能像一个参考文件一样发挥作用。（　　）

3. 市场调查报告中一些无关紧要的信息被称作"噪声超载"。（　　）

4. 市场调查报告的结论是能够把研究结果有效地传达给读者的某一种或某一系列的陈述，而不是一定经过统计分析得出的数字。（　　）

5. 市场调查报告中可以用大量的图表来代替文字性的说明工作。（　　）

6. 市场调查报告的提交过程就是沟通的过程。（　　）

三、简答题

1. 简述市场调查报告的含义。

2. 为什么说市场调查报告是衡量一项市场调查项目质量水平的重要标志？

3. 怎样理解市场调查报告的时效性和可以作为历史资料的说法？

4. 为什么说市场调查报告的编写要求较高？

5. 作为委托单位，如果要决定使用一份市场调查报告作决策依据，应该考虑哪些问题？

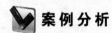

案例分析

案例　××市居民家庭饮食消费状况调查报告

ABC集团是一家在中国香港上市的餐饮集团，中国餐饮百强企业。近期拟在我国西部某省××市投资设立一家中高档酒楼，在编写可行性研究报告之前，为了深入了解本市居民家庭在酒类市场及餐饮类市场的消费情况，组织了此次调查。

一、调查背景

本次调查由××市某大学承担，调查时间是2015年7月至8月，调查方式为问卷式访问调查。各项调查工作结束以后，该大学将调查内容予以总结。

二、调查对象

××市居民家庭。本次调查以随机抽样的方式抽取样本家庭2 000户。

三、调查目的

了解××市居民家庭外出就餐消费的总体感受、可接受的产品与服务的价格范围等。

四、问卷回收情况

本次问卷调查是针对××市家庭外出就餐满意度情况,包括口感、价格、服务特色等,通过详细的数据反映××市已有酒楼在居民心目中的位置。其内容涉及:家庭对酒楼餐饮质量、价格、种类的满意度;家庭对酒楼服务态度、促销活动的评价;家庭将消费过的酒楼与心目中理想的酒楼进行对比的情况;消费者对心目中酒楼的构想。

本次调查采用"随机抽样"的方法选取消费者。本次调查回收的问卷共1 950份。其中有效问卷1 845份,无效问卷105份,有效率为95%。以随机抽样的调查方法及二手资料收集并进行分析。

问卷发放时间为2015年7月5日(当天完成),发放方法为在住宅区、超市门口、马路边等地点随机发放、填写。

在有效样本户中:工人320户,占总数比例17.34%;农民130户,占总数比例7.05%;教师200户,占总数比例10.84%;机关干部190户,占总数比例10.30%;个体户220户,占总数比例11.92%;经理150户,占总数比例8.13%;科研人员50户,占总数比例2.71%;待业户90户,占总数比例4.88%;医生20户,占总数比例1.08%;其他户型475户,占总数比例25.75%。

五、调查发现

(一)家庭收入情况

样本分析显示,从本市总的消费水平来看,相当一部分居民家庭收入水平还不是太高,大部分人的人均收入在3 000元左右,样本中只有约2.3%的消费者收入在6 000元以上。因此,可以初步得出结论,本市总的消费水平较低,商家在定价的时候要特别慎重。

(二)专门调查部分

1. 酒类产品的消费情况

(1)白酒比红酒消费量大。分析其原因,一是白酒除了顾客自己消费以外,用于送礼的较多,而红酒主要用于自己消费;二是商家做广告也多数是白酒广告,红酒的广告很少,这直接导致白酒的市场大于红酒的市场。

(2)白酒消费多元化。

① 从买酒的用途来看,约52.84%的消费者用来自己消费,约27.84%的消费者用来送礼,其余的是随机性很大的消费者。

买酒用于自己消费的消费者,其价格大部分在20元以下,其中10元以下的约占26.7%,10~20元的占22.73%。从品牌上来说,A、B、C酒相对看好,尤其是C品牌酒,约占18.75%,这也许跟消费者的地方情结有关。

从红酒的消费情况来看,大部分价格也都集中在10~20元,其中,10元以下的占10.23%,价格档次越高,购买力相对越低。从品牌上来说,以E、F、G品牌为主。

送礼者所购买的白酒其价格大部分选择在80~150元(约占28.4%),约有15.34%的消费者选择150元以上价格的白酒。这样,生产厂商的定价和包装策略就有了依据,定价要合理,又要有好的包装,才能增大销售量。从品牌的选择来看,约有21.59%的消费者选择五粮液,10.80%的消费者选择茅台。另外,对红酒的调查显示,约有10.2%的消费者选择

40～80元价位的,选择80元以上的约5.11%。总之,从以上的消费情况来看,消费者的消费水平基本上决定了酒类市场的规模。

②购买因素比较鲜明,调查资料显示,消费者关注的因素依次为价格、品牌、质量、包装、广告、酒精度,这样就可以得出结论:生产厂商的合理定价是十分重要的,创名牌、求质量、巧包装、做好广告也很重要。

③顾客忠诚度调查表明,经常换品牌的消费者占样本总数的32.95%,偶尔换品牌的占43.75%,对新品牌的酒持喜欢态度的占32.39%,持无所谓态度的占52.27%,明确表示不喜欢的占3.4%。可以看出,一旦某个品牌在消费者心目中确立,是很难改变的,因此,厂商应在树立企业形象、争创名牌上狠下功夫,这对企业的发展十分重要。

④动因分析。酒类产品的销售主要在于消费者自己的选择,其次是广告宣传,然后是亲友介绍,最后才是营业员推荐。不难发现,怎样吸引消费者的注意力,对于企业来说是关键。怎样做好广告宣传,消费者的口碑如何建立,将直接影响酒类市场的规模。而对于商家来说,营业员的素质也应重视,因为其对酒类产品的销售有着一定的影响作用。

2. 饮食类产品的消费情况

本次调查主要针对一些饮食消费场所和消费者比较喜欢的饮食进行,调查表明,消费有以下几个重要的特点。

(1) 消费者认为最好的酒店不是最佳选择,而最常去的酒店往往又不是最好的酒店,消费者最常去的酒店大部分是中档的,这与本市居民的消费水平是相适应的,现将几个主要酒店比较如下。

中川大酒店是大家最看好的,约有31.82%的消费者选择它,其次是贵宾楼和白夜大酒店,都是10.23%,然后是锦江宾馆。调查中我们发现,云山宾馆虽然说是比较好的,但由于这个宾馆的特殊性,只有举办大型会议时使用,或者是贵宾、政府政要才可以进入,所以调查中作为普通消费者的调查对象很少会选择云山宾馆。

(2) 消费者大多选择在自己工作或者居所的周围,在酒店的选择上有很大的随机性,但也并非绝对如此,有一定的区域性。例如,芙蓉酒楼、晋江酒楼,也有一定的远距离消费者惠顾。

(3) 消费者追求时尚消费,如对手抓龙虾、糖醋排骨、糖醋里脊、宫保鸡丁的消费比较多,特别是手抓龙虾,在调查样本总数中约占26.14%,以绝对优势占领餐饮类市场。

(4) 近年来,海鲜与火锅成为本市饮食市场的两大亮点,市场潜力很大,目前的消费量也很大。调查显示,表示喜欢海鲜的消费者约占样本总数的60.8%,喜欢火锅的约占51.14%。在对季节的调查中,喜欢在夏季吃火锅的约有81.83%,在冬天的约有36.93%,火锅不但在冬季有很大的市场,在夏季也有较大的市场潜力。目前,本市的火锅店和海鲜馆遍布街头,形成居民消费的一大景观和特色。

六、结论和建议

1. 结论

(1) 本市的居民消费水平还不算太高,属于中等消费水平,平均收入在3 000元左右,相当一部分居民收入水平不高。

(2) 居民在酒类产品的消费上主要是用于自己消费,并且以白酒居多,红酒的消费比较少。用于个人消费的酒品,无论白酒还是红酒,其品牌以家乡酒为主。

(3) 消费者在买酒时多注重酒的价格、质量、包装和宣传，也有相当一部分消费者持无所谓的态度，对新牌子的酒认知度较高。

(4) 对酒店的消费，主要集中在中档消费水平上，火锅和海鲜的消费潜力较大，并且已经有相当大的消费市场。

2. 建议

(1) 商家在组织货品时要根据市场的变化制定相应的营销策略。

(2) 针对消费者较多选择本地酒的情况，政府和商家应采取积极措施引导消费者的消费，实现城市消费的良性循环。

(3) 由于海鲜和火锅消费的增长，导致城市化管理的混乱，政府应加强管理力度，对市场进行科学引导，促进城市文明建设。

七、附件

1. 调查问卷
2. 调查提纲
3. 统计图
4. 抽样方案

阅读材料，回答以下问题。

1. 讨论市场调查报告的几个组成部分。
2. 试着对每个部分作出评价。

 实训项目

实训名称：编写市场调查报告。
实训目的：通过实训项目的演练与操作，初步认知市场调查报告的编写工作。
实训内容：学生分组，结合平时的问卷调查学习实践组织材料，试着写一份市场调查报告。
实训组织：学生分组，编写报告。
实训总结：学生交流编写体会，教师评价。

 学生自我学习总结

通过学习本章，我能够作以下总结。

1. 主要知识点

本章的主要知识点有：
(1)
(2)

2. 主要技能

本章的主要技能有：
(1)
(2)

3. 主要原理

市场调查报告在调查活动中的作用是：
(1)
(2)

4. 主要相关知识点

本章涉及的主要相关知识点有：
(1) 市场调查报告的文体要求有：
(2) 市场调查报告的提交技巧有：

5. 学习成果检验

完成本章学习的成果：
(1) 学习本章的意义有：
(2) 学到的知识有：
(3) 学到的技能有：
(4) 我对市场调查报告编写的初步印象是：

参 考 文 献

[1] 小卡尔·迈克丹尼尔. 当代市场调研[M]. 李桂花,等译. 10版. 北京:机械工业出版社,2018.
[2] 伊冯娜·麦吉温. 市场调研实务[M]. 李桂花,等译. 4版. 北京:机械工业出版社,2017.
[3] 卡尔·迈克丹尼尔. 市场调研精要[M]. 范秀成,等译. 8版. 北京:电子工业出版社,2015.
[4] V.库马尔. 国际营销调研[M]. 陈宝明,译. 北京:中国人民大学出版社,2005.
[5] 赵轶,韩建东. 市场调查与预测[M]. 北京:清华大学出版社,2007.
[6] 赵轶. 市场调查与预测[M]. 2版. 北京:清华大学出版社,2011.
[7] 赵轶. 现代市场调查与预测[M]. 北京:高等教育出版社,2012.
[8] 赵轶. 市场调查与分析[M]. 北京:清华大学出版社,2011.
[9] 赵轶. 高职财经管理类专业工作过程导向课程开发[M]. 北京:高等教育出版社,2009.
[10] 魏炳麟,等. 市场调查与预测[M]. 大连:东北财经大学出版社,2002.
[11] 李国强,苗杰. 市场调查与市场分析[M]. 北京:中国人民大学出版社,2005.
[12] 赵伯庄,张梦霞. 市场调研[M]. 北京:北京邮电大学出版社,2004.
[13] 雷培莉. 市场调查与预测[M]. 北京:经济管理出版社,2004.
[14] 龚曙明. 市场调查与预测[M]. 北京:清华大学出版社,北京交通大学出版社,2005.
[15] 陈启杰. 市场调研与预测[M]. 上海:上海财经大学出版社,2007.
[16] 姚小远,杭爱明. 市场调查原理与方法[M]. 上海:立信会计出版社,2006.
[17] 李享. 旅游调查研究的方法与实践[M]. 北京:中国旅游出版社,2005.
[18] 陈殿阁. 市场调查与预测[M]. 北京:清华大学出版社,北京交通大学出版社,2004.